비탈의 아들

– 김동수의 삶 1

김동수 지음

비탈의 아들

인쇄 2025년 10월 10일
발행 2025년 10월 15일

지은이 김동수
펴낸이 박숙현
주 간 김종경
편 집 이노나
펴낸곳 도서출판 별꽃
주 소 경기도 용인시 처인구 지삼로 590 CMC빌딩 307호
출판등록 제2022년 12월 13일/제 562-2022-22130호
전 화 031-336-8585
팩 스 031-336-3132
이메일 booksry@naver.com

저작권자 ⓒ2025, 김동수

ISBN 979-11-94112-12-9 03810
값 18,000원

· 이 책의 일부 또는 전부를 재사용하려면 저작권자와「도서출판 별꽃」의 동의를 얻어야 합니다.
· 잘못된 책은 구입한 곳에서 바꿔드립니다

비탈의 아들

− 김동수의 삶 1

김동수

별꽃

| 이야기를 시작하며 |

    우리나라의 인구는 1930년대까지 빠르게 늘고 있었으나 1937년 중일전쟁이 시작되면서 가파르게 감소했다. 이는 일본의 중국 침략에 이은 태평양전쟁 시기로 징병, 징용이 많았고 이로 인한 젊은 세대의 유출 및 사망, 기아와 질병 등 어려운 사회 환경으로 인한 출산의 급격한 감소가 원인으로 생각된다. 1945년 일제의 강점에서 해방된 후 출산율이 다시 늘어 인구의 증가율이 회복되었으나 1950년 6·25 남북전쟁이 발발하여 줄었다.
    1951년부터 전쟁이 고착 상태에 빠져 휴전선 근처에서만 치열한 전투로 압축되자 1952년부터 다시 출산율이 높아졌고, 1953년 전쟁이 끝난 후 전쟁에 나갔던 장정들이 복귀하자 폭발적인 출산이 이루어져 1960년에 정점을 이룬다. 이때의 부모들은 일제 침략전쟁과 6·25 전쟁을 겪으며 사람 죽는 꼴을 많이 겪은 나머지 아이 중 두어 명이 죽어도 핏줄이 끊어지지 않도록 예비적으로 3번째 아들을 낳으려 했고 딸을 포함해 5~7명의 아이를 두기도 했다. 이 시기의 베이비붐 세대 이래 인구의 증가와 경제 성장이 동시에 이루어져 한 가정당 평균 자녀수가 5명을 넘겼다.
    베이비붐의 마지막 58년, 59년생이 하필 개·돼지띠이므로 가장 흔한 나머지 막내나 아래 동생으로 천대받는 대명사가 되었으나 이들이 곧 한국 경제를 일으킨 저력의 노동자 계층이기도 하다. 특히 아직 사회적 발전이 인구 증가를 따르지 못하여 이때의 개·돼지띠들은 60명이 넘는 과밀한 교실에서 오전반 오후반으로 수업을 나누어 배우고 집에서나 사회에서 홀대 받기 십상인 환경에서 장남이나 차남의 예비적 대체자로 소외되기 일쑤였다. 위 형제가 입던 옷과 책들을 그대로 물려받았고, 또래들끼리의 경쟁 현상이 심했다. 그래서 '58년 개띠'라는 말은 이러한 사회적 현상을 대표하는 말이었다.

58년 개띠와 59년생 돼지띠는 주는 대로 먹고 처분을 기다리며 주인에게 아부하고 먹다 버린 뼈다귀를 물고 충성을 보이는 개돼지로 비유되어 권력의 위로 군림한 공직자나 실력자들이 우리나라 국민을 비하하는 대표적 말 '국민은 개돼지다.'가 된 것이다. 거슬러 올라가면 개돼지라는 말은 왕이나 권력자 혹은 일제 강점기의 친일파처럼 자기의 이익을 위하여 힘 있는 자들에게 아부하고 힘없는 백성들의 피눈물을 짜내는 간신배들과 매국노들을 일컫는 말이었다. 그러나 작금에는 거꾸로 권력에 기생하여 배를 불리는 자들이 국민을 비하하는 의미로 바뀌었다.

개·돼지는 영화뿐만 아니라 지금의 현실에서도 자신의 출세만을 인생의 최고 가치에 놓는 고급 공무원, 지식인을 자처하는 얼치기 언론인이나 자기 외에는 다 무식하다고 주장하는 자칭 사회 지도자의 입에서도 자주 나오고 있다. 하지만 개·돼지띠인 이들은 가슴

밑바닥에 항상 저항의식을 품고 있는 한국의 산업화 및 민주화의 주역이기도 하다. 물론 지배하는 자들에 대한 저항의식은 우리나라 국민의 유전자적 바탕이지만 어릴 때부터 유교적 봉건 잔재와 독재체제의 억압 속에서 청춘을 보낸 1950년대와 1960년대 초반의 출생자들은 민주주의가 피와 뼈를 바쳐서 이루어내야 할 가치로 머리와 가슴에 각인되어 있는 세대이기도 하다. 독재자에게서 뼈다귀를 얻어먹으며 몸에 기름기를 불린 반민주적인 기득권을 제외한 이들이 살아온 시대가 바로 그러한 각성의 시기였던 것이다.

흔히 박정희 독재가 경제 성장을 이루었다는 독재 찬양론자들의 말은 6·25 전쟁이 끝난 후 완만한 성장을 이룬 성과를 두고 하는 찬양이지만 남한의 경제가 북한 경제를 간신히 앞선 것은 남한의 군사독재가 10년 이상 진행된 후인 1970년대 초반이었다. 이것도 미국을 비롯한 민주체제 국가들의 수십 배 격차의 경제력을 등에 업은 세계적 경제 발전에 한발 얹은 발전 현상이었다. 또한 이는 완전 독재의 정체된 북한의 발전 상태와 상대 비교한 것뿐이다.

배고프던 시대에 깡깡 말라가며 먹거리를 만들어 낸 우리 윗세대의 수고는 분명 존경받아야 할 일이다. 그러나 1990년대부터 가파르게 성장해 민주화와 부가가치 높은 산업화를 이루고 세계의 선진국으로 올라선 바탕에는 4·19와 5·18로 상징되는 독재자에 저항했던 새로운 민주주의 사상을 가치로 삼고, 윗세대로부터 위기 극복 능력과 근면함을 물려받은 1950년대 후반의 개·돼지 세대가 존재한다는 것도 부정할 수 없는 사실이다.

  1960년대 중반의 국책인 '둘만 낳아 잘 기르자.' '덮어 놓고 낳다 보면 거지꼴을 못 면한다.' 등 산아제한 정책으로 출산율이 급격히 감소한 바 있다. 또한 노동력의 최대치 착취를 기반으로 부를 이룩한 자본가들이 인간의 노동력보다 자본의 생산 기여도를 최상위로 올려놓기 위해 자기 합리화로 가져다 쓴 승자 독식의 '무자비하고도 천박한 자본주의'가 어렵게 이루어 낸 민주주의를 대체했다. 교육만이 유일한 신분 상승의 길(열심히 일하는 가난한 노동자가 일 안 하는 자본가로 바뀌는 길)이라 믿는 사람들이 소위 일류대학(인성교육을 없애고 그들끼리 손잡아 부와 권력의 장벽을 쌓는 대학)에 보내기 위해 치러야 하는 높은 사교육비와 선택적인 대학의 교육비를 감당하지 못하자 결국 자식의 숫자를 줄이는 방법을 택하여 우리나라의 출산율을 결정적으로 세계 최하위 수준으로 떨어뜨렸다. '잘 기른 자식 하나 열 자식 안 부럽다.'는 표어는 현실적으로 다가와 다섯 자식을 기를 돈으로 한두 자식만 낳아 높은 사교육비를 충당하는 방식으로 바뀌었다. 이를테면 다섯 명의 자식을 낳는 부모 세대가 갑자기 평균 한 명이나 두 명의 자식을 두는 현재의 부모로 바뀐 것이다.

  사실 '자본주의'는 본질적으로 '인본주의'의 반대말이다. '인본주의'는 '민주주의'와 가까워 '자본주의'는 '민주주의'를 대체하기 어려움에도 불구하고 '자본주의'의 앞에 자본 대신 자유를 가져다 붙여서 '민주주의'와 동일어인 것처럼 말하는 통상 관례를 보면 아직도 이해할 수 없는 측면이 있다. 그들이 말하는 '자유민주주의'의 '자유'는 오로지 자본가의 자유만을 뜻하는 것으로 들린다. 아니 그것은 미국의 세계 전략인 자유주의 내지 신자유주의로 나아가는 초고속 세계화 독과점주의이다. 그 내용인즉 '천한 자본주의'로 하여금 기업의 목적을 정의할 때 '주주(자본가) 이익의 극대화'라 말하지 '기업 구성원과 사회 이익의 극대화'라 말하지 않는다. 지금 자본가가 된 많은 세력은 사회 과목에서 기업의 목적을 '주주 이익의 극대화'로 배운 계층이다. 동일 연도에 과다하게 태어난 개·돼지들은 대학을 못가면 못간 채로 공장의 공순이, 공돌이로 비하받으며 70년대에 산업의 밑바탕이 되어 국가경제 발전을 추동했으며 1980년대 중반이 되어 고급 학문을 습득한 개·돼지들이 사회에 진출하자 한국 산업은 고부가가치 산업으로 전환되면서 수직 상승하게 된다.

항간의 독재자를 미화하는 사람들과는 다른 시각으로 독재자들의 개입과 독재자들과 밀착한 부패 관료, 부패 기업인이 없었다면 한국 경제는 한층 더 올바른 방향으로 성장했을 것이다.

나의 부모님 세대는 위에서 설명한 시대적 과정에서 매우 평범한 계층이고 나 또한 이와 유사하다. 내 부모님은 출산율이 높았던 1929년과 1935년에 태어나셨고 나는 출산율이 가장 높았던 1959년에 태어나 5남매 중 막내이다. 큰 틀에서는 확률적으로 가장 흔한 사람 중의 한 명이다. 그동안 외세의 억압과 착취 그리고 전란의 폐허에서 우리나라는 경제적으로, 민주적으로 세계사에 유례없는 속도의 발전을 이루었다. 하지만 아직 그 건전성이나 체질화에는 충족되지 못했다. 특히 세대 간의 격차는 서로 의견을 교환할 수 없을 정도로 벌어졌다. 이렇다 보니 지금의 세대들은 각자 다른 말을 하는 윗세대들을 보며 혼란스러워하고 자기 정체성도 잃어버리게 되었다.

아직도 '일제의 식민지 때가 좋았다'는 말을 하는 사람들이 국가를 되찾기 위해 목숨을 바친 독립운동가의 후손들에게 몽둥이로 맞아 죽지도 않고 버젓이 사회적 리더 행세를 하는가 하면 일본에 대한 충성 다짐을 혈서로 써 일본 장교 '다카키 마사오'가 된 박정희가 대한민국의 광복 이후 육군 장교가 되었다. 나아가 '빨갱이'라 부르는 공산당의 남측 비밀 조직인 남로당의 일원으로서 대한민국 민주 정부의 전복을 꾀하다 발각되자 동료를 밀고하고 풀려났다. 그 이래 육군 소장으로 승진해 드디어 군사쿠데타를 일으켜 20년간의 군사독재를 하면서 수많은 국민을 거꾸로 '빨갱이'로 몰아 죽인 독재자가 된 것이었다. 지금 누군가는 대놓고 그런 박정희를 찬양하는 나라가 되었다.

이제 정치적, 경제적, 큰 사건 위주의 역사에서 평범한 대한민국 국민의 삶이 어떻게 흘러왔고 대한민국의 오늘에 어떤 결과를 가져왔는지 아버님과 그 아들인 나의 평범하면서도 평범하지 않은 삶을 여기에 기록하고자 한다. 이로써 한 시대의 수고 많은 자취를 그려내 보려고 한다.

| 나의 세 자녀에게 |

 일제 강점기부터 4·3 제주 학살, 여수·순천 사건, 6·25, 박정희 독재, 전두환 쿠데타, 5·18 광주 학살, 감옥, 재심, 그리고 트라우마에 겹친 노환으로 병석에 누운 아버님의 이야기를 어렵게 조각조각 들으며 기록했고 내가 존경하는 위대한 시인이 이 이야기를 토대로 재구성해서 쓴 서사시 『칼바람 몰아치는 벼랑에서』를 출간한 후 바로 아버님이 돌아가시고 나서 3년 만에 내 이야기를 쓴다.
 이러한 삶의 시련 많은 할아버지 이야기를 먼저 접한 너희들은 할아버지, 할머니 세대를 어느 정도 이해했을 것으로 믿으며 내 세대를 담은 이 이야기를 듣고서 아버지, 어머니의 세대를 관통하여 너희 세대가 당면하고 있는 시대를 이해하는 데 도움이 될 것이라 기대한다.
 이 이야기를 시작하는 첫째 이유는 너희들에게 들려주고 싶어서다. 할아버지에 비해 보잘것없는 아비이지만 너희들이 궁금할 수도 있는 이야기를 나중에 주절주절 잔소리같이 늘어놓고 싶지 않아서다. 또한 '나 때는 말이야…'로 시작되는 훈계식의 회고담을 틈날 때마다 내뱉는 고루한 노인네가 되고 싶지 않아서 미리 이 글을 씀으로써 이 글을 보기 전이나 본 후에도 있을지 모를 허튼 소리를 미리 막기 위함이기도 하다. 하나 더 하자면 세대의 단절을 메우는 데 조금이나마 도움이 될까 해서다.

내 이야기의 등장인물들은 사실적 인물이지만 만에 하나 이 이야기를 접한 후 등장인물들이 노여울 수도, 부끄러울 수도 있어서 그런 부분들은 이름 중의 한두 글자만 일치시키거나 가명으로 사용해 당사자들만이 유추할 수 있도록 할 것이다. 너희들이 아비인 나에게 실망할 수도 있는 내 부끄러운 일들도 가능한 한 사실적으로 쓰고자 한다. 그렇더라도 너희들이 성숙한 어른으로서 이해해 주기를 바란다. 당시에는 흔했던 일들이 윤리 기준이 바뀐 지금에 와서 아주 몹쓸 짓으로 낙인찍힐 수도 있다. 아직 살아 있는 이들이 많고 이야기에 나오는 사람들이 현재의 기준으로 비난받을 소지가 있는 것들은 이 글에 포함하지 않거나 순화할 것임을 미리 밝혀 둔다. 예를 들어 선생님의 폭행, 학폭, 성희롱 등이다. 선생님들이 학생들에게 가했던 무자비한 체벌, 학생이 학생에게 가했던 폭력, 학생들이 여선생의 발 아래 거울을 두어 속옷 색을 맞추는 내기, 내가 학생 혹은 직장 초년일 때 서점에서도 유행하며 판매되었던 음담패설(당시는 앞 글자를 영어로 표현해 EDPS라고 했음), 유머집에 나오는 것들을 남녀 미팅 때나 많은 남녀 학생들이 재미로 했던 것, 학생이나 젊은 사람들은 이런 EDPS 유머를 잘하는 사람이 더 인기가 많다 하여 책을 읽고 몇 가지씩 외워두곤 했다. 사랑하는 연인을 강제로 벽에 밀어붙여 키스를 하는 행위를 현재는 성추행이라 비난받지만 수십 년 전 남성 우월의식이 강했던 시기에 늘 평범했던 일이었다. 하지만 현대엔 그 같은 행위를 과장 폭로하여 현재의 윤리 기준에 맞춰 사람들을 매장하기도 하기 때문이다. 물론 가파르게 진행된 대한민국 민주화의 결과이기도 하나 지극히 위험한 집단의 폭력성도 장차 극복되어야 한다.

여기에는 시간의 흐름이나 지명, 정확한 사실관계 등이 혹시 틀릴 경우도 있겠다. 기억은 사건 후에 시간이 지나 변조될 수도 있고 어떤 일도 주관적으로 보는 시각으로 사물, 사건을 보며 다른 사람들의 시각에서는 다른 모습일 수도 있기 때문이다. 성숙한 너희의 넉넉한 이해를 구한다.

할아버지 이야기는 책으로 남겼는데 할머니 이야기를 못 남겨 죄송한 마음에 가능한 기억나는 대로 할머니의 이야기를 최대한 많이 하려 한다.

이 책은 3권으로 나누어질 것이다. 1권은 태어나서부터 벤처사업가로써 발을 내딛기 전까지의 이야기이고 2권은 초기

한국의 반도체 산업이 시작될 때 반도체 개발에 참여한 후 벤처기업을 시작하여 성장한 벤처기업을 자식에게 물려주고 노년을 준비할 때까지의 이야기이다. 특히 2권은 세 자녀뿐만 아니라 사업을 하고 있거나 하고자 하는 젊은 사람들이 참고하기를 바란다. 3권은 은퇴 후 삶을 기록할 생각이다. 은퇴하거나 장차 은퇴할 때도 이 이야기가 행여 도움이 되기를 기대해 본다. 그러나 우선 1, 2권이 연속으로 나오고 3권은 장래의 이야기가 될 것이다.

　이야기를 끝낼 수 있을지 미리 장담할 수는 없지만 만일 뜻대로 끝낼 수 있다면 이 글을 읽어 본 너희들을 항상 사랑했고 사랑하고 사랑할 것이라는 말을 미리 한다.

차례

이야기를 시작하며   4
나의 세 자녀에게   10

제1부 유년의 이야기(1959년-1965년)
어머님으로부터 독종을 물려받다   19
강냉이 빵과 날계란   22
서울살이, 아현동 산꼭대기   25
인천 송림동 단칸셋방으로   33

제2부 질풍노도 속을 달리다(1966-1978)
너무 강해서 순둥이   37
독종 중의 독종   45
그해 추운 겨울   56
수도국산 꼭대기   68
아이들을 상대하는 건 시시해졌다   76
변한 것이 없었다   89
새롭게 시작   95
어른이 되는 건   109
회의주의 · 허무주의 혹은 사춘기   117

똥패 126
장군과 동심초와 레인보우와 은연이 136
우리 집 기둥이 되다 156

제3부 시대의 아픔 속에서(1978-1985)

끝없는 여정 177
페이지와 페이지 사이, 민들레 217
박정희 유신독재 235
전두환 쿠데타와 5·18 광주 민주화 운동 274
아버님은 간첩이 아니다 309
별일 없이, 숨죽이며 316
여전히 별일 없이 혹은 조심스러운 331
공부를 한 것인지 세월을 죽인 것인지 339
여전한 가족의 비극과 나의 대학 졸업 342

에필로그 : 아직 끝나지 않은 이야기 352

제1부

유년의 이야기(1959년-1965년)

어머님으로부터 독종을 물려받다

나는 1959년 5월 27일, 목포 유달산 뒤의 가난한 변두리 마을 작은 집에서 3남 2녀 중 막내로 태어났다. 아버님의 출생지 전남 광산(현재 광주광역시)이나 어머님의 출생지 순천으로부터 아무런 연고가 없는 곳이었다.

어머님 말씀에 의하면 그 집은 귀신이 나온다는 소문으로 싸게 나왔다고 했다. 우선 무당에게 찾아가 물으니 '그 집에 들어가면 운수대통한다'는 말을 들었다는 것이다. 그래서 흉가로 소문난 집이었지만 굳센 마음으로 들어간 거라 했다. 그곳에서 문간방에 만화 가게를 열었는데 다음 연도의 교과서가 모두 바뀐다는 소문이 돌아 헌책을 주면 마음대로 만화를 볼 수 있게 했다고 한다. 그런 만화방은 우리 가게 하나뿐이었기에 그 일대 모든 헌 교과서가 모여들었다고 한다. 그런데 정작 다음 연도에 교과서가 바뀌지 않았다. 그런 이유로 헌 교과서를 사기 위해 줄 선 사람들 덕에 돈을 쓸어 담았고 그 후에 나를 낳았다는 게 어머님 이야기다.

걷지는 못하지만 뭔가 잡고 일어서려는 시기에 사람이 허리 숙이고 간신히 부엌 아궁이 옆으로 드나들던 방에서 어머님 소리가 들려 여닫이 문기둥을 잡고 고개를 내미는 순간 빙글 돌았다.(이건 기억일 수도 또는 어렸을 때 사람들에게 들은 퍼즐을 끼워 맞춘 상상일 수도 있지만 나중에 어머님 이야기를 듣고 그런 일이 있었다는 사실을 확인했다.) 나는 아궁이에 항상 놓여 있던 물이 끓고 있는 큰 솥에 빠졌고 어머님이 순간적으로 건져냈지만 얼굴과 온몸이 화상이었다. 미군 부대에서 얻은 소독가루를 몸 전체에 뿌리고 천으로 감아 맸다고 어머님께 들었다. 지금껏 나의 트레이드마크처럼 되어 버린 얼굴 흉터는 그때의 후유증이다. 모든 사람이 저 애는 살기 글렀다고 했지만 어머님의 지극 정성으로 살아났다. 성년이 되어서 사람들이 성형수술을 권했지만 나는 이 흉터가 나의 의지 표명인 것 같아서 모두 거절했다.

그 후에 다시 소아마비에 걸렸다. 오른쪽 손발이 잘 안 움직여서 정상적으로 일어나기가 어려웠다. 어머님은 먹을 것을 나에게 줄 때 내가 방바닥에 주저앉아 성한 왼손으로 받으려 하면 오른손으로 받을 때까지 주지 않았다. 후에도 오른손으로만 수저를 쓰게 했으며 글쓰기도 가위질도 그렇게 익혔다. 그것은 어머님이 관여하지 않게 된 후로도 지금까지 내 자유의지로 그렇게 했다. 아직도 젓가락질, 글쓰기가 힘들고 어색하지만 그런대로 이어온다. 물론 힘쓰는 일이나 운동에는 왼손도 사용된다. 지금도 마디들이 꺾여 있고 관절이 비정상인 곳들이 있으며 자고 일어났을 때 혹은 추울 때는 마비가 온다. 하지만 어머님의 지극히 돌보신 나머지 몸의 비정상 상태를 보완하기 위해 독하게 변한 나의 의지로 잘 극복했다.

대학생이 되어 광주의 종친 모임에 아버님 대신 참가하여 나와 같은 항렬이라는 아저씨 할아버지들의 겸상에서 나를 소개하자 그분들은 내가 김기삼의 막내아들이 아니라고 계속 우겨대었다. "어허! 자네는 막내아들이 아니네. 그 아이는 죽었어. 온몸에 화상을 입고 병들어서 천으로 감아 다라(큰 양푼 함지박)에 담긴 채 죽었네. 쯧쯧. 어린 것이 그렇게 죽었네. 사실 자네는 막내가 아냐." 더 이상 그게 나라고 주장하기도 힘들 만큼 사람들이 이구동성으로 말해서 그냥 입 다물고 "아~ 그랬군요." 하고 응수한 적도 있다. 사실 그분들이 반은 맞고 반은 틀렸다는 사실을 나중에 어머님을 통해 듣고 그날 내가 맞는다고 우기지 않길 잘했다는 생각이 들었다. 어머님은 연년차 동생을 임신했었는데 많은 자식이 너무 버거워 유산을 목적으로 버드나무 잎을 삶아 마셨다고 했다. 그런데도 유산이 안 되어 기어코 낳게 되었는데 딸이었다 한다. 애가 너무 가냘파서 아버님이 살려 보려고 다라에 담아 옷가지를 덮어 주고 아랫목에 놓아 돌보았는데 며칠 안 되어 숨을 거두었다 한다.

어릴 때 친구들이 독종이라 부르던 내 성격도 후천적인 것뿐만 아니라 어머님한테 물려받은 것이기도 하다.

강냉이 빵과 날계란

내가 두세 살 때 전남 광주 계림국민학교(현재는 초등학교로 명칭이 바뀜)에 아버님이 수위(지금의 경비를 당시엔 수위라 했음)로 취직하시면서 학교 옆의 작은 집으로 이사했다. 거기는 학교 구내에 설치된 닭장, 토끼장, 염소 몇 마리, 무궁화 밭, 비닐 쳐진 오이 밭이 있었다.

거기서부터는 생생하게 기억이 나는데 사람들은 어린 내가 그 기

억들이 있다는 걸 못 믿었다. 나는 일어서기가 서툴러 거의 기어 다녔다. 어머님이 그런 나를 붙잡아 포대기에 싸서 업어 매고 외출하시곤 했는데 나는 포대기에 싸이면 팔다리가 아프고 힘들어 도망가려 했지만 쉽게 붙잡혀 어머님 등에 매어졌다. 나는 좀 더 나이를 먹어서도 그랬나 보다.

그 시기에 다섯 살 많은 큰형과 두 살 위인 작은누나는 광주천 넘어 부잣집 사직동 고모네에서 맡아 길렀는지 집에서 거의 못 보았고 큰 누님과 작은 형은 국민학교에 다녔다. 가끔 마당에서 놀기도 했는데 네 살 많은 작은형에게 나는 놀이 상대가 아니었다. 하루는 작은 형이 나를 끌고 나와 오이 밭 옆에서 신기한 것을 구경시켜 주었는데 폭음탄이었다. 연탄재 구멍에 꽂아 놓고 그것에 불을 붙이자 오이 밭 비닐들을 구멍 내며 날아가는 모습을 보았다. 일곱 살 많은 큰누나는 집에 거의 없어 기억이 잘 안 난다. 나는 주로 방 안에만 있었는데 어느덧 네댓 살이 되어 걷는 게 익숙해졌을 때는 학교 앞에 나가서 유일한 또래 친구를 만나기도 했다.

아버님이 염소를 산 채로 잡아 집 앞 큰 나무 식탁에 네다리를 벌려 큰 못을 박고 배 가죽을 째서 벌린 후 다시 그 끝을 식탁에 못질한 후 남자 선생님들이 모여서 살아 있는 염소의 염통, 간 등을 떼어 낸 후 소금에 찍어 술안주 하는 것이 신기하기도 하고 무섭기도 했다.

나 혼자 있는 날에 어머님이 가끔 떠먹인 날계란 생각이 나서 닭장 속에 들어가 암탉이 품고 있는 달걀을 꺼내려다가 사나운 닭에게 쪼여 아직도 내 뒤통수에는 흉터가 남아 있다. 낮은 장롱 위 칸에는 어머님이 모아 놓은 계란 바구니가 있었다. 그걸 눈여겨본 내가 사람 없는 틈을 타 방 안에 있던 의자를 끌어다 간신히 올라가 바구니를 통째로 바닥에 떨어뜨렸다. 깨진 달걀들을 손으로 훑어 먹었는데 어머님이 들어와서 아무 말씀 안 하시고 깨진 계란들을 바가지에 쓸어 담아 나가셨다. 어쩌면 어린 내가 그랬다고 생각 안 하신 것 같기도 하다.

어머님은 구호 물품으로 들어온 곰팡이 냄새가 나는 강냉이 가루와 딱딱하게 굳은 우유 가루를 큰 솥에 삶아서 강냉이 빵을 만들고 학생 당번들이 큰 대바구니를 가져와 담아가곤 했는데 그 달달함은 아직도 군침 나는 기억이다. 땅에서 자꾸 솟아나는 것 같은 토끼들이 어디서 생기냐고 아버님께 물어봤을 때 학이 물어다 준다고 해서 오랫동안 그런 줄 알았다.

한두 번은 어머님이 나를 들쳐 업고 사직동 고모님 집에 갔는데 그 부잣집 크기와 마당의 무화과, 석류나무 등이 나를 압도했다. 내가 계림국민학교에서 못 본 너무도 예쁜 분홍색 큰 체크무늬에 하얀색 치마가 달린 원피스 리본 옷을 입고 나에게 신기한 자기 물건들을 보여 주는 작은누나가 예쁘기도 하고 부럽기도 했다. 고모님과 누나가 준 과자를 먹으며 '여기는 강냉이 빵과 날계란보다 더 맛있는 게 많구나!'라고 생각했다.

서울살이, 아현동 산꼭대기

아버님이 집을 나가신 후 얼마큼 지난 후에 어머님이 나를 야간 열차에 태우셨다. 긴 시간의 여행에서 어머님은 뭔가 꿈에 부풀은 듯 기쁜 표정이셨고 나에게 자꾸 노래를 시키셨다. "반짝반짝 작은 별 아름답게 빛나네…" 어머님과 주위사람들이 잘한다고 추켜세우며 자꾸 노래를 시켜서 얼핏 국민학생들이 부르는 노래를 대충대충 따라했는데 어머님이 매우 좋아하셨다. 이후로 나는 노래 부르는 것이 좋아져서 유행가도 마다않고 계속 노래를 익혔고 이후 어머님이 사람들만 모이면 나에게 노래를 시켰다. 사람들의 칭찬과 함께 종종 먹을 것도 생겼다. 당시에는 '또~옥 똑 똑 구두 소리 빨간 구두 아가씨~' 등을 필두로 많은 유행가를 소화했고 지금까지도 노래와 기타를 치며 사람들에게 노래 잘하는 사람으로 통하기도 했다.

나중에 아버님에게 들어서 안 이야기지만 아버님이 상이군인 특혜로, 들어가기 어려운 한전(한국전력주식회사의 줄임말)에 검침원으로 들어가 먼저 떠나와 계셨고 새로 이사하는 집을 세를 주고 구했다.

광주에서 똑똑하다고 소문난 큰누나와 큰형을 서울에서 공부시켜야 한다는 주변 사람들의 권유로 서울로 올라왔다고 했다. 서울시 아현동의 산꼭대기 축대 위 슬레이트집에 들어가니 방 두 칸에 작은 마당 앞 건넛방이 있었다. 이때는 어머님, 아버님, 큰누나, 큰형, 작은형, 나 여섯 식구가 살았고 건넛방에는 갓 결혼한 젖먹이 애 딸린 신접살이 부부가 살았다.

남자는 항상 없어 낮에는 아기 보는 젊은 아내와 나만 집에 있는 날이 많았다. 애 엄마는 나를 데리고 장난하기를 좋아하고 가끔 누룽지 등 먹을 것도 주었는데 사람들이 없으면 퉁퉁 불은 젖을 나에게 빨아먹으라 했고 내가 열심히 주물러가며 빨아먹으면 "아구! 시원해라." 하면서 내 볼을 비벼대거나 사탕 등을 주기도 했다. 어떨

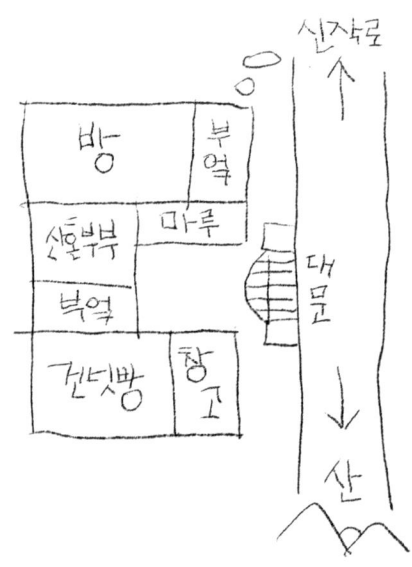

때는 내가 젖 빨기를 멈추면 자신이 젖을 눌러 몇 가닥 세게 나오는 젖 줄기를 내 얼굴에 뿌려 대면서 "이래도 안 할 거야?" 하면서 깔깔대던 모습이 생각난다. 파란 힘줄이 보이는 큰 젖을 만지고 빨아 먹는 것도 좋았고 나를 가슴에 안고 "에고 이뻐라." 하면 나도 행복한 기분이 들었다.

어머님이 나를 데리고 축대 아랫집 아낙네들이 모이는 집에 가면 꼭 노래를 시켰는데 주로 '빨간 구두 아가씨'를 주문했다. 한번은 한 아줌마가 무서운 이야기를 했는데 어린 색시가 배가 불러 늦게 들어오자 바람났다고 생각한 가난한 농부가 낫으로 색시의 큰 젖을 베어 버렸는데 일 도우러 간 잔칫집에서 배고픈 아내가 양껏 먹은 국수 가락들이 베어진 젖통이에서 꾸역꾸역 흘러나왔다는 얘기였다. 나는 그 얘기를 들은 후 건넛방 애 엄마를 걱정했었다.

하루는 어머님이 나를 동여매고 영화관에 갔는데 그때는 많이 컸을 때였다. 그럼에도 어머니는 알리바이도 만들고 돈도 절약할 겸 인지 나를 업어 싸매고 갔는데 나는 포대기에서 버둥거리기를 포기하고 어깨 너머 영화에 빠져들었다. 그때 영화의 첫 장면이 지금도 그림처럼 보이고 한글, 한문을 깨우치고 나서야 그 제목이 '들국화'의 큰 흘림체라는 걸 깨달았다. 노란 갈대밭(혹은 보리밭) 사이로 젊은 여성이 뛰고 있는 강렬한 색채였다. 지금도 생생하다.

어머님의 친언니와 친 남동생이 서울역 넘어 후암동에 산다는 걸 그때 알았다. 이종사촌 누나와 외사촌 여동생을 처음 보았다. 그 당시 어머님은 행복해 보였지만 아버님은 무언가 항상 화가 나 있었고 나를 제외한 자식들에게 가혹하게 대했다. 그 이유는 똑똑하고 공부를 잘해 광주에서 교육시키기는 아깝다던 큰누나와 큰형이 서울로 전학 온 후 성적도 나쁘고 회사에서의 스트레스가 심해서였다는 것을 나중에 알았다.

아버님의 자식 사랑과 기대는 심한 스파르타식 교육으로 변했다. 아버님은 공부를 강요하며 어려서부터 돈벌이를 배워야 한다며 중학생인 큰누나에게는 거리에서 꽃 씨앗 봉투 팔기, 초등학생인 두 형들에게는 버스표, 전차표 팔기를 시켰다. 전차표, 버스표는 내가 초등, 중학교 때까지 쓰던 2cm 폭 6cm 길이 정도의 의 종이표였다.

아버님이 200원에 100장을 사다가 한 권 혹은 두 권을 형들에게 주고 서소문 버스정류장 혹은 남대문 전

차 정거장에 나가 낱장으로 3원씩에 팔았는데 무사히 다 팔고 들어오면 남는 것 일부를 용돈으로 주고 다 못 팔고 들어오면 다음 날에 가중되거나 체벌로 그 대가를 치러야 했다. 나도 가끔은 형들을 따라가 보았는데 주로 아이들이 표를 팔고 있었고 큰 아이들이 파는 곳에서는 주먹다짐과 으름장으로 눈에 안 띄는 구석이나 작은 정류소로 자리를 옮겨야 했다.

내가 보기에는 형들이 똘망똘망해서 그런대로 잘 팔았다. 나는 이때 전차를 처음 타보았다. 큰형의 어린 동생에 대한 배려로 남대문에서 노량진까지 전차를 타고 갔다 왔다. 전차표를 아끼려고 종

점에서도 내리지 않고 돌아왔다. 한강 위를 지나는 전차의 유리 없는 차창에서 서울이 크다는 것을 새삼 느꼈다. 작은형의 선물도 있었다. 그 때문에 어머님이 혹독한 대가를 치러야 했다. 작은형이 나를 데리고 버스 정류소에 나오자마자 100장 묶음 통째로 싼 가격에 (100원으로 기억) 다른 큰아이에게 버스표를 넘겨 버렸다. 그 돈으로 사이다와 빵 두 개를 사서 나누어 먹고 창경원(창경궁이지만 일제의 한국 비하로 동물원이 되어 버린) 깨진 담 사이로 들어가 동물 구경을 했다. 으리으리한 궁궐과 아름다운 비원도 그대로 있었다. 밤이 되어 거리를 떠돌던 두 형제는 허기진 배를 어쩌지 못해 늦은 밤 집에 들어온 후 벌어온 돈을 내놓으라는 아버님의 호랑이 눈앞에서 바들바들 떨었다. 아버님의 굵은 가죽 혁대가 작은형을 내려치기 시작했다. 나는 구석에 쭈그려 있고 바닥을 뒹굴던 작은 형을 온몸으로 덮치며 차라리 나를 죽이라고 울부짖던 어머님의 몸 위로 사정없이 휘둘러지던 가죽 혁대는 방 한쪽에 걸려 아버님의 면도칼 가는 용도로 사용되고 있었지만 어린 나에게는 무서운 무기로 인식되어 그걸 보면 온몸에 소름이 돋았다.

그 당시 그 혁대는 두 가지 용도로 자주 사용되곤 했다. 두 형들에게 주로 사용되었으며 큰누나는 여자이고, 나는 너무 어려서 제외되었지만 그 혁대는 다른 형제들에게 아버님에 대한 적개심을 키우는 작용을 한 것 같다. 한 번은 큰형이 매를 맞기 시작하는 순간에 구석에 있는 내가 똥을 싸서 시작되던 매질이 바로 멈춘 기억이 있다. 사실은 낮에 얻어먹은 생선 가시가 똥구멍에 걸려 꼼지락거리다 싼 똥인데 어머님이 기지를 발휘하여 "저 애도 무서워서 똥을 쌌잖아요." 하면서 아버님을 말리니 아버님은 나를 본 후 가죽 혁대를 던져 버리고 밖으로 나가셨다. 큰형은 종종 가출을 했고 스스로 돌아오거나 잡혀 들어오면 손발 묶여 가죽 혁대라는 잔인한 아버님의 폭력을 재차 받아야 했다. 어머님은 아버님이 나간 후 큰형에게 먹을 것을 가져다주며 다시는 그러지 말라고 눈물로 호소했지만 큰형의 가출은 장가가기 전까지도 계속 되었다. 이상한 점은 작은형이 맞을 때는 온몸으로 덮쳐 막던 어머님이 큰형이 맞을 때는 '에고, 에고' 하며 아버님 손만 붙잡는 모습이다. 이것도 반복적으로 보던 모습이다.

이때 시내에서 가끔 학생들이 기습적으로 박정희 독재 반대를 외치며 시위를 하던 장면도 가물가물 기억난다. 한번은 굉장히 많은 시민들과 학생들이 태극기를 들고 나와 경복궁 앞 모든 도로를 메웠는데 '일제 타도'를 외치면서 일장기를 태웠다. 박정희가 국민 몰래 일본과 수교를 맺으려 했고 아직 해방의 기억이 생생한 국민이 일본과의 수교를 반대하여 일어난 시위였는데 박정희는 계엄령을 내리고 군대를 풀어 많은 학생들을 감옥에 가두었다.

살던 집이 거의 산 위 꼭대기 집이라 아래 큰길까지는 한참 걸어 내려가야 했다. 이 집에 연탄아궁이를 처음 놓았고 아침에는 으레 연탄 두 장씩을 아주 조그마한 구멍가게에서 사와야 했다. 지게꾼을 불러 몇십 장의 연탄을 들여놓을 때는 동네 아줌마들의 부러운 눈길이 있었고 아랫집 아줌마가 와서 '새댁 좋겠네'라는 덕담을 했다. 가끔씩 연탄이 없으면 연탄 한 장을 서로 빌려주기도 했다. 연탄이 꺼지면 불붙은 연탄을 꺼내 한 시간씩 빌려갔다가 불이 살면 다시 돌려주기도 했다. 연탄 값은 20원에 두 장을 살 수 있었다. 내려가는 길 중간에 구멍가게가 있었다. 큰길로 다 내려가 대로변에도 구멍가게가 있었다. 두 군데 다 연탄을 팔았다. 연탄 사러 오는 산동네 고객들은 미취학 아동인 내 또래가 많았다. 나도 형제들이 학교 간 후에 연탄 심부름을 많이 했다. 큰길가의 구멍가게에서는 연탄 사러 온 애들에게 눈깔사탕 하나씩 주었다. 나도 눈깔사탕을 받으러 가까운 구멍가게를 마다하고 항상 먼 큰길까지 내려갔는데 올라올 땐 힘들어서 구공탄 가운데 끼워진 새끼줄을 두 손으로 잡고 열 걸음, 스무 걸음 올려놓고 다시 내려와 나머지 한 장을 옮기는 것을 반복했다. 어쩌면 성공한 사업가와 망한 사업가는 눈깔사탕 하나 차이일 것이다.

남산은 애들 걸음으로 3~40분 남짓이었다. 한동안 집에서 기르는 똥개를 끌고 아침마다 모든 형제가 남산에 갔다 오곤 했다. 아버님의 명령이었는데 개를 끌고 남산에 가서 형제 모두가 똥을 누고 오라는 거였다. 집에 화장실이 있었는지는 기억이 잘 안 난다. 아마 없었던 것 같다. 아침 일찍 남산에 신문지 조각을 들고 올라가 숲에서 똥을 누면 하얀색 똥개가 날름날름 먹어치웠다.

어머님을 따라 큰길 끝 서울역 넘어가는 다리 초입의 시장에 가면 어머님은 깎아 놓은 배추 뿌리를 몇 개 사서 나에게도 주곤 했다. 그 달달 쌉쌀 매콤한 배추 뿌리를 맛있게 먹던 기억이 있다. 하루는 어머님이 보릿겨를 한 포대 가져다 솥단지에 삶으셨다. 시간 지나 거기서 보랏빛 앙금이 만들어졌다. 당원(후에 제품명이 뉴스가로 바뀐 사카린 가루)이 들어간 보랏빛 묵은 내 기억에 남은 매우 좋은 맛이라서 내 나이 오십이 넘어 어머님을 졸라 다시 만들어 달라 했는데 맹맹하고 푸석거려 내 기억 속의 맛이 나를 속이는 느낌이었다.

인천 송림동 단칸셋방으로

서울에서는 오래 살지 않았다. 이른 봄 어느 날 가구 실은 트럭에 타고 어머님과 같이 인천 송림동 다락 있는 단칸셋방으로 이사 왔다. 별채였고 마당 지나 안집은 넓었고 방이 두 개 있었다. 나와 어머님이 하룻밤을 보낸 후 밤중에 큰누님과 두 형이 들어왔고 소리 내지 말고 누워 자라는 어머님의 속삭임을 들었다. 다음날 일어나니 마당에서 앙칼진 목소리와 제발 살게 해 달라고 비는 어머님의 목소리가 들렸다. 방문을 열고 나가 보니 주인집 아줌마가 어머님

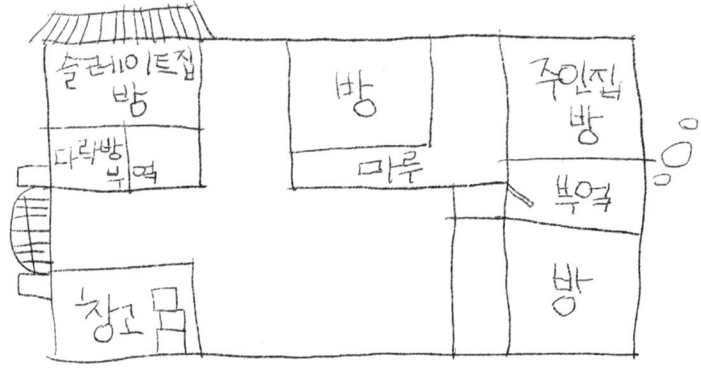

에게 고래고래 욕을 하고 있었다. 어머님은 두 손을 모아 빌고 있었다. 자식이 하나뿐이라고 속이고 이사한 까닭이었다. 이후에 세 자식이 더 오니 주인집 아주머니가 사기 쳤다며 당장 나가라고 욕을 해댄 것이다. 그러거나 말거나 어쨌든 우리 남자 삼형제는 앉지도 못하는 부엌 위 다락방에 나란히 누워 자고 큰누나는 윗목에 아버님과 어머님은 아랫목에서 자는 새로운 삶이 시작되었다.

제2부

질풍노도 속을 달리다(1966년–1978년)

너무 강해서 순둥이
- 1966년, 초등학교 1학년

아직 또래에 비해 작았던 나는 이사 온 지 며칠 후 송림국민학교에 입학했다. 입학 며칠 남기고 부랴부랴 큰누나가 적어 놓은 달력 조각에 기역, 니은, 디귿, 아, 야, 어, 여를 써 놓은 것으로 한글 읽는 법을 배웠다. 나는 그걸 소리로 읽는다는 게 너무 신기했다. 단어는 없었지만 그걸 읽는 건 잠깐이면 되었다. 기역, 니은…. 새로운 세상이었다. 내가 그림처럼 보던 신문, 달력, 구멍가게 유리 창문에 그려진 도형과 여러 장의 종이로 만들어진 누나, 형들의 책이 바로 이런 글자인 것을 알았다. 내가 어른이 된 것 같아서 너무 기뻤다.

어머님이 작은 손수건만 하게 잘라서 옷핀으로 가슴에 달아 준 하얀 천 조각에 이름을 쓰고 국민학교 입학식에 가 운동장에 줄을 섰다. 내 가슴에 써진 이것이 사람들이 나를 동수라고 부르던 바로 그것, 김동수였다.

작아서 맨 앞에 섰지만 자랑스러웠다. 미림극장과 중앙시장, 동인천 지하 통로로 이어지는 길 입구에 교문과 그 옆에 작은 수위실이 있었고 가파르게 올라가면 따로 떨어진 세 동의 건물이 운동장을 중심으로 'ㄷ'자 형태로 있었다. 왼쪽은 1, 2학년 교실, 왼쪽은 3, 4학년 교실. 중앙은 5, 6학년 교실과 교무실, 교장실, 양호실(지금의 의무실) 등이 있었다.

큰누나는 내가 모르는 중학교에, 큰형은 같은 학교 6학년, 작은형은 5학년, 나는 1학년이었다. 바로 집 근처의 학교가 너무 좋았다. 예쁜 여자애들이 같은 반이었고 윗동네, 아랫동네 애들이 학교에 모였다. 박 씨라서 애들이 박호순이라 부르던 여자 선생님이 학교에서 오전, 혹은 오후에 같이 있었다.(당시에는 오전·오후반이 있었고 5, 6학년만 종일반이었다.) 글 읽는 게 신났고 산수도 배웠다. 나는 시험마다 100점이었다. 동네 아줌마들은 동급생 아이들을 나랑 친하게 지내라고 부추겼고 선생님은 나에게 문제의 답을 말할 기회를 먼저 주었다. 방과 후 선생님 집에서 하는 과외(당시에 몇몇 부모들은 선생님께 작은 돈을 내고 공부 못하는 자식들에게 방과 후 과외를 시켰다)에 나를 공짜로 오게 했다. 선생님이 외출할 때는 나에게 동급생들 산수 문제 풀이, 국어 읽기 등을 가르치라 했다. 나는 우쭐해서 동급생들을 나무라며 열심히 가르쳤고 내 공부도 매우 신명나는 일로 여겼다.

이따금 기분 나쁜 일들이 생기기 시작했다. 나보다 한 살 적은 주인집 막내 성산이가 나를 업신여겼다. 어머님은 절대 싸우지 말라 하셨고 그 애랑 싸우면 이 집에서 쫓겨난다고 하셨다. 학교 남자애들이 나를 병신이라 놀렸고 고무 축구공을 가져와 대장 노릇을 하던 애들은 나를 축구 놀이에서 제외시켰다. 나는 작았고 다리와 팔 놀림이 불편했으며 연필을 쥐기 힘들어서 움켜쥐고 꽉 눌러쓰다가 연필심을 계속 부러뜨렸고 공책도 찢어지기 일쑤였다.

누렇고 거칠며 잘 찢어지는 싸구려 공책보다 옆의 애가 쓰는 하얗고 매끄러운 공책이 갖고 싶었다. 하지만 공책이나 연필 탓이 아니고 비정상적인 내 오른 손가락들이 예쁜 글씨를 못 쓰는 단 한 가지 이유임을 곧 알 수 있었다. 공차기에 제외시키는 것도 내 발이 불편하여 다른 애들처럼 날렵한 발놀림을 할 수 없어서 내가 속한 편은 영락없이 지기 때문이라는 것도 알았다. 여자애들을 빼고 남자애들은 대부분 나를 멀리했다. 뭔가 방법을 찾아야 했다. 하지만 항상 반이나 전교에서 1등을 하고 모든 시험에 백 점인 내가 뜨개질

거리를 가지고 어머님과 함께 모이는 동네 아주머니들 사이에선 어머니의 자랑이고 아주머니들에겐 똘망똘망한 아이로 통했다.

어머님은 뜨개질을 매우 잘했다. 손놀림과 대바늘이 거의 눈에 안 보였다. 더 가늘고 얇은 옷을 만드는 코바늘질도 잘하셨다. 철 지난 옷과 헌 털실 옷들을 가져와 풀어낸 털실로 무늬도 예쁘고 입체감도 있는 옷, 장갑, 양말 등을 잠깐이면 만드셨다. 오히려 실 풀어 뜨개질하기 전 동그랗게 감아두는 일에 더 많은 시간을 소요했다. 푼 실을 동그랗게 감는 일은 주로 내 몫이었다. 친구 분들은(이제 대부분 돌아가셨지만 어머님이 88세가 되신 최근까지도 자주 만나셨던) 묘하게도 나와 동갑 나이의 딸이 있는 집이 많았다. 그중에 예쁘기는 우리 어머님이 눈에 띄게 예뻤고 아줌마들은 어머님을 예쁜이라고 불렀다. 갑분이 엄마, 순옥이 엄마, 동네 한의원 아줌마, 옥선이 엄마 등 몇 분은 뜨개질 거리를 가지고 항상 이 집 저 집 모여 풍성한 이야기를 나누었다.

동갑 나이인 갑분이, 순옥이, 옥선이 모두 예뻤다. 갑분이는 평범하고 수더분하고 착했으며 순옥이는 공부는 못했지만 키가 내 머리 하나보다 더 컸고 긴 갈래머리를 하고 다녔다. 내가 보기엔 같은 학년에서는 가장 예뻤다. 옥선이는 부잣집 두부 공장 딸로 얼굴이 하얗고 약간 통통하며 공부는 나 다음으로 잘하고 예뻐서 학교 남자애들에게 가장 인기 있는 아이였다. 옥선이는 6학년 때 전교 부회장을 했다. 항상 남자가 회장, 여자는 부회장이었다. 나는 순옥이를 좋아해서 내가 가면 반겨주는 순옥이 엄마 뒷배를 믿고 등교 때마다 순옥이 집에 가서 '순옥아~ 학교 가자'를 외쳤다. 순옥이는 나를 매우 못마땅해 했지만 종종 순옥이 머리를 땋아 주시던 순옥이 엄마는 '공부 잘하는 동수랑 친하게 지내라'며 순옥이를 내 옆에 붙여 주었다. 앞서 가는 순옥이의 긴 머리를 잡고 학교에 가면 순옥이는 머리 놓으라며 흘겨보곤 했다.

큰형은 점점 더 말썽을 부렸고 작은형은 나이 많고 어른만 한 검은 혼혈아(당시엔 애들이 '튀기'라고 부르는)들이 주축인 야구부에 들어가겠다고 떼를 써서 어머님이 숨겨둔 금가락지 팔고 머리 잘라 팔아서 작은형의 야구복과 글러브, 방망이를 사주었다. 야구부는 따로 돈도 더 내야 했다. 하지만 방과 후 야구부 연습 구경을 하면 작은형은 그저 공 줍는 사람으로 보였고 덩치 큰 혼혈아들이 항상 주축이었다. 그들은 딴 학생들과 싸우는 일이 전혀 없었다. 야구를 할 때 외에는 오히려 주눅 든 애들처럼 딴 아이들을 피했다.

이때부터 작은형이 큰형보다 덩치도 크고 힘도 세고 키도 컸다. 마당에서 형들이 싸우면 대부분 큰형이 깔려서 허우적거렸다. 연년생이라서 큰형은 어머니 젖을 동생에게 뺏기고 못 먹어서 그렇다면서 커서도 많이 불평했다. 그런데 나도 어머니 젖을 먹었던 기억이 없다. 어려서 아픈 덕에 잊어버린 건지 모르겠다. 구호물자였던 분유가루와 날계란만 생각난다.

큰형은 종종 어머님 주머니를 뒤졌다. 주황색 돼지 저금통에 딱딱한 종이를 넣어 돈을 꺼냈고 아버님에게 매 맞은 다음에는 나에게 대신 복수했다. 아버님께 배운 대로 입을 수건으로 동여매고 이

불을 뒤집어씌운 후 다듬이 방망이로 후들겨팼다.(아이 많은 셋방에서는 항상 조용해야 했다.) 나는 아버님이 큰형을 때릴 때마다 아버님이 나가면 내가 맞을 두려움에 구석에서 떨었다. 하지만 절대 어머님께 말하지는 않았다. 또 맞을 게 두려웠기 때문이다. 울지 않고 참다가 형이 나가면 소리가 새어 나가지 않도록 방문 잠그고 이불 뒤집어쓰고 울었다.

그 동네에는 때때로 꿀꿀이죽 장사가 왔다. 멀리 떨어진 월미도 미군 부대에서 나오는 부대 잔밥에 보리를 넣어 끓인 것이라 들었는데 리어카 밑에 연탄 하나를 넣고 그 위에 묶은 드럼통을 세워 항상 김이 모락모락 났다. 딸랑이 종소리가 들리면 가난한 집에서 한 손에는 헌 고무신짝이나, 깨진 솥, 때로는 돈 십 원을 쥐고 다른 한 손에는 큰 양푼이나 바가지를 들고 사람들이 나갔다. 어머니도 종종 그들 중 한 명이었다. 그 아저씨는 돈이나 물건 가치에 상관없이 꿀꿀이죽을 퍼 주었는데 꿀꿀이죽을 사는 아줌마들의 가족 수를 알고 있었다. 우리처럼 여섯이 사는 가족에는 두 바가지를, 서너 명 사는 가족에게는 한 바가지를 퍼 주었다. 리어카에 던져 넣는 아줌마들이 가져온 물건은 쳐다보지도 않았다. 달달하고 시큼하지만 고기도 가끔 들어 있고 먹을 만했다. 엿장수도 자주 왔는데 고철을 주로 받았다. 나는 엿이 먹고 싶어 비 오는 날이면 깡통을 들고 멀리까지 쇠못, 철사 등 쇠붙이를 주우러 다녔다. 비가 많이 온 날 공사장 인근에 가면 흙이 빗물에 씻겨 쇠붙이가 잘 보이기 때문이었다.

어머님은 가끔 보리와 쌀을 섞은 밥에 고구마 조각을 썰어 넣었다. 고구마를 삶아 밥 대신 한 개씩 나누어 줄 때면 작은형은 항상 자기가 다 먹겠다고 떼를 썼다. 어머님이 안 된다고 말리면 고구마 다섯 개를 다 밟아 버리거나 발로 차서 뒤집어 버리는 일이 종종 있었다. 이런 일은 큰형과의 싸움으로 이어지거나 어머님 것을 작은형에게 양보하는 것으로 끝맺을 때가 많았다.

하루는 아버님이 집에 일찍 오셨다. 나는 부엌 위 다락방에 숨어서 고구마 훔쳐 먹던 작은형에게 아버님이 오셨다고 말해 주었는데 작은형은 다락방 문을 열지도 않은 채 "웃기고 있네. 아버지 새끼가 왜 와? 아버지 새끼 이리 들어와 봐."라고 큰소리를 질렀다. 아버님이 다락방 문을 열고 "아버지 새끼 왔다. 어쩔 건데?" 하자 다락방에서 구르듯 내려와 맨발로 도망쳤다. 아버님은 껄껄 웃으셨다.

학교에서는 매일 동그랗게 구운 밀가루 빵을 수업 끝나면 나누어 주었다. 학급당 개수는 20개 남짓이라 그날 방과 후 남아서 들기름 묻혀 마룻바닥을 닦고 교실 청소를 한 후 집에 가는 당번 줄(줄 따라 열댓 명의 아이들이 한 줄이고 매일 당번 줄은 순차적으로 돌아갔다)의 줄반장(두 명씩 앉은 책상이 뒤로 7, 8줄, 옆으로 4줄이 보통이었는데 한 반이 보통 60명 내외이고 뒤로 줄 중에 한 명을 줄반장으로 뽑았다)이 타 와서 청소 끝난 후 나누어주었다.

그 동네 공터에서는 몇 번의 개싸움이 있었다. 어른들이 돈을 내고 구경했다. 경마처럼 투기 놀음도 했던 것 같다. 인천 여기저기서 무서운 개들이 왔는데 대부분이 도사견이었고 검고 누런 도사견들은 무시무시한 큰 맹수처럼 보였다. 한번은 매우 크고 무섭게 생긴

개가 왔는데 금술 달린 망토를 걸쳤다. 그 망토에는 '금강'이라고 쓰여 있었다. 그 개는 철조망 안의 두세 번 싸움에서 모두 이겼다. 개싸움이 끝난 후 다시 망토를 걸친 그 개를 끌고 주인이 동네 길을 지나갈 때 우리 동네 순둥이 개 청룡이가 달려 나왔다. 청룡이는 그 개보다는 훨씬 작았지만 동네의 제일 큰 개였는데 진돗개와 도사견의 잡종처럼 생기고 푸르고 하얀 얼룩이 진 날렵한 검은 개였다. 순둥이라 동네에 돌아다녀도 청룡이를 무서워하는 아이는 없었다. 오히려 같이 노는 걸 더 좋아했다. 구경하던 우리 아이들 사이로 쏜살같이 달려 나간 청룡이가 그 개를 덮쳤다. 주인은 목줄을 놓치고 그 개는 도망쳤으며 주인도 개를 잡으러 뛰어갔다. 시야에서 사라진 후 한참 만에 돌아온 청룡이는 아이들에게 '챔피언'이라는 새로운 별명을 얻었다. 그 후로도 챔피언 청룡이는 순둥이 개였고 아이들과 잘 놀았다. 순둥이 청룡이는 약해서 순둥이가 아니고 너무 강해서 순둥이였다.

독종 중의 독종
- 1967년, 초등학교 2학년

아버님이 두 형들을 태권도장에 보냈다. 큰형은 도장 간다 하고 땡땡이를 많이 쳤지만 작은형은 열심히 다녀 고등학교 때 대표 선발전에도 나갔다.(서울에서 전국 학생들이 참가하는 대회였으나 무슨 선발전이었는지는 잘 모르겠다. 당시에 전국 소년 체전에도 태권도가 있었던 것으로 기억한다.) 나도 어머님을 졸라 태권도장 다니게 해 달라 했는데 일 년 후에야 꿈을 이룰 수 있었다.

당시 언덕 윗동네와 우리 아랫동네는 서로 미워하는 분위기였고 윗동네는 우리보다 못사는 기름종이 얹은 판자촌이었다. 종종 초등학교 고학년을 포함한 중고생들의 아랫동네 윗동네 패싸움이 있었고 어른들이 개입해야 끝났다. 눈 오는 날 눈싸움으로 가장한 아랫동네 윗동네 싸움이 나면 저학년인 나는 눈뭉치 속에 넣을 돌멩이나 벽돌 조각들을 모아서 고학년에게 주었다.

2학년 같은 학년에 강철이라는 윗동네 애가 있었다. 덩치는 나보다 약간 큰 듯한데 동급생 중에서 싸움 1등이라 했고 우리는 그 애를 깡철이라 불렀다. 독종이라 했다. 상급생들도 그 애를 못 건든다고 했다. 한번은 길거리에서 깡철이가 나에게 시비를 걸었다. 애들과 딱지치기를 하는 나를 괜스레 걷어차고 딱지를 걷어 자기 주머니에 넣었다. 애들이 도망칠 때 나는 딱지 내놓으라고 덤볐다. 깡철이에게 깔린 채 맞았다. 그때 보루꾸(큰 블록 벽돌을 당시에는 일본식 발음으로 보루꾸라 했다) 담 넘어가 파손된 벽돌의 외부에 바른 날카로운 시멘트 조각이 내 손에 잡혔고 그걸로 머리를 찍었다. 피 나는 머리를 움켜쥐고 나뒹구는 깡철이 등을 몇 번 더 찍고 발로 배를 마구 밟아 제쳤다. 깡철이의 돼지 멱따는 울부짖음은 동네에 울렸다. 몰려나온 동네 애들의 놀란 눈과 어른들이 깡철이를 들쳐 엎고 달리는 모습을 보면서 '내가 이겼다'라고 소리치고 싶었다. 내 생애 첫 싸움이었다.

저녁엔 어머니에게 얇은 판자로 마구 맞았다. 한참 맞은 후 어머니는 나에게 십 원짜리 하나 주면서 나가서 뭐 사 먹으라 했다. 그래도 기분은 좋았다. 다음 날 학교에 가니 나는 '독종 중의 독종'이 되어 있었다. 몇몇 애들은 "니가 깡철이 때려서 병원 보냈다며?" 하면서 나를 경외의 눈으로 쳐다보았다. 이때부터 동급생 아이들은 나를 놀리지 않았다. 깡철이도 나를 슬슬 피해서 다녔다. 하지만 아직 고무 축구공 가져온 부잣집 애들은 나를 축구 놀이에서 포함시켜 주지 않았다. 나는 연필 깎는 칼을 가지고 주변에 있다가 나에게 공이 굴러오면 잡아서 사정없이 째어 버렸다. 공 주인은 울면서 집에 갔다. 아무도 나에게 항의하지 않았다. 몇 번째 이런 일이 있은 후 애들은 내가 보이면 축구 놀이를 포기했다.

나는 여전히 공부 1등이었고 아무도 덤비지 않았으므로 싸움도 1등이었다.

내친김에 주인집 아들 성산이를 대문 앞에서 패 버렸다. 당시 성산이는 1학년이지만 몸집은 나보다 컸다. 주인집 아줌마에게 빨리 집 빼라는 악다구니를 저녁 내내 들으신 어머님은 나를 보지도 않고 부엌에서 서럽게 울었다. 나는 어머님에게 미안했다. 이후부터 성산이는 동수라고 부르던 나를 꼬박꼬박 '동수형'이라고 불렀다. 성산이 엄마는 나를 볼 때마다 못마땅한 눈으로 흘겨보곤 했다.

2학년 때 깡철이와의 싸움 뒤로 나는 자신감이 붙었다. 골목 앞 여러 집 건너, 대문이 큰 양옥집이 있었는데 그 집에 좋은 양복 옷만 입고 다니던 5학년 병학이가 살았다. 덩치가 내 두 배는 되어 보였는데 하루는 내가 많이 맞았다. 6학년이던 작은형이 내가 병학이에게 맞아 멍든 것을 보고 짱돌로 찍어 버리라고 시켰다. 나는 큰 짱돌을 두 손으로 들고 그 집 문 옆에 숨어 있다가 나오는 병학이를 찍었다. 하지만 병학이 머리를 제대로 못 쳤는지 병학이에게 멱살 잡혀 또 두드려 맞았다. 작은형이 이를 알고 병학이를 몇 대 패 주었다 한다. 하지만 나는 분이 안 풀려 골목길에서 또 기다리다가 돌멩이로 병학이 얼굴을 때렸다. 이번에는 병학이가 울면서 도망갔다. 얼마 후 그 집이 이사 가서 병학이를 못 보았다. 나는 큰형과 작은형 덕분에 동급생과 상급생에게 전혀 맞을 위협 없이 학교와 동네에서 활개 쳤다.

우리 집에는 주황색 자전거가 있었다. 동네에 몇 대 없는 자전거 중 하나였다. 사람들은 그 자전거를 '한전 자전거'라 불렀다. 아버님은 그 자전거를 타고 출퇴근하셨다. 그건 검침원(밖에 달린 계량기를 검침원이 돌아다니면서 매달 적었고 그에 따라 전기료를 내었다)에게 지급되는 자전거였다. 덕분에 나도 자전거를 일찍 배웠다. 너무 조그만 아이라서 안장에 올라탈 수는 없었지만 자전거를 비스듬히 눕히고 페달에 오른발을 올리고 왼발로 땅을 밀다가 속도가 붙으면 밀던 발로 페달 중심축을 딛고 페달 딛었던 오른발을 안장 밑 삼각 공간 사이로 밀어 넣어 반대편 페달을 밟아 자전거를 비스듬히 눕힌 채 타는 방법이었다. 나중에 숙달되자 큰 짐자전거까지 그런 식으로 탈 수 있었다. 아버님은 검침원 가방에 A4용지 반만 한 두꺼운 종이를 몇 묶음씩 가지고 다녔으며 시간이 지날수록 그 묶음은 점점 늘어났다. 파란색으로 아주 작은 칸들이 빽빽했는데 주소, 이름, 계량 기록, 앞 달과 뒤 달간 차이, 합계 칸들이 있었다. 빨간색으로 칸이 인쇄되어 있는 작은 뭉치도 있었는데 이것은 공업용 전기 사용 기록지였으며 빨간 칸 용지는 숫자가 점점 늘어나 내가 중, 고등학생 때는 몇 뭉치씩 되었다. 구역 단위로 수십에서 백여 장까지 종이 구석에 펀치 구멍을 내어 쇠고리에 끼운 뭉치였다.

그 검침지에 아이들도 할 일이 있었다. 검침지가 1월부터 12월 칸까지 거의 다 차면 아버님이 새 검침지를 가져오고 주소, 이름, 마지막 검침 기록을 새 검침지에 옮겨 적는 일이 그중 하나였다. 이 일은 글씨를 예쁘게 잘 쓰는 큰누나가 주로 했다. 큰형 글씨도 예쁘

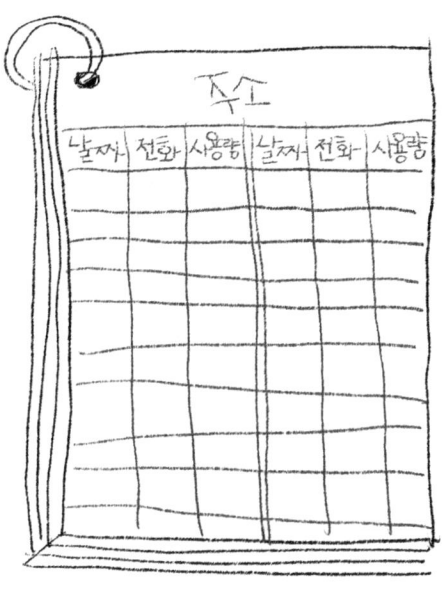

기는 했지만 큰누나 것이 더 예쁜 글씨였다. 또 다른 일은 월간 계량 차이(매월 전기 사용량)의 기록 및 합계의 재 검산이었다. 이것은 매달 했는데 한전에 제출하기 전에 다시 검산하는 것이었다. 처음에는 큰누나 몫이었다가 어느새 내 일이 되어 버렸다. 산수 공부를 잘한다는 이유로 한두 번 나한테 맡겼다가 굳어져 버린 것이다. 단순한 일이었다. 뒤 칸 숫자에서 앞 칸 숫자를 빼고 이것이 이미 검은 색 볼펜으로 쓰여 있는 숫자와 맞는지만 확인하는 일이다. 만약 틀린 게 나오면 빨간 색 볼펜으로 그 숫자에 동그라미만 하면 끝이었다. 아버님 일에 도움이 된다는 생각에 이 일이 좋았고 빨간색 동그라미가 여러 개 나오면 아버님이 가끔 오 환(당시 '환'이 '원'으로 바뀐 지 오래되었으나 5환짜리 큰 동전은 5원으로 공용되었다)짜리나 10원짜리

제2부 질풍노도 속을 달리다 49

를 주는 일도 있어서 더 좋아하게 되었다. 노란 공책이 3원이나 5원이었고 하얀 공책은 10원이었으며 오리온 샌드 비스킷이 5원, 새로 나온 삼립 크림빵이 10원이었다. 이 일은 고등학교 졸업 시까지 이어졌고 검침 카드는 점점 늘어나 고등학교 시절에는 그 단순한 일이 아예 몇 시간 일거리가 되었다.

아버님의 돈벌이가 점점 좋아지는 것 같았다. 가끔은 흰 쌀밥이 나오고 생선구이나 계란도 있었다. 생선구이가 있는 날은 아버님이 식사를 마칠 때까지 밥을 천천히 먹었다. 아버님이 수저를 놓기 전에 생선 쪽으로 손이 갈라치면 어머님이 숟가락으로 손목을 내리쳤기 때문이다. 혹 다른 좋은 반찬이 있을 때도 마찬가지였다. 이런 날은 다행히도 아버님이 맛있는 반찬을 한두 번만 집고 수저를 빨리 놓으시고 일어나 나가셨다. 아버님이 나가시면 모든 형제가 그쪽으로 동시에 손을 뻗었으나 어머님의 제지로 공평하게 나누어졌다. 어머님이 맛있는 반찬을 입에 대는 것을 한 번도 보지 못했다. 우리는 그때 반찬에 정신이 팔려 그걸 알 수 없었다. 이것은 아버님 돌아가시기 전까지도 불문율처럼 되었다.

내가 아이들을 낳아 기르게 된 후에는 한 가지 순서가 늘었다. 아버님이 수저를 놓은 후에도 아이들이 맛있는 반찬을 먹을 만큼 먹고 수저질이 뜸해져서야 그 반찬을 먹을 수 있었다. 아이들이 반찬을 집는 동안 내 젓가락이 그쪽으로 갈라치면 와이프가 째려보기 때문이다. 나는 부모와 자식 사이에 낀 애매한 세대다. 가끔은 아버님의 흰밥 속에 날계란이 들어 있었다. 큰누나와 큰형 밥 속에도 드물게 있었다. 흰 쌀밥이 나오는 날은 두근거리며 젓가락이나 숟가락으로 천천히 밥을 찔러 반짝거리는 흰자위와 노른자위가 묻어 나오는지 확인하곤 했다. 매번, 매번 '꽝'이었다. 내 차례까지 오는 일은 없었다. 한 번이라도 있었으면 기억할 텐데 말이다.

큰누나에게 귀신 이야기를 가끔 들었다. 어떤 때는 이불을 뒤집어 쓴 후 어둠 속에서 소곤소곤 말하기도 했다. 무서운 이야기라며 일부러 겁을 주려는 것 같았다. 사람이 죽으면 귀신이 되고 나도 죽으면 귀신이 된다고 했다. 귀신은 문을 안 열고도 드나들 수 있고 작게, 크게, 혹은 동물이나 물건으로 변할 수도 있다 한다. 나도 죽으면 귀신이 되어 가고 싶은 곳을 맘대로 가고 원하는 대로 변할 수도 있다니 매우 흥미로운 이야기였다. 나는 귀신이 보고 싶었고 귀신이 되고도 싶었다. 꿈에서는 귀신을 잡아 병 속에 넣어 놓고 내가 원하는 것을 시키거나 내가 귀신이 되어 날아다니기도 했다.

어느 더운 여름날 작은형이 송도해수욕장에 가자고 했다. 걸어가는 길은 족히 두 시간은 되었는데 걸어, 걸어 송도에 가서 철조망 구멍으로 해수욕장에 들어갔다. 빤스만 입고 바닷물로 들어가서 풍덩풍덩 놀았다. 이것저것 구경도 하고 배고파지면 비닐봉투에 형이 싸 온 누룽지를 먹고 수돗물을 마셨다. 어두워질 무렵 집으로 걸어오기 시작했는데 오면서 깜깜한 밤이 되었다. 집까지 30여 분 남은 숭의동 공설운동장 옆을 지나며 나는 졸기 시작했다. 급기야 너무 졸려 땅바닥에 주저앉았다. "이 새끼야 자지 말아! 일어나! 일어나!" 뺨을 때리며 소리치는 형의 소리가 점점 멀어져 갔다. 형이 나를 업었다. 잠결에도 형이 나를 업었다는 게 느껴졌다. 형은 걷다가, 주저앉아 쉬다가, 다시 업고 걷기를 반복했다. 형의 등에서 축축한 땀 냄새가 났다. 깨어나니 우리 집 방 아침이었다. 성인이 된 후 작은형을 패 버리고 싶도록 미웠던 많은 순간에도 이때의 기억 때문에 많이도 참았다.

동네 옆에는 큰 성당이 있었다. 유치원도 있었다. 부잣집 아이들이 다녔다. 놀이터도 있었다. 가끔 그 놀이터로 놀러 갔다. 백인들도 있었다. 가면 어쩌다 한 번씩은 그 백인들이 이상한 과자와 껌도 주었다. 한번은 어디선가 주워들은 '양키 고 홈'을 말했다. 그런데 그 백인이 내 머리를 쓰다듬으며 "착한 어린이는 그런 말 하면 안돼요. 그런 말 하면 나쁜 어린이예요"라고 한국말로 말했다. 나는 놀라서 도망쳤다. 백인이 한국말을 하는 것이 무서웠다.

여름이 시작되기 전 중동 3차 전쟁(6일 전쟁 혹은 6월 전쟁이라고 함)이 일어났고 이스라엘이 이집트, 시리아, 요르단을 기습적으로 공격하여 많은 땅을 점령했다. 이 전쟁으로 많은 중동인들이 죽었다.

그해 여름에 동백림 사건이 있었다. 동백림東伯林은 동베를린의 한자 표기인데 당시 3차 개헌을 위해 국회의원 2/3 이상을 박정희의 공화당 사람들로 만들려고 부정선거를 저질렀는데 국민의 저항이 심해지자 당시 정보부장이던 김형욱이 서독대사인 최덕신과 공작하여 유럽에 거주하던 194명의 유학생 혹은 지식인 교포를 간첩으로 몰아 납치, 고문, 감금을 자행한 대표적 간첩 조작 사건이다. 최덕신은 6·25 때 거창 양민 학살 사건을 저지른 책임자지만 이승만이 비호하여 살아남았고 박정희에게 아부하여 서독대사가 되었다. 동백림 사건 조작이 거짓으로 밝혀지자 박정희에게 미움을 받은 후 친북 활동을 하며 북한의 간첩 노릇을 하다가 월북했다. 시대의 아이러니다.

이 사건으로 인해 지금은 유명한 화가 이응노, 음악인 윤이상, 국내의 시인 천상병 등 많은 예술계 인사들이 고문을 받고 장기 징역형을 선고받았으나 얼마 후 모두 사면되었다.

나는 글을 읽는 게 너무 재미있었다. 내 교과서야 별 게 없지만 형 교과서를 몰래 다 읽었다. 아버님이 가져온 신문 속의 한문 섞인 깨알 글씨도 틈만 나면 광고 포함해 다 읽었다. 신문을 보면서 저절로 한자도 다 읽었다. 고학년이 되어서는 한문이 섞인 교과서를 받았고 나는 이미 다 아는 것들이라서 수월했다. 만화책과 어린이 잡지 『새소년』『어깨동무』 등을 친구 집에 가서 읽거나 빌려와 보기도 했다. 큰누나가 빌려와 읽던 잡지나 소설책도 읽었다. 만화방에서 만화책을 보면 만화가게 주인이 지금의 커피 쿠폰처럼 작게 자른 종이에 도장을 찍어 주곤 했는데 유일하게 브라운관 흑백 TV를 볼 수 있는 곳이 만화방이었다. 그 도장을 몇 개 이상 받아야 박치기왕 김일의 레슬링이나 만화영화를 볼 수 있었기 때문에 그런 프로가 방영되는 날은 만화방에는 어른들과 아이들이 꽉 찼다. 만화방에는 잡지책을 포함해 소설류들도 빌려주었는데 큰누나가 종종 빌려오는 책들이 집에 있으면 내가 하교하고 누나가 학교에서 돌아오는 사이의 몇 시간은 내 차지가 되었다. 형들이 책보는 모습은 별로 못 봤다. 나에게는 행운이었다.

　집 근처 대로변 구석, 삼각형의 작은 땅에 보루꾸로 된 집이 있었다.(우리 셋방보다도 작았다. 후에 그 동네가 철거된다 하여 나이 40이 넘어 찾아갔었는데 그 집이 담벼락만 허물어진 채로 남아 있었고 그 방과 부엌이 내 양팔 편 길이밖에 안 되어 놀랐다.) 작은방과 너무 작은 부엌이 있는 그 집에 나보다 한 살 밑인 성철이와 두 살 밑인 성남이 형제 그리고 성철이 엄마 셋이 살았다. 성철이는 좀 모자란 듯했지만 성남이는 똘똘했다. 그 애들과 노는 일은 거의 없었지만 성철이 아버지가 돌아온 후에는 저녁에 그 집에 자주 갔다. 성철이 아버지가 육군 상사였고 월남에서 돌아온 후 그 집에 TV와 몇몇 신기한 물건들이 생겼기 때문이었다.

　성철이 아버지는 키가 크고 동네 사람들과 말을 섞지 않았다. 성철이 엄마는 나더러 성철이, 성문이에게 한글 좀 가르쳐 달라고 했다. 나는 TV 보는 재미에 그 집에 자주 갔다. 15인치쯤 되는 TV는 조그만 목제 상자 안에 넣어져 있었는데 안 볼 때는 상자 문을 잠갔다. 다른 애들과 어른들도 그 집에 거의 안 들어갔는데 나만 유일하게 들락거렸다. 어느 날 성철이 엄마가 없을 때 나는 그 집에 있던 드라이버로 TV 뒷면을 뜯었다. 처음에 성철이 형제가 말렸지만 똑같이 맞춰 놓을 테니 걱정 말라고 하고 나사로 조립된 모든 부품을 떼었다. 부품은 늘어났는데 조립이 안 되었다. 대충 맞춰 놓고 TV를 켰는데 먹통이었다. 두려움이 몰려왔다. 땀 흘리다 결국 성철이 엄마 오기 전에 그냥 놔둔 채로 집에 왔다.

여러 날이 지나도록 성철이네 집에 가지 않았다. 긴 날들이 흐른 후 성문이가 우리 집에 나를 부르러 왔다. 성철이 엄마가 집으로 오라고 했단다. 두근거리는 마음으로 성철이네로 갔다. 성철이 엄마는 처음 보는 초콜릿, 양과자를 들고 방에 들어왔다. "요새 왜 안 오니? 자주 와서 성철이 성문이 공부 좀 가르쳐 줘. 오늘은 과자 먹으면서 TV나 보다 가렴." 성철이 엄마가 TV 상자를 열고 전원을 켜는데 '악!' 소리 낼 뻔했다. TV가 깨끗하게 잘 나왔다. 초콜릿 맛도 모르겠고 양과자 맛도 안 느껴졌다. 집에 돌아와서야 가슴이 진정되고 이후로 다시 성철이 집에 놀러 다녔다. 초등학교 다닐 동안 성철이가 놀림을 받거나 하면 내게 이르고 내가 찾아가 놀린 놈을 혼내주곤 했다. 이후 내가 대학생이고 성문이가 고등학생일 때도 성문이는 멀리에 사는 우리 집에 놀러왔다. 성년이 되어 성철이가 자동차 정비소에 취직했을 때도 성문이가 대학생이 되었을 때도 연락이 되어 만난 적이 있다.

그해 추운 겨울
- 1968년, 초등학교 3학년

그해 초에는 '김신조 무장 공비 청와대 습격 사건'이 있었다. 어른들은 다시 전쟁이 난다며 떠들썩했다. 낮에는 '공습훈련'이라 하여 방공호로 피하는 연습을 했는데 신작로(차가 왕복으로 다니는 큰 길)에 나가면 초록색으로 칠해진 화장실 한 칸 정도 크기의 입구만 길에 나와 있는 방공호가 두 개 있었다. 들어가면 넓이가 30평 남짓 되었다. 사이렌이 울리고 '공습! 적기출현! 공습!'이라는 라디오 방송이 나오면 동네 사람들은 그리로 들어가 촘촘히 붙어 앉아 있는 연습이었다. 밤에는 '관제 등화'라는 연습을 했다. 적기가 불빛이 보이는 곳에 폭탄을 투하한다고 하여 집안의 모든 불을 다 꺼야 하고 심지어 길에서 담배도 필 수 없었다. 대부분의 집은 이불로 창문을 가린 후 5촉짜리 전등을 켜고 식구들이 모여 앉아 옛날이야기, 무서운 이야기 등을 하며 나름 즐거운 시간이긴 했는데 간혹 옅은 빛이 새어 나가면 순찰하는 아저씨가 막대기로 창문을 두드리며 "김 씨네~ 불 꺼!"를 외쳤다.

큰형은 동인천 넘어 대건중학교에 다녔다. 작은형은 제물포의 동인천중학교에 갔다. 다들 시험 봐서 갔으나 대건중학교가 좀 더 좋은 학교로 알고 있었다.

광주의 고숙(고모부)이 몇 번 오가며 아버님과 심각하게 이야기를 나누더니 어느 날 작은누나가 왔다. 아버님이 이제 작은누나를 내가 키우겠으니 돌려달라고 했다고 한다. 운전기사를 대동한 검은색 차로 왔다. 작은누나는 고숙이 작은누나를 놔두고 가려 하자 안 떨어지겠다며 고숙을 붙잡고 서럽게 울었다. 고숙도 한참을 울었다. 고숙이 올 때 난생 처음 보는 바나나 꾸러미를 가지고 와서 어머님이 하나씩 떼어 주었는데 처음 먹어 보는 천상의 맛에 놀라 다 녹아 없어질 때까지 천천히 핥아 먹었다. 예쁜 옷을 입은 작은누나는 며칠을 서럽게 울었다. 작은 셋방과 우리들이 사는 모습에 낯설어서 적응을 못했지만 시간이 지나 학교에 다니면서 가난한 삶에 적응해 갔다. 이 시기에는 아버님이 돈을 모아 더 큰 셋집으로 이사 갈 준비를 마친 때였다. 아버님은 내가 태어나던 때부터 작은누나를 부자인 고숙 집에 맡겼었고 고숙은 어머님보다 몇 살 밑인 아들 하나만 있던 터라 작은누나를 아들보다 더 좋아했다고 한다. 심지어 고모도 작은누나를 시샘할 정도였고 작은누나는 고숙이 고모 옆에도 못 눕게 하고 꼭 고숙 품에 안겨서 잤다고 했다. 고모님 자식인 일랑이 형도 작은누나를 미워할 정도였다. 고숙은 광주에서 제일가는 갑부였고 누나는 고숙이 애지중지하는 갑부집 딸내미로 자랐다. 그런 누나가 식구 일곱이 끼어 자는 단칸방에 왔으니 적응이 안 될 만도 했다. 고숙과 아버님이 방학 때마다 작은누나를 고숙 집에 보낸다는 약속을 했고 고숙은 아버님께 이사 갈 돈도 보탰다. 나도 그 후 작은누나가 광주에 가는 방학 동안 몇 번인가 같이 가서 한 달씩 지내다 왔다.

그해 여름에는 작은누나와 광주에 갔었다. 고숙은 계림동에 양옥집을 지어 살고 있었는데 그 집의 크기란 당시의 어린 나에게 상상할 수 없는 규모였다. 1층에 방 다섯 개, 2층에 서재와 방이 따로 있었다. 마당에는 운전기사가 자는 방이 있었다. 1층 넓은 부엌 옆에는 식모 방이 있었고 좁은 계단으로 내려가는 지하에는 귀뚜라미가 바글바글했다. 뒷마당 차고에는 자동차가 있었는데 일랑이 사촌 형이 타고 다녔다. 고숙은 따로 기사 달린 차가 있었다. 고모는 나를 매우 예뻐했고 항상 머리를 쓰다듬으며 아버지 닮았다고 했다. 고모는 동생인 아버님을 끔찍하게 위해서 몰래 돕기도 했지만 너무 착해서 고숙과 고모 아들인 일랑이 형의 눈치를 많이 봤다. 아버님께 몰래 돈을 전달했다가 고숙에게 맞기도 했고 일랑이 형이 고모와 아버님을 미워하는 이유가 되었다. 고모는 일랑이 형에게 정을 못 붙였고 일랑이 형은 고숙이 돌아가신 후에 고모와 떨어져 살며 생활비도 박하게 주고 고모님이 돌아가셨을 때 유골 가루를 성의 없이 야산 나무 밑에 얇게 삽 뜨고 넣어 덮어 버렸다.

작은누나는 광주만 가면 활기가 넘쳤다. 고숙이 옷도 많이 사 주고 용돈도 많이 주었다. 나도 덕분에 옷 한 벌 얻어 입었다. 누나는 옛 친구를 만나러 나가기도 했고 고숙이 외출할 때 따라가기도 했다. 먹을 것은 너무 풍성했다. 거기서 여자 몸매를 닮은 병의 코카콜라를 처음 먹어 보았다. 처음에는 작은누나가 이거는 거품을 먹는 거라며 거품만 먹게 하고 액체는 자기가 마시면서 낄낄대었지만 처음만 속고 두 번째부터는 안 속았다.

3학년이던 그해 나도 태권도장에 다니게 되었다. 하지만 대련했던 높은 띠 상대를 문 앞에서 기다리다 기습적으로 때리고 쌈박질을 하다가 쫓겨났다. 당시 태권도장은 세 종류였는데 백호관, 맹호관, 청룡관이었다. 이후 몇 년간 계속 도장을 옮겼지만 검은 띠를 따기도 전에 모든 곳에서 쫓겨났다. 관장이나 사범들에게 나는 태권도를 배울 자격도 없는 싹수 노란 놈이었다. 태권도장에서 다 쫓겨나고 할 수 없이 들어간 합기도장에서는 나름 오래 버텼다. 거기서는 호신술과 낙법, 발차기 주먹 쓰기 등을 배운 후 검은 띠 1단이 되면 대나무 네 쪽 갈라 묶고 손잡이와 봉의 끝에 돼지가죽을 묶은 장봉을 배웠다. 2단이 되면 참나무 봉 끝에 구멍을 뚫어 돼지가죽으로 만든 긴 끈을 끼워 늘어뜨린 단봉으로 그 띠를 손목에 감고 상대를 제압하는 것을 배웠다. 3단이 되면 철근 끝을 갈아 뾰족하게 만든 표창술을 배웠다. 나는 그것들을 배우고 싶어 간신히 검은 띠를 땄지만 혼자 남아 그것들을 가지고 연습한 거 말고는 딱히 정식으로 못 배웠다. 집이 이사 갔고 내가 신장병에 걸려 어영부영 합기도장에 못 나가게 되어서다.

어느 날 학교에서 아이들이 쌈 1등은 내가 아니라고 말했다. 누군가 나랑 한판 붙자 했단다. 애들이 말하길 그 애랑 붙으면 무조건 내가 진단다. 그 애가 전국 태권도 대회에서 동메달을 따고 운동장 교단에서 교장에게 상 받았던 유상이었다. 나보다 한 뼘은 컸고 검은 띠 삼단이라 했다. 나 같은 건 쌈 상대도 안 되고 한 방에 쓰러뜨린다고 애들한테 말하고 다녔다고 한다. 그 교실에 찾아가 한 판 붙자고 했다. 오후반 애들 수업까지 다 끝나고 늦은 저녁에 학교 1, 2학년 건물 뒤편 쓰레기장으로 오라고 했다.

저녁 무렵, 학교 뒤 축대를 기어올라 쓰레기장에 갔다. 유상이가 와 있었다. 유상이는 멋진 태권도 자세를 취하더니 발차기를 날렸고 나는 정말 한 방에 나가떨어졌다. 유상이가 비웃으며 "쫌만 한 게 까불어 씨." 하며 나를 내려 보았다. 아무래도 주먹으론 안 될 듯했다. 주변을 둘러보니 마침 큰 소주병들이 있었다. 선생님들이 마시고 버린 건지 수위가 마시고 버린 건지 벽돌 쓰레기장 벽에 가지런히 놓여 있었다. 한 개를 집어 유상이에게 던졌다. 유상이 뒤 교실 벽에 맞아 쨍그랑 깨졌다. 나는 다른 한 개를 들어 쓰레기장 모서리에 툭 쳤다. 다행히 병목만 손에 남았다. 어디선가 TV나 만화에서 본 장면 같았다. 유상이는 교실 벽에 등을 붙이고 움직이질 못했다. 천천히 다가가 유상이 입술 밑에 날카로운 부분을 대었다. 병 끝이 살짝 박혀 피가 조금 배어 나왔다. 밀랍처럼 굳어 버린 유상이에게 물었다. "너 내 꼬붕 할 거냐?" 병을 턱에서 떼어내자 굳어 있던 유상이가 헐떡이며 대답했다. "나 너 꼬붕이다. 살려줘." 나는 유상이를 놔둔 채 다시 축대를 타고 집에 왔다. 유상이는 다음날부터 애들에게 '나는 동수 꼬붕이다. 누구든 동수에게 덤비는 놈은 내가 가만 안 둔다.'라고 말하고 다녔다.

　남자 애들 중에서 가장 큰 구만이도 내 가방을 들고 따라다녔다. 쌈 1등의 위기도 있었다. 나보다 많이 크고 사투리 쓰는 어떤 애가 전학 온 지 얼마 안 되어 풍차처럼 나에게 돌진해 왔다. 내가 사투리 흉내를 내며 촌놈이라고 놀렸기 때문이다.(아… 실은 나도 처음에 촌놈이라고 놀림 받는 것이 싫었는데…) 여기 애들이 싸움의 기준으로 삼는 태권도나 권투 혹은 레슬링 자세가 아닌 팔을 앞뒤로 풍차처럼 돌리면서 돌진했다. 무서운 기세에 당황하여 물러섰다. 다행히 내 몸에 닿기 전에 구만이가 그 애를 잡았다. 구만이의 큰 덩치와 억센 힘에 그 애는 버둥거릴 뿐이었다. "너 동수에게 덤비지 마라. 동수가 쌈 1등이야. 너 죽어!" 구만이의 말에 그 애는 풀이 꺾였다.

　1등은 매우 위태로운 자리라는 걸 그때 느꼈다. 1등은 얇은 유리판 같다. 우연히 떨어진 작은 돌조각에도 산산이 부서질 수 있다. 하여간 단 한 번의 싸움도 없이 쌈 1등은 이어졌다. 그 이후에도 위기는 많았지만 유상이와 구만이 덕분에 영악하게 자리를 지켰다.

　나의 뿌리 근처에서 솟아난 독기는 어머님에게 물려받은 게 맞는 것 같다. 어느 날 집 위쪽 아주 작은 구멍가게를 하던 석철이네와 우리 형들 간에 싸움이 붙었다. 석철이는 큰형보다 나이가 서너 살쯤 많았고 동생 석훈이가 큰형보다 한 살인가 많았다. 두 형제가 좀 말랐지만 석철이는 형들보다 한참 더 컸다. 석철이와 석훈이에게 형들이 많이 맞았다. 여기저기 멍든 형들의 얼굴을 본 어머님이 잡지책을 들고 달려 나갔다. 나도 어머님을 따라 나갔다. 어머님은 가게 미닫이문에 달려 있던 작은 유리창들을 잡지책을 대고 손으로 쳐서 한 장씩 깨뜨려 나갔다. 가게 안 물건 진열대로 유리 조각들이 쏟아져 내렸다. 가게 안의 방에서 가게로 나온 석철이 엄마와 석철이 형제는 넋 잃은 표정으로 바라만 보고 있었다. 내가 보기에도 어머님이 미친 사람처럼 보였다. 어머님이 석철이 엄마에게 소리쳤다. "너 이년! 새끼들 집 밖으로 내보내지 마! 나오면 내가 부엌칼로 찔러 죽여 버린다!" 어머님은 집으로 돌아와 두 형들의 얼굴을 씻겼다. 석철이네 가게는 문을 닫았고 이사 갔다.

나는 공부도 아직 1등이었다. 남자애들은 속으로 날 미워하는 애들이 많았지만 이상하게도 여자애들은 대부분 날 좋아했다. 나는 여자애들에게 친절했다. 나는 나보다 작은애나 여자애들은 절대 건들지 않았다. 그건 자존심 구겨지는 일이었다. 하루는 선생님이 수업을 종료한 뒤에 나에게 구구단을 끝까지 외우는 애만 집에 보내고 못 외우는 애들은 보내지 말라고 하시면서 나가셨다. 많은 애들이 못 외웠다. 나는 교단에 서서 외울 수 있는 사람은 손드는 순서대로 일어나 큰소리로 외우라고 한 후 외운 애들만 내보냈다. 그런데 한참의 시간이 지난 후 덩치 큰 여자애가 못 외운 채 집에 가겠다고 했고 나는 당황했다. 거의 울면서 나에게 덤빌 기세였다. 갑자기 반에서 눈에 잘 안 띄던 복희가 일어나 내 앞에서 그 애를 막아섰다. 키도 별로 크지 않은 복희가 옆구리에 두 손을 올려붙이고 그 애를 올려다보며 소리쳤다. "지금은 동수가 선생님이야! 너 선생님 말 안 들을 꺼야!" 그 애는 울먹이며 자리로 돌아가 다시 구구단을 외우기 시작했다. 그 후부터 나는 애들이 웬만큼 구구단을 틀려도 집에 보내줬다. 나는 복희가 고마웠고 4학년 때까지도 친하게 지냈다. 다음 날 아침에 선생님이 들어와서 애들이 구구단을 다 외웠냐고 나에게 물었고 나는 그렇다고 대답했다. "그럼, 다 함께 구구단 시~작!" 선생님의 구령에 애들이 큰소리로 구구단을 외웠다. 잘 못 외워 우물거린 애들도 구구단 합창에 파묻혔다. 선생님은 매우 흡족하여 잘했다고 칭찬했다.

어느 날 교실에서 오연이가 바지에 똥을 싸고 울고 있었다. 설사였다. 선생님이 오연이 집 아는 사람 있냐고 물었고 내가 손을 들었다. 가 본 적 있다. 미림극장 지나 으리으리하게 큰 그 집이다. 큰 회사를 운영했던 그 집은 긴 마루 복도를 따라 여러 개의 방이 있는 집이었다. 그 집으로 달려갔다. 오연이 엄마에게 오연이가 교실에서 똥 쌌다고 알렸다. 오연이 엄마는 옷가지 등을 챙겨 나와 같이 학교에 뛰어왔다. 오연이가 나가고 '오연이는 똥싸개'를 입에 올리는 놈들은 눈앞에 흔들리는 내 주먹을 보고 입 다물었다. 아무도 '오연이 똥싸개'를 못했다. 오연이는 지금까지도 가끔 보는 친구다.

그해 겨울에 '국민교육헌장'을 외우라는 갑작스런 선생님의 지시가 있었다. 나는 바로 다 외웠다. 모든 애들이 열심히 외웠다. 그 후로부터 교장이나 교감, 장학사(지금의 교육관)들이 반에 들어오면 제일 먼저 하는 게 한 학생을 지명한 후 일어나게 하여 외우도록 했기 때문이다. 선생님은 아이들과 미리 짜고 그들이 들어와 "국민교육헌장을 다들 외우나?" 하면 모든 애들이 손을 번쩍 들게 만들었다. 나는 잘 안 보이는 자리에 앉아 손을 반만 들고 있으면 선생님이 "거기 손 똑바로 안 든 동수! 일어나서 외워 봐!" 하면 나는 일어나서 일부러 더듬더듬 외워야 했다. 이 작전은 대부분 성공했다. 심지어 장학관이 오면 교장도 미리 선생님들과 작전을 짰다. 애국을 강요하는 국민교육헌장을 전국의 학생들에게 강제로 암기시킨 것은 지금에 와서 불쾌한 기억이지만 군사정권이 사라질 때까지 계속되었기 때문에 그런 연유로 지금도 암기할 수 있을 정도가 되었다.

나는 초등학교 시절 내내 반장은 안 했다. 항상 남자 중에서 반장을, 여자 중에서 부반장을 뽑았다. 새 학년이 되면 첫날에 반장, 부반장, 줄반장을 뽑았는데 나는 항상 선생님 들어오기 전에 나를 지명하지 말라고 애들에게 으름장을 놓았다. '장' 붙는 건 뭔가 시시하고 선생님 심부름이 많아 싫기도 했다.

어느 날 고모부가 다시 오셨다. 나는 어려서 방에 남아있었고 아버님과 고모부가 심각한 이야기들을 주고받았다. 기억나는 말은 고모부가 돈을 보태 줄 테니 여자애들이 자는 방을 따로 마련하라는 것이었다. 기억이 맞는지는 모르겠지만 당시에 오십만 원을 주겠다는 말인 것 같았다.

윗동네와 아랫동네 중간쯤의 집으로 이사 갔다. 독채이고 작은 마루와 방 두 칸이 있고 매우 작은 시멘트 마당이 있었다. 누나들이 한방을 차지했고 한방은 부모님이 주무시고 남자 형제 셋은 봄부터 가을까지는 마루에서 자고 겨울에는 적당히 양쪽 방으로 갈라져서 잤다.

그 집에 오래 살지는 않았지만 뭔가 불행의 기운이 싹텄다. 아버

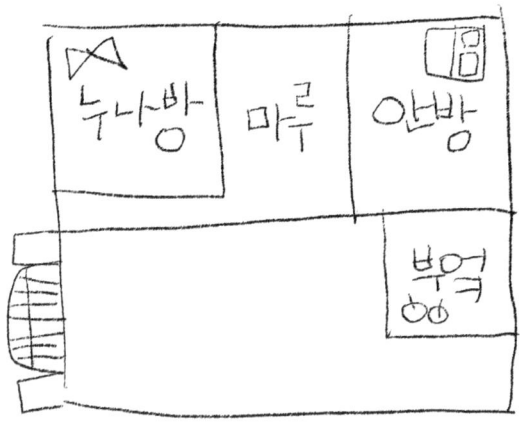

님은 돈을 많이 벌어 오셨지만 어머님을 자주 때렸다. 하지만 형제들은 아버님께 매 맞는 일이 줄어들었다. 얼핏 부모님의 싸움 와중에 어머님이 춤추는 '카바레'라는 곳에 간다는 것과 바람피운다는 말이 들렸다. 나는 나름 어렴풋이 짐작하고 있었다. 어머님이 한번은 나를 학교에서 5분 정도의 거리인 문화극장에 데려가서 영화 보라고 한 후 나가서서 영화 끝나고 기다리는 나와 집으로 같이 오면서 어머님과 같이 영화 봤다고 아버님에게 얘기하라는 말을 했다. 그날은 넘어갔지만 종종 비슷한 일이 생겼다. 어머님이 단순히 춤바람만 난 것인지 알 수 없는 일이지만 아버님 돌아가시기 전 아버님 일대기를 쓰기 위해 많은 이야기를 들었고 아버님이 그 상대가 문화극장 사장이고 죽여 버리겠다고 칼을 들고 그 사람 집에 찾아갔다는 말을 듣고 그 정황들과 연결시킬 수 있었다.

그해 추운 겨울에 아버님이 작은형과 나를 안방으로 불러들였다. 방학 때라 큰누나, 작은누나와 큰형은 광주에 보내서 집에 없었던 것으로 기억한다. 모두 이불 덮고 자라는 아버님의 말이 있었고 무거운 분위기에 우리 네 식구는 이불 속에 누웠다. 아이들이 자는 걸 확인한 아버님은 양철 양동이에 아궁이에서 타던 연탄을 들고 들어와 방 한구석에 놓으신 후 어머님과 함께 이불을 덮어쓰셨다. 난 이불을 살짝 들춰서 보고 있었으나 같은 이불 속에 있던 작은형은 그새 잠이 들었다.

연탄가스 중독으로 많은 사람들이 죽었고 동네에서도 많은 사고가 있었던 만큼 난 이게 한 가족 집단 자살 의도라는 걸 알아차렸다. '이대로 있으면 죽는다…' 작은형 귀에 대고 장롱 속으로 들어가 숨으라는 말을 속삭였으나 형은 잠에서 깨지 않았다. 이불 꺼낸 장롱 속으로 숨어야겠다고 계속 생각하는 와중에 문 두드리는 소리가 났다.

"제수씨! 제수씨 문 좀 여시오!"

가끔 와서 돈이며 옷가지를 뜯어가던, 어머님이 아주 싫어하는 그 큰아버지였다. 서울 봉천동 산꼭대기 무허가 집에 살고 계셨다. 일 년에 한두 번씩은 오던 그 큰아버지다. 한참을 문 두드리자 마지못해 아버님이 일어나 연탄을 내어놓은 후 우리를 깨워 다른 방으로 보냈다. 어머님도 일어나 얼른 이불을 치우고 나왔다. 작은형은 건너와 곧바로 잠이 들었다. 그러나 나는 문틈 사이로 남루한 옷차림으로 들어서는 큰아버지를 보았다.

어머님은 전과 다르게 살갑게 큰아버님을 맞았고 냉큼 부엌에 나가 상을 봐왔다. 아버님은 퉁명스럽게 "뭐 하러 또 오셨소! 돈 없소?" 했지만 싫지 않은 목소리로 큰아버지를 방으로 모셨다. 예전과 다르게 환대받는 상황에 당당해진 큰아버지는 허세 있는 큰 목소리로 "제수씨! 밥 한 그릇 더 가져오소! 먼 길 왔더니 배가 많이 고프네 그랴!" 하며 아버님께 돈을 요구했다. 주무시고 가라는 어머님의 말씀에 안방에서 아버님과 함께 잔 큰아버지는 두둑이 돈을 챙기고 아버님의 외투 한 벌을 몸에 걸친 후 아버님 출근에 맞추어 집을 나갔다.

큰아버지는 돌아가실 때까지 몰랐겠지만 —내색하기 좋아하는 큰아버지와 그분 가족들이 단 한 번도 이 일을 입에 꺼낸 적이 없는 걸로 미루어— 큰아버지는 우리 가족 생명의 은인이었다. 그 후 우리와 큰집 식구들은 왕래가 많아졌다.

수도국산 꼭대기
 - 1969년, 초등학교 4학년

그해 2월에 박정희의 대통령 3선제 개헌이 있었다. 당시 대통령은 2차 연임으로 끝이었는데 박정희는 본인이 3선을 하려는 욕심으로 국회의원들을 감금, 협박하며 3선 개헌을 강행했다. 일부 국회의원들이 감금, 고문 받았으며 중앙정보부장이던 김형욱은 반대하는 김영삼 신민당 의원을 질산을 뿌려 살해하려고 했다. 심지어 당시 여당 외골수로 반대하던 이만섭 공화당 의원도 살해하려고 했다. 몰래 공화당만으로 의회를 연 이효상 국회의장은 의사봉이 없자 주전자 뚜껑으로 탁자를 3번 내려쳐 3선 개헌을 통과시켰다. 결국 박정희는 나중에 유신헌법을 만들어 영구 독재를 시작했으나 그는 김재규의 총에 맞아 죽게 된다. 본디 일제 충성파로 독립군을 토벌하는 일본군이었고 김일성의 지시를 받는 남로당 반란군 지휘관이었다가 돌아선 독재자의 일생이 그렇게 끝났다. 전임 중앙정보부장이던 독재자의 잔인한 개 김형욱은 3선 개헌의 공로로 박정희에 이어 본인이 권력의 2인자가 되었다고 내심 좋아했지만 개헌 후 박정희에게 버림받자 미국으로 도망간 후 미국 의회에서 박정희에 대한 독재 증언을 하며 박정희의 만행을 기록하던 중 암살되었다.

우리 집은 윗동네 지나 수도국산 산꼭대기 송현동으로 이사갔다. 그 집에 7년 반이나 되는 긴 시간을 살았다. 처음으로 셋방이 아닌 떳떳한 우리 집이었다. 지금은 모두 아파트로 바뀌었지만 그 동네는 빈민촌으로 유명해 지금도 수도국산 꼭대기에 있는 인천 박물관 안에 우리 집과 옆집, 가이당(높은 계단을 당시에 부르던 일본말) 위 공동수도에(동네에서 물 나오는 유일한 곳으로 아침에 한 번 동네 사람들이 줄을 서서 물을 받았다) 줄 서는 광경과 가이당 밑 연탄 가게, 솜틀집, 이발관들이 실물 크기 모형으로 남아 있다.

수도국산이란 이름은 그 산꼭대기에 물을 공급하는 수돗물 저장소와 관리소가 있어서 붙은 이름이다. 그 철조망에 붙어 있는 우리 동네에는 정작 수도가 하나였다는 게 아이러니하다. 이사 간 새 집은 넓었다. 위쪽에 각각 부엌이 달린 방 두 개와 그 사이에 마루

인천 수도국산 달동네박물관 전경

가 있고 마루 모퉁이에는 갑오징어 뼈가 한 움큼 있었다. —갑오징어 뼈는 상처가 나서 피가 많이 흐를 때 얼른 시멘트 바닥이나 담벼락, 돌 등에 갈아 상처 난 곳을 지혈하는 구급약이었고 집집마다 눈에 잘 띄는 곳에 있었다.— 기울어진 마당 아래쪽에 우리 남자 형제 셋이 자는 방이 있었다. 대문 밖에 나가서는 집에 붙은 재래식 판자 화장실이 있었다. 집 앞에는 앞집 슬레이트 지붕과 높이가 같은 나무 축대 밑으로 구정물이 흘렀다.

하지만 행복한 날들이었다. 마당에는 방학 때 내려갔던 누나가 광주 고모님 집에서 가져온 스피츠 강아지도 있었다. 그 어미는 나도 방학 때 고모님 집에서 보아서 알고 있었다. 당시에는 귀한 개라고 했다.

그러나 행복도 잠깐이고 나는 신장염에 걸렸다. 나보다 한 살 밑인 큰집 막내 동출이도 동시에 신장염이었다. 얼굴은 탱탱 붓고 의사는 짠 것, 매운 것, 단 것을 절대로 먹지 말고 가급적 움직이지 말라고 했다. 학교도 못 가고 집에만 있었다. 간 안한 계란과 흰 밥, 생 김 등이 하루 세끼 연속되었다. 가끔은 물에 너무 불려 아무 맛도 안 났지만 어머님의 안타까움이 배어 있는 김치 잘게 찢은 것도 조금씩은 먹을 기회가 있었다. 밥 먹을 때마다 역겨운 냄새가 났다. 하지만 버텼다. 다른 것은 안 먹었다. 심지어 과자, 빵도 약간의 간이 되어 있는 것이므로 피해야 했다. 동출이는 몰래 김치 등을 훔쳐 먹었고 배가 점점 튀어나와 몇 달 만에 죽었다. 몇 개월 흐른 뒤 의사가 다 나았다며 이제 일반 음식을 먹어도 된다고 했다. 하지만 나는 그 후 오랫동안 소금기 있는 음식을 고집스레 안 먹었다. 어머님이 먹으라고 맛있는 생선, 고기를 구워 줘도 안 먹었다. 빨리 학교에 가고 싶었다.

드디어 몇 달 만에 학교에 갔다. 하필 전 과목 시험 보는 날이었다. 집에 있은 후 교과서를 한 번도 안 읽어 국어, 산수는 간신히 70~80점, 과학, 실기, 사회 등은 40점도 못 받았다. 100점 외에는 받아본 적이 없는 내가 그렇게 된 것이다. 전 과목 평균 점수 56점. 반에서 중간 이하였다. 하지만 다시 만나 반가워하는 급우들이 고마웠다. 그날의 행복이었다.

다음날 상황은 달라졌다. 담임 김관태 선생님이 매우 화난 표정으로 조회 시간에 들어왔다. 들어오자마자 "동수 너 이리 나와!" 하더니 내 멱살을 잡고 번쩍 들어 올려 뺨을 서너 대 때리셨다. 내가 옆 짝꿍이랑 속삭였나 보다. 아니, 그런 것 같지도 않았다. 당시에는 학급 평균이 나오고 학급의 등수도 발표되었기에 항상 1등이던 우리 학급의 등수가 내 탓에 떨어진 것이 내가 맞은 이유였을 것이다. 그날 내 뺨은 종일 벌겋게 부어올랐다. 학교 다니면서 선생님에게 처음 맞아봤다. 어이없고 분했다. 학교가 싫어질 것 같았다. 그날 밤 돌멩이를 잔뜩 모아 학교 교무실이 있는 본관 뒤 골목에 숨어 새총으로 유리창에 돌멩이를 날렸다. 몇 장의 유리가 깨지는 소리를 듣고 도망쳤다. 다음 달 시험에도 전교 1등은 탈환하지 못했다. 윤환이가 1등, 내가 2등, 옥선이가 3등을 했다. 학교 안에 윤환이는 천재라는 말이 돌기 시작했다. 자존심이 상했다. 그 뒤로도 윤환이

와 나는 졸업 때까지 1, 2등을 엎치락뒤치락 했고 옥선이는 항상 3, 4등이었다.

내가 돌아온 후에도 쌈 1등은 바뀌지 않았다. 구만이와 유상이 덕분이었다. 그들이 내가 없는 동안에도 쌈 1등을 자처하지 않았기 때문이다. 내가 돌아오자 아무 일도 없었듯이 여전히 내 호위무사 노릇을 했다.

나랑 친하지 않던 재호가 갑자기 자기 집에 놀러 가자고 했다. 전교에서 10등쯤 왔다 갔다 하고 한번은 옥선이를 이겨 3등도 했던 아이다. 집은 우리 집 반대편 송림동사무소 쪽이었다. 집이 작은 건물 3층에 있었는데 실내는 서양식으로 깨끗했다. 재호 엄마는 우리 동네 엄마들과 다르게 교양 있어 보였다. 재호한테 엄마가 대학 나왔다고 들었다. "동수야 재호한테 네 얘기 들었다. 공부 제일 잘한다며? 재호랑 친하게 지내고 가끔 우리 집에 와서 공부도 같이 하렴." 맛있는 과자들을 주었다. 또 봉투에도 담아 줬다. 그 후 가끔 그 집에 갔는데 재호는 자기 방이 있고, 책들이 방에 가득했으며 그렇게나 열심히 공부하는지 몰랐다. 내가 같이 가서 TV 보거나 다른 책들을 볼 때도 재호는 책상에 앉아 공부에 몰두했다. 나는 집에서 공부해 본 적이 별로 없었다. 재호는 집에 가자마자 엄마가 있든지 없든지 간에 책상으로 가서 공부를 시작했다. 내가 집에 돌아올 때까지도 그랬다. 그 집에 가는 건 재미없어 몇 번 가다 말았다. 재호는 후에 우연히 중, 고등학교를 같이 다녔고 내가 취직한 후에 판사 딸과 일찍 결혼하고 검사가 되어 인천 지검에 부임했다. 하지만 친하게 지내지는 못했다.

한번은 공책 사라고 준 돈으로 학교 옆 '구슬 뽑기'(못 박은 기울어진 나무판에 여섯 개의 구슬 떨어지는 자리를 만들고 구슬을 떨어뜨려 지정된 칸에 들어가면 2배, 3배로 돌려주고 '꽝'이 써진 자리에 들어가면 껌이나 사탕을 하나 주는 것) 좌판 아저씨한테 돈을 모두 잃었다. 모든 구슬은 대부분 '꽝'으로 들어갔다. 받은 사탕이나 껌을 다 돌려주면 한 번 더할 기회를 주었다. 못 사이를 조정하거나 상자 밑의 발로 기울기를 살짝 바꾸어 대부분 구슬이 '꽝' 자리로 들어가게 조작되어 있다는 것을 금방 알게 되었다.

집에 와서 아버님에게 훈육용 대나무 매로 종아리와 허벅지 100대를 맞았다. 어머님한테는 여러 번 맞아 보았지만 아버님한테는 처음 맞는 매였다.

벽을 붙들고 서라고 하고 움직이거나 소리를 내면 처음부터 다시 때린다고 했다. 큰 소리로 100을 셀 때까지 소리도 안 내고 움직이지도 않았다. 처음 10여 대는 눈물 날 정도로 아팠지만 그 후부터는 별로 아프지 않았다. 나중에 커서 생각해 보니 아픔에 적응된 것이 아니라 10여 대 이후에는 아버님이 손잡이 가까운 곳으로 안 아프게 때리는 방식으로 100까지 진행했다고 생각된다.

언젠가 아침 등교하기 전에 학교 자연 시간에 전기에 대해 배운 것이 생각났다. 전기가 흐르는 양극·음극 두 선이 있고, 이 두 선 사이에 전등을 놓으면 불이 켜지고, 두 선을 감은 구리 선 사이에 못을 넣으면 자석이 되며, 두 선을 그냥 맞대면 불꽃이 튄다고 했다. 집 마루 기둥에 전기 콘센트가 있어 여기에 선풍기를 꽂거나 겨울철 전기 히터를 켤 수 있었다. 호기심에 굵은 전기선을 양쪽 구멍에 끼우고 마주 대어 보았다.(아버님이 한전에 다녀 전기선이나 전기용 도구가 많았다.) 번쩍 불꽃이 튀는 것까지는 좋았는데 벽 전깃줄과 천장 전깃줄에 불이 나면서 순식간에 불길이 일었다. 아버님이 출근하기 전이라 바로 튀어나와 두꺼비집(전기가 집에 들어오는 맨 첫 단에 전기선을 분선하고 전기 과부하나 합선이 생겼을 때 퓨즈가 끊어지도록 되어 있는 지금의 분전반)을 내리고 전기선을 잘라 뜯어낸 후 합판으로 된 불붙은 천장은 담요를 휘둘러 껐다. 내 짓인 걸 알고는 출근하기 바쁘셔서 꿀밤 몇 대 때리셨을 뿐이다. 아버님이 퇴근 후 전기선을 다시 깔았고 천장 벽지도 다시 붙였다. 아버님 안 계시고 나 혼자 있을 때 그랬다면 우리 집과 다닥다닥 붙은 옆집까지도 다 불태워 잿더미가 되었을 것이다. 아버님이 출근 전에 그런 짓을 한 것이 천만다행이다.

   자연 시간에 낙하산 원리를 배운 후에는 우산을 가지고 미끄럼틀 위에 올라가 우산 펴고 뛰어내렸다가 낙하산 원리가 우산에는 통하지 않아 땅바닥에 바로 떨어졌다. 다행히 바닥에 모래가 있어 크게 다치지는 않았다. 학교에서 배운 과학적 원리는 11살 아이에게는 완벽하게 적용되지 않았다.

   수도국산에서 학교 반대 방향으로 내려가면 인천제철 쪽에 가까운, 바닷물 들어오는 곳이 있었다. 물통과 미숫가루나 혹은 누룽지 등을 가지고 두 형들과 그곳에 자주 갔다. 똥차가 와서 똥을 버리는 곳이라 겉은 갯벌처럼 보이지만 들어갔다 나온 발에는 누런 똥이 묻어나왔다. 똥 냄새는 별로 나지 않았다. 하지만 대나무 낚싯대를 넣자마자 망둥이가 잡혔다. 칫솔대 갈아 빨랫줄 끼워 옆구리에 묶은 긴 줄에 망둥이 아가미에서 입으로 칫솔대 넣으면 망둥이가 잠깐이면 다 차서 몇 줄씩 매달고 돌아오곤 했다. 어머님은 이 망둥이들을 적당히 말려 맛있는 망둥이 조림을 만들어주셨다. 너무 많은 망둥이는 옆집, 그 옆집에 자주 나누어 줘 동네 여러 집 빨랫줄에 망둥이들이 매달리기도 했다.

아이들을 상대하는 건 시시해졌다
– 1970년, 초등학교 5학년

집은 변함없이 평온했다. 다만 대헌공고에 다니는 큰형만 계속 사고를 냈다. 가방에 항상 가지고 다니는 철로 된 설계용 삼각자와 'ㄴ' 형태의 철로 된 큰 자가 사고의 주요 도구였다. 전자과를 다녔는데 그걸 왜 항상 가지고 다니는지는 의문이었다. 가출이 많았다. 어머니는 학교와 경찰서에 자주 불려갔다. 어머니는 대헌공고 선생님들을 많이 알게 되었고 그중 한 분이 우리 집 건너 방에 짧은 기간 동안 하숙하게 되었다. 누나들이 방을 내주고 안방으로 밀려났다.

어느 날은 널빤지 벽과 천장에, 구멍 뚫린 나무 목재로 된 발판이 있고, 밑에 드럼통이 있는 대문 밖 변소에 어머님이 석유를 부었다. 똥 속에 우글대는 구더기를 죽이는 방법이다. 이걸 모르는 큰형이 똥 누면서 담뱃불을 붙이고 성냥을 똥통으로 던졌다. 똥 닦은 신문지에 불이 났고 나무로 된 똥통에 불이 붙었다. 큰형은 놀라서 변소를 뛰쳐나왔다. 불길은 나무로 지어진 변소를 태우면서 위로 치솟았다. 동네 사람들이 물을 들고 몰려나와 간신히 불이 집으로 옮겨

붙진 않았다.

이때쯤 나는 만화가게에서 만화책보다는 두꺼운 다른 책들을 빌려오곤 했다. 아무래도 같은 돈으로 빌려 오는데 만화책은 읽기가 너무 일찍 끝났고 애들 보는 『소년시대』나 『보물섬』 등도 시시했다. 오래 읽을 수 있는 문학전집을 많이 읽었다. 그중에 『사상계』라는 두꺼운 잡지가 있었는데 나올 때마다 빌려왔다. 그런데 그 『사상계』 때문에 난리가 났다. 김지하(본명 김영일) 시인이 『사상계』에 낸 「오적」이라는 시 때문이다. 50년 이상 지난 지금도 현 시대를 풍자하는 내용으로 모자람이 없어 길지만 여기 소개한다.

오적(재벌, 국회의원, 고급공무원, 장성, 장차관)

첫째 도둑 나온다
狶獖(재벌)이란 놈 나온다
돈으로 옷해 입고 돈으로 모자해 쓰고 돈으로 구두해 신고 돈으로 장갑해 끼고
금시계, 금반지, 금팔지, 금단추, 금넥타이 핀, 금카후스보턴, 금박클, 금니빨, 금손톱, 금발톱, 금작크, 금시계줄.
디룩디룩 방댕이, 불룩불룩 아랫배, 방귀를 뽕뽕뀌며 아그작 아그작 나온다
저놈 재조봐라 저 재벌놈 재조봐라
장관은 노랗게 굽고 차관은 벌겋게 삶아
초치고 간장치고 계자치고 고추장치고 미원까지 톡톡쳐서 실고추 파마늘 곁들여 날름

세금 받은 은행돈, 외국서 빚낸 돈, 온갖 특혜 좋은 이권은 모조리 꿀꺽

이쁜 년 꾀어서 첩삼아 밤낮으로 작신작신 새끼까지 여념없다

수두룩 까낸 딸년들 모조리 칼쥔놈께 시앗으로 밤참에 진상하여

귀띔에 정보 얻고 수의계약 낙찰시켜 헐값에 땅샀다가 길 뚫리면 한몫 잡고

千(천)원 工事(공사) 오원에 쓱싹, 노동자임금은 언제나 외상외상

둘러치는 재조는 손오공할애비요 구워삶는 재조는 뙤놈숙수 뺨치겄다.

또 한 놈이 나온다.

국회의원(匊獪狋猨) 나온다.

곱사같이 굽은 허리, 조조같이 가는 실눈,

가래 끓는 목소리로 웅승거리며 나온다

털투성이 몽둥이에 혁명공약 휘휘감고

혁명공약 모자쓰고 혁명공약 배지차고

가래를 퉤퉤, 골프채 번쩍, 깃발같이 높이들고 대갈일성, 쭉 째진 배암샛바닥에 구호가 와그르르

혁명이닷, 舊惡(구악)은 新惡(신악)으로! 改造(개조)닷, 부정축재는 축재부정으로!

근대화닷, 부정선거는 선거부정으로! 重農(중농)이닷, 貧農(빈농)은 離農(이농)으로!

건설이닷, 모든집은 臥牛式(와우식)으로! 社會淨化(사회정화)닷, 鄭仁淑(정인숙)을, 정인숙을 철두철미하게 본받아랏!

궐기하랏, 궐기하랏! 한국은행권아, 막걸리야, 주먹들아, 빈대표야,

곰보표야, 째보표야,

　올빼미야, 쪽제비야, 사꾸라야, 幽靈(유령)들아, 표도둑질 聖戰(성전)에로 총궐기하랏!

　孫子(손자)에도 兵不厭邪(병불염사), 治者卽(치자즉) 盜者(도자)요 公約卽(공약즉) 空約(공약)이니

　愚昧(우매)국민 그리알고 저리멀찍 비켜서랏, 냄새난다 퉤 —

　골프 좀 쳐야겄다.

　셋째 놈이 나온다

　跆礴功無獂(고급공무원) 나온다.

　풍선은 고무풍선, 독사같이 모난 눈, 푸르족족 엄한 살,

　꽉다문 입꼬라지 淸白吏(청백리) 분명쿠나

　단 것을 갖다주니 쩔레쩔레 고개저어 우린 단것 좋아 않소, 아무렴, 그렇지, 그렇구말구

　어허 저놈 뒤좀 봐라 낯짝 하나 더 붙었다

　이쪽보고 히뜩히뜩 저쪽보고 헤끗헤끗, 피둥피둥 유들유들 숫기도 좋거니와 이빨꼴이 가관이다.

　단것 너무 처먹어서 새까맣게 썩었구나, 썩다 못해 문드러져 汚吏(오리)가 분명쿠나

　산같이 높은 책상 바다같이 깊은 의자 우뚝나직 걸터앉아

　功(공)은 쥐뿔 없는 놈이 하늘같이 높이 앉아 한손으로 노땡큐요 다른 손은 땡큐땡큐

　되는 것도 절대 안돼, 안될 것도 문제없어, 책상위엔 서류뭉치, 책상 밑엔 지폐뭉치

　높은 놈껜 삽살개요 아랫놈껜 사냥개라, 공금은 잘라먹고 뇌물은 請

(청)해먹고

내가 언제 그랬더냐 흰구름아 물어보자 料亭(요정)마담 위아래로 모두 별 탈 없다더냐.

넷째 놈이 나온다
장성(長猩)놈이 나온다
키 크기 팔대장성, 제밑에 졸개행렬 길기가 만리장성
온몸이 털이 숭숭, 고리눈, 범아가리, 벌룸코, 탑삭수염, 짐승이 분명쿠나
금은 백동 청동 황동, 비단공단 울긋불긋, 천근만근 훈장으로 온몸을 덮고 감아
시커먼 개다리를 여기차고 저기차고
엉금엉금 기나온다
長猩(장성)놈 재조봐라

쫄병들 줄 쌀가마니 모래가득 채워놓고 쌀은 빼다 팔아먹고
쫄병 먹일 소돼지는 털한개씩 나눠주고 살은 혼자 몽창먹고
엄동설한 막사 없어 얼어 죽는 쫄병들을
일만하면 땀이 난다 온종일 사역시켜
막사지을 재목갖다 제집크게 지어놓고
부속 차량 피복 연판 부식에 봉급까지, 위문품까지 떼어먹고
배고파 탈영한 놈 군기잡자 주어패서 영창에 집어놓고
열중쉿 열중열중열중쉿 열중
빵빵들 데려다가 제마누라 화냥끼 노리개로 묶어두고
저는 따로 첩을 두어 雲雨魚水(운우어수) 攻防戰(공방전)에 兵法(병법)이 神出鬼沒(신출귀몰)

마지막놈 나온다

　　장차관(瞕搓瞳)이 나온다

　　허옇게 백태끼어 삐적삐적 술지게미 가득고여 삐져나와

　　추접無比(무비) 눈꼽낀 눈 형형하게 부라리며 왼손은 골프채로 국방을 지휘하고

　　오른손은 주물럭주물럭 계집젖통 위에다가 증산 수출 건설이라 깔짝깔짝 쓰노라니

　　호호 아이 간지럽사와요

　　이런 무식한 년, 國事(국사)가 간지러워?

　　굶더라도 수출이닷, 안 팔려도 증산이닷, 餓死(아사)한놈 뼉다귀로 현해탄에 다리 놓아 가미사마 배알하잣!

　　째진 북소리 깨진 나팔소리 삐삐빼빼 불어대며 속셈은 먹을 궁리

　　검정세단 있는데도 벤쯔를 사다놓고 청렴결백 시위코자 코로나만 타는구나

　　예산에서 몽땅 먹고 입찰에서 왕창 먹고 행여나 냄새날라 질근질근 껌씹으며

　　켄트를 피워 물고 외래품 철저단속 공문을 휙휙휙휙 내갈겨 쓰고 나서 어허 거참 達筆(달필)이다.

　　추문 듣고 뒤쫓아 온 말 잘하는 반벙어리 신문기자 앞에 놓고

　　一國(일국)의 재상더러 不正(부정)이 웬 말인가 귀거래사 꿍얼꿍얼, 자네 핸디 몇이더라?

이 시는 당시 서슬 퍼런 박정희 독재 시대 오적들(이 시에 나오는)의 간담을 서늘하게 만들었다. 김지하는 물론이고 사상계 편집인들

을 포함하여 관여된 다른 인사들도 끌려가 모진 고문을 받고 감옥에 수감되었다. 『사상계』는 강제로 폐간되었다. 감옥에 간 김지하를 걱정한 그 시대의 문학 인사들이 구명운동을 한 덕분에 다시 풀려났다. 김지하 시인은 그 후 4년 지나 1974년 '민청학련' 사건으로 구속되어 사형선고를 받았으나 1980년에 풀려났다. 이때 고은 시인과 김승훈 신부가 여러 사람들을 모아 구명운동을 했다. 김승훈은 '천주교정의구현사제단'을 만든 사람 중 한 명이며 고은 시인, 문익환 목사, 종교인 함석헌, 함세웅 신부, 문정현 신부 등과 함께 유신독재에 맞서 치열한 저항운동을 전개했다. 그런데 나중에 김지하는 2012년 박정희의 딸 박근혜 지지 선언을 하며 본인을 도왔던 고은, 리영희, 백낙청 선생들을 원색적으로 비난했다. 그래서 '변절자'라는 오명이 붙었는데 김지하는 오랜 옥고로 정신이 오락가락하는 행동도 하고 노년에 돈이 필요하여 그러기도 했다는 이유로 비난 받은 당사자들은 그를 법적 고발이나 비난하지 않았다. 가엽게 여겼다. 후에 김지하가 정신이 든 후 박근혜를 지지했던 것은 본인의 불찰이었다고 말하는 등 반성의 말도 있었다. 김지하는 2022년에 별세했다.

 나는 생활부장이 되었다. 선생님이 서둘러 당부했다. 내 생각에도 전교생 대상이라 폼 나기도 했다. 각 반에는 생활반장이 있고 전교에 한 명의 생활부장이 있었다. 원래는 6학년이 해야 했는데 중학교 시험 준비도 있고 5학년이든 6학년이든 나에게 못 덤벼서이기도 했기 때문이다. 아침에 일찍 나가서 등교하는 대문과 운동장 사이의 긴 계단에 5, 6학년 생활반장들이 노란 완장을 차고 양쪽으로 늘어섰다. 나는 부장 완장을 차고 자유롭게 돌아다닐 수 있었다. '완장이 깡패'라는 말을 그때 이해하게 되었다. 완장을 찬 나는 권한을 오남용했다. 선생님에게 '수업 시간에 학생이 돌아다니게 하지 말라'는 지시를 받은 후부터는 수업 시작종이 울린 후에나 선생님이 자습시킨 틈을 타 고무줄놀이를 하는 여학생들의 고무줄을 가차 없이 빼앗았고 남자애들은 '엎드려뻗쳐'를 시켰다. 지각한 애들은 책가방을 머리 위에 올리고 계단을 오리발로 올라가게 했다. 고무줄을 뺏을 때 덩치가 커서 '사천평'이라는 별명을 가진 6학년 여자애(그 아이는 웬만한 선생님보다 더 커서 학교를 방문한 학부모들이 오해하여 선생님이라고 존칭하기도 했다)가 덤비기도 했지만 어른들 흉내로 뒷짐을 진 채 그 아이가 하는 욕 소리를 못 들은 척 점잖게 천천히 뒤돌아 걸어 나와 위기를 모면했다. 다행히도 그 아이가 쫓아오지는 않았다. 대부분 아이들은 대들지 않았다.

  수도국산 꼭대기 근처 집으로 가는 지름길은 매우 좁은 골목이 몇 군데 있었다. 수도국산 사는 애들은 주로 그 길로 다녔다. 그 좁은 골목 한곳인 어떤 집 대문 기둥에 항상 큰 개 한 마리가 매여 있었다. 그 개는 아이들이 지나갈 때마다 으르렁거리며 달려들었다. 아이들은 반대편 벽에 양팔을 벌리고 등을 바짝 붙여서 아슬아슬하게 개 주둥이를 한 뼘 차이로 피해 지나가곤 했다. 겁이 많은 애들은 지름길로 못 다니고 먼 길로 돌아다녔다. 급식 빵을 탄 아이들은 빵조각을 떼어 대문 안으로 던지고 개가 대문 안으로 들어간 틈을 타 빠져나갔다. 어느 날 나는 하교 길에 몽둥이를 하나 구해 들고 그 길로 갔다. 역시 아이들이 아슬아슬하게 지나가고 있었다. 몽둥이로 개 주둥이부터 사정없이 후려치기 시작했다. 다행히 목줄이 끊어지지 않아 개는 몽둥이와 나 사이의 간격을 지나올 수 없었다. 땀이 날 정도까지 팬 후에야 개는 깨갱거리며 대문 안으로 도망갔다. 주인은 없는지 아무도 나오지 않았다. 이후 그 개는 나를 보면 꼬리를 감고 대문 안으로 숨었다. 아이들은 내가 그 길을 갈 때 같이 가려고 기다렸다. 이 일로 아이들 입에서 '동수가 큰 개와의 싸움에서 이겼다'로 회자되었고 나의 쌈 1등을 더욱 공고히 만들었다.

아이들을 상대하는 건 시시해졌다. 나는 그 사기 '구슬 뽑기'로 코 묻은 애들 돈을 뺏는 노점 어른들에게 복수를 시작했다. 학교 옆 골목에 항상 대여섯 명의 아저씨, 아줌마가 사과 상자 같은 박스 위에 그 구슬 기구를 올려놓고 아이들을 부르고 있었다. 등교 시간 남은 애들이 그 앞에 쪼그리고 앉았다. 난 골목 어귀에 서서 그걸 보고 있다가 골목과 교문 사이에 있으라고 지시한 생활반장에게 내가 지목한 애를 붙잡아 교문 옆에 세워 두라 했다. 모든 아이들이 거의 등교했을 시간까지 그 애들을 무릎 꿇리고 벌을 주었다. 며칠 지나지 않아 내가 보이면 구슬판 앞에 앉는 아이들이 없어졌다. 구슬판 어른들은 나에게 오지 말라고 협박도 했다. 껌과 과자 등으로 회유하려고도 했다. 나는 아버님께 맞은 기억으로 계속 아이들의 좌판 놀이를 막았고 그 어른들에게 독한 놈으로 찍혔다. 다행히 그 어른들 중에 동네 분은 없었다. 끝내 구슬 뽑기 상인들은 모두 사라졌다. 오히려 학교 앞 문방구 아저씨나 동네 몇 분은 기특하다고 칭찬까지 해 줬다. 선생님들도 만족감을 표시했지만 학생들에게 나는 악명이 커져갔다.

수도국산 꼭대기 가이당 반대편 골목에는 학교에 안 다니거나 초등학교 졸업을 끝으로 중학교는 안 가고 집 주변에서 노는 애들이 많았다. 그중에 '산초'라는 왕초가 있었다. 중학생이어야 했는데 학교를 안 갔다. 아마도 못 간 것일 터다. 산초는 나랑 친해져서 종종 같이 놀았다. 산초에게 나쁜 놀이를 많이 배웠다. 그 동네에는 낮에 부모가 일 나가서 비는 집이 많았다. 심지어 밤에도 비는 집이 종종 있었다. 겹겹이 돌로 쌓인 비탈층 위에 판자와 조각난 기름종이들로 간신히 만든 방들이 있었다. 아이들은 그 빈집에 가서 놀았다. 산초는 담배꽁초를 모아 종이에 말아 피웠으며 화투 놀이도 했다. 바닥에 작대기 한 개 두 개 세 개를 그어 놓고 일본말 으찌, 니, 쌈(일본말로 1, 2, 3을 뜻하는 이찌, 니, 쌍을 뜻함)이라고 외치며 손에 안 보이게 구슬이나 딱지를 쥐고 다른 사람들은 1, 2, 3에 구슬이나 딱지를 올려 맞추는 '쌈치기'를 했다. 맞춘 쪽 사람이 못 맞춘 사람 것을 가져가며 비어 있는 곳이 나오면 오야(두목의 일본말)가 가져가는 놀이이다. 가끔은 홀짝도 했다.

산초는 나에게 화투나 쌈치기에서 속이는 방법을 여러 가지 가르쳐 주었다. 어떤 때는 어린 여자애들 옷을 벗겨 놓고 낄낄대서 나와 싸움 직전까지 가기도 했다. 산초는 나와 싸움이 시작되면 항상 항복! 항복! 외치며 웃는 얼굴로 나를 껴안아서 한 번도 싸우지는 않았다. 나는 산초에게 배운 속임수로 딴 동네 구슬, 딱지 등을 20리터 큰 깡통에 몇 통씩 쌓아 놓기도 했다. 예전에 살던 아랫동네 윗동네에 원정도 다녔다. 제법 쏠쏠한 용돈벌이도 되었다. 아이들은 1원에 5개씩 문방구나 구멍가게에서 팔던 유리구슬이나 당시 만화 주인공과 조연들이 20장 정도 새겨진 1원짜리 딱지 판도 나에게 사면 1원에 두 손으로 올릴 수 있는 만큼 가져갈 수 있었다. 5원을 주면 10번씩 퍼가도록 했다. 아이들 손이 작아서 딱지나 구슬이 반쯤 담긴 20리터 깡통을 들고 나가면 1, 2십 원 벌이는 수월했다. 다른 아이들의 딱지나 구슬을 많이 딴 아이들은 내가 다시 찾아가서 한 번에 다시 따오곤 했다. 아이들 중에도 나 같은 사기꾼이 숨어 있었다. 내가 바로 숨어 있는 어린 사기꾼이었다. 화투 속이는 방법은 나중 고등학교 때 많이 써먹었다. 지금 생각하면 내가 커서 사기꾼이 안 된 것이 천만다행이다.

　이렇게 생긴 돈은 특히 겨울철 점심시간에 매우 유용했다. 겨울에는 교실 가운데에 조개탄을 때우는 난로가 있었다. 아침에 일찍 와서 불 피우는 당번도 있었다. 불이 잘 안 붙을 때는 불이 잘 붙은 옆 반에서 불붙은 조개탄을 일부 빌려오기도 했다. 점심시간에는 난로 위에 양은 도시락을 포개어 쌓아 놓았다가 점심에는 따뜻한 도시락을 먹었다. 반찬이 훌륭한 아이들과 그렇지 못한 애들이 있었는데 나는 반찬이 별로인 측에 속했다. 작은 병 속에 담아 온 김치는 흘러서 가방 속 책들이 주황색으로 물들기도 했다. 나는 어느 때부터는 어머님에게 밥만 달라고 했다. 밥만 들은 도시락 뚜껑을 들고 교실을 한 바퀴 돌면 계란말이나 생선, 멸치 볶음, 심지어 불고기까지 수북이 쌓였기 때문이다.

나도 가끔 답례는 해야 했다. 낮은 학교 담에서 덴뿌라(그 시절에는 어묵을 일본말로 '덴뿌라'라고 했다) 장사가 점심시간이 시작할 때 잠깐 동안 '덴뿌라'를 아이들에게 팔았다. 지금의 얇은 어묵 같은 것이 한 장에 2원 정도 했다. 보통 고학년들 10~20명이 사곤 했는데 낱장 단위로 팔았다. 나는 곧잘 10~20원어치쯤 사서 빈 난로 뚜껑에 올려놓고 치지직 소리가 나면 아이들에게 먹으라 했다. 냄새가 고소했다. 아이들은 어머님들이 만들어 준 덴뿌라 반찬보다 생 덴뿌라 바로 구운 것을 더 좋아했다.

5학년 때까지 어머님은 때때로 나를 여자 목욕탕에 데려갔다. 데려온 어린애들은 돈을 안 받기 때문이다. 형들은 남자목욕탕에 다녔다. 어머님은 수도국산을 다 내려가 신작로(대로 혹은 새로 낸 큰길이라는 일제시대 낱말인데 그때는 큰길을 대부분 신작로라 불렀다) 모퉁이의 '불가마찜질방'에 주로 다녔다. 벌거벗은 아줌마들이 많았으나 처녀들, 여자아이들도 내 또래나 같은 학교 여학생도 종종 있었다. 아줌마나 어머니는 더러운 직물 포대기를 걸치고 조그마한 불가마로 들어가곤 했다. 나도 불가마로 들어가 보긴 했는데 더럽고 너무 뜨거워서 바로 나왔다. 이때의 기억으로 나는 아직도 찜질방을 싫어한다. '다 큰 남자애를 데려오면 어떡해요!'라고 시작된 어떤 아줌마와 어머님의 '쪼끄만 애가 뭘 안다고 그래요?'라는 말로 시작된 말싸움이 있었다. 항상 옳았던 어머님이 이번에는 틀렸다. 나는 알 것은 다 알았다. 그 후로 나는 형들과 함께 남자 목욕탕에 다녔다.

한번은 어머님이 미림극장 옆 중국집에 데려가 짜장면을 사 주었다. 먹어 본 것 중에 바나나 다음으로 맛있었다. 어머님은 한 그릇만 시켜 나누어 먹었다. 사실 어머님은 두 젓가락 맛만 보고 내가 거의 다 먹었다. 어머님이 대나무 젓가락과 이쑤시개를 한 뭉치씩 꺼내 주머니에 넣는 것을 보았다. 조금 창피했다. 하지만 매끈한 대나무 젓가락은 고무줄 총을 만드는 훌륭한 재료라서 나는 그걸로 멋진 고무줄 총을 만들 수 있었다. '딱지걸이'(벽돌 담장 틈에 나뭇가지 두 개를 꼽고 그 위에 동그란 딱지를 쌓아 놓은 후 고무줄 총으로 맞혀 떨어진 만큼 가져가는 놀이)에서 승자가 될 수 있었다. 파리도 그걸로 잡을 수 있었으며 아이들과의 전쟁놀이에도 유용했다.

변한 것이 없었다
― 1971년, 초등학교 6학년

집이나 학교나 별로 변한 것이 없었다.

큰누나는 여상을 졸업하고 한전에 취직했다. 번화한 인천 중앙시장 앞 큰 건물에 다녔다. 스트레스인지 위장병을 앓았고 어머님이 위장병에 좋다며 지렁이를 잡아다가 빻아서 고춧가루인 양 국에 타 주기도 했다. 큰누나는 지렁이탕을 맛있다며 먹었다. 밥에 오직 고추장만을 비벼서 먹는 일도 많았다.

큰형의 학교 농땡이는 더 심해졌다. 자기네 친구끼리 '삼형제파'(우리 형제를 뜻하는 게 아님)라는 걸 만들어 가끔 친구(형 포함 3명)들과 집에 와서 어머님이 끓여준 국수나 밥을 먹고, 들고 온 소주에 밥을 말아 먹으면서 '어~ 맛있다!'를 연발했다.(지금도 나는 고딩들의 허세라고 생각된다.) 집 나가 안 들어오다가 며칠 후면 옆집 지붕에 거의 맞닿아 있는 창문으로 넘어 들어와서는 어머님이 몰래 가져다 준 밥을 허겁지겁 먹곤 했다. 우리 형제의 방은 안방과 별채로 떨어진 대문 옆방이어서 아버님께 안 들키기 마련이다. 아버님은 알고도 모르는 척했는지 잘 모르겠다. 어떤 때는 아버님한테 큰 형은 모질게 맞기도 했고 마루에 있는 뒤주에 갇히기도 했다.

작은형은 동인천중학교를 졸업하고 동인천고등학교에 다녔다. 별일 없이 수수한 성적으로 수수한 하루하루였지만 태권도, 합기도 고단자가 되어 선발대회에 나가기도 했다. 격파술을 배운 뒤로는 벽돌을 놓고 격파 연습을 하기도 했다.

작은누나는 박문중학교에 다니고 집에서는 말썽 없는 착한 딸이었으나 학교에서는 친구들 사이에 꽤 인기 있는 모양이었다.

5, 6학년 교과서에는 한자가 섞여 있었다. 앞서 말했듯 나는 한글과 한자가 서로 차이도 없을 만큼 한자에 이미 능숙해서 문제가 안 되었다. 전교에서 나와 1, 2등을 다투던 윤환이가 전교 회장이었고 옥선이가 부회장이었다. 나는 계속 생활부장이었으므로 가끔은 교무실에 그들과 같이 가서 '간부회의'에 참석했다. 회장, 부회장, 문예부장, 체육부장 등 대여섯 명이 모여 '교장 선생님 지시'를 자주 받았다. "너희들은 어떻게 생각하냐?" 하는 회의성 말도 있긴 했지만 사실상 지시를 받는 것으로 그쳤다.

하루는 무슨 일인지 이유는 모르지만 동네 사람들이 집에 몰려들었다. 대문을 열고 마당에 들어온 사람들이 고함을 쳐댔다. 집 안에 있던 아버님은 얼음 썰 때나 썼을 휘어진 톱을 들고 마루에서 마당으로 뛰어내렸다. 사람들이 혼비백산하여 집 밖으로 달아났다. 아버님이 톱을 들고 맨발로 쫓아나가 대문을 막아서고 고함을 치셨고 사람들은 다시는 우리 집에 오지 않았다.

우리 대문 앞 구정물 도랑과 가이당 축대 사이에는 슬레이트 지붕이 우리 대문 문턱 높이인 긴 집이 있었다. ─그해 작년부터 시작된 '새마을 운동' 때문에 생긴 것으로 기억하는데 그때 가이당 밑 국기봉 옆에 '새마을기'를 다는 봉이 세워지고 우리 집 장독대에도 새마을기가 걸렸다. 아침이면 '새벽종이 울렸네. 새 아침이 밝았네.'로 시작되는 확성기 소리가 울렸다. 사람들은 동시에 빗자루를 들고 나와 집 앞부터 마을 거리를 쓸었다. 집집마다 책임지는 공동 구역이 설정되고 그곳까지 쓸었다.(거기에는 네 개의 부엌을 통해 들어가는 방이 있었다.) 문도 네 개, 부엌도 네 개, 방도 네 개인 똑같이 생긴 것이 한 건물에 나란히 있었으며 네 가정이 각각 살았다.

두 번째 방 아줌마는 동네에서 '미친 개년'이라 불리었다. 덩치도 컸는데 마주치는 사람마다 싸웠다. 싸우면 흰자위가 돌아가고 욕하는 입 주변엔 거품이 일어서 그렇게 불리었다. 온 동네 사람들은 그 아줌마를 피해 다녔다. 노는 아이들에게도 욕 퍼붓고 놀던 딱지나 구슬을 발로 차는 일이 다반사여서 아이들도 그 아줌마를 보면 놀이를 접고 멀리 피했다. 아침에 공동수도에서 줄 서 물 받을 때도 그 아줌마는 아무렇지도 않게 늘어선 양동이 제일 앞에 가져온 양동이를 떡하니 놓았다. 아무도 뭐라 못했다.

어느 날 밑의 집 앞에서 또 싸우는 소리가 났다. 뜻밖에 어머님 목소리였다. 나는 뛰어 내려갔다. 이미 두 사람은 머리채를 잡고 엉켜 붙었다. 덩치 큰 그 아주머니를 씨름하듯이 어머님이 다리를 걸고 돌려서 자빠뜨렸다. 뒤집어진 아주머니를 올라타 머리를 뒤에서 잡아 질척질척한 검은 흙바닥에 대고 눌렀다. 몸 옆으로 허우적대는 아줌마의 손은 어머님 몸에 닿지도 못했다. 한참을 그 상태로 누르고 있었다. 나는 아줌마가 죽을까 봐 걱정했다. 컥컥거리며 숨도 못 쉬고 흙이 입속에 가득 찬 후에 어머님이 아줌마를 놔주었다. 아줌마는 옆으로 돌아누워 입속의 검은 흙 뻘을 게워 내었다. 아직 숨도 제대로 못 쉬는 듯했다. 어머님은 아줌마 배를 발 앞꿈치로 걷어차며 "이년아! 기어들어가서 물 마셔!"라고 했다. 아줌마는 컥컥대며 기어서 집으로 들어갔다. 이후 그 아줌마가 동네에서 싸우는 일은 못 보았다.

7대 대통령 선거가 있었다. 박정희가 40대의 김대중을 근소한 차이로 간신히 이겼다. 이것이 박정희가 저지른 수많은 부정선거에도 불구하고 그랬는지는 모르나 박정희는 매우 놀랐다. 그래서 김대중을 없애 버려야 할 대상으로 삼았다. 몇 년이나 지나서 그런 정치적 상황을 알게 되었지만 당시에 나는 어렸으므로 그냥 '박정희가 선거에서 이겨서 또 대통령이 되었다.' 정도로만 생각하고 말았다.

우리 동네보다 더 가난한 가이당 옆 동네와 더 잘 사는 가이당 아랫동네 그리고 우리 동네 애들이 함께 모이는 유일한 놀이는 차를 돌릴 수 있도록 동그랗게 되어 있는 넓은 가이당 밑에서 하는 '오징어놀이'와 '뱀꼬리잡기'(길게 줄 선 뒤 아이가 앞 아이의 옷을 단단히 붙잡고 돌면서 상대방의 줄을 끊어내어 반 이상 끊기면 지는 놀이로 지금의 '꼬리잡기'와 비슷함)였다.

가이당 밑에서 시멘트 길은 끝난다. 30개 계단 정도 되는 그 가파른 계단을 올라와야 우리 동네와 옆 동네를 갈 수 있었다. 가이당의 축대 쪽에는 큰 나무 밑에 평상이 있었는데 거기서 어른들이 바둑이나 장기를 두고 있었다. 높은 가로등이 밤마다 켜져 있어 밤에 놀기 좋았다. 이 가이당 터는 세 동네의 중심점이기도 했다. 어른들은 우리가 놀 때 평상에 앉아서 우리 놀이를 훈수하거나 지고 있는 편을 응원하기도 했다. 한때는 거의 매일 저녁마다 했다. 누군가 '애들아 모여라~'를 외쳤고 모인 애들과 각 동네 아이들이 함께 소리쳐 세 동네의 밤하늘에 메아리가 울리면 저녁 먹은(어쩌면 가난해서 밥을 못 먹은) 아이들이 모여들었다. 보통 20~30명 정도 되었다. 모두 초등학교 5~6학년 또래의 애들이다. 가끔 덩치 큰 저학년 아이들도 끼워 주긴 했다. 동네별로 편 가르는 일은 없었고 고정 대장이 있었다. 두 편으로 가르는데 어쩌다 애들이 너무 많으면 세 편으로 가르기도 했다. 나는 항상 고정 대장이었다. 대장이 된 애들이 손을 들고 '애들아 여~기 붙어라~'를 외치면 빨리 달려들어 옷을 줄줄이 잡았고 숫자가 남으면 끝의 애는 숫자가 적은 편으로 가야 했다. 애들은 손을 들기 전에 슬슬 내 쪽으로 가까이 오려고 했다. 특히 여자애들은 대부분 내 편이 되고 싶어 했다. 오징어놀이에서는 내가 상당히 용감했고 내 편이 많이 이기기 때문이기도 했다. '뱀꼬리잡기' 놀이는 키순으로 잡는 게 유리해서 애들은 자연스레 그렇게 잡았다. 대부분의 여자애들이 남자보다 키가 더 컸다. 어떤 때는 제일 키 큰 여자애가 나를 앞으로 밀어내서 내가 앞에 서기도 했다. 앞에 선 애가 중요했다. 방어를 많이 하고 속도 조절을 잘해야 했다. 너무 빨리 돌면 공격당하지도 않았는데 뒤쪽 누군가 잡은 옷을 놓치기도 했기 때문이다.

  그렇게 국민학교를 졸업하고 작은형이 다니던 동인천중학교에 배정되었다. 그해부터 중학교 입학시험이 폐지되었다. 학교에 가까운 순으로 중학교가 배정되었다. 서울은 일 년 전부터, 지방은 그해부터 시작되었다. 박정희 아들 박지만 때문이라는 말이 많이 돌았다.

새롭게 시작
- 1972년, 중학교 1학년

중학교 1학년이 되었다. 집에서 거리가 먼 동인천중학교에 배정되었다. 여러 국민학교에서 모르는 애들이 모였다. 송림국민학교에서 온, 아는 애들도 꽤 있었지만 모르는 애들이 훨씬 많았다. 그동안 국민학생 때의 쌈 1등, 공부 1등은 이제 물거품이 되었다. 새롭게 시작해야 했다. 키 작은 순으로 번호를 받았다. 나는 50명 중에 10번이었다. 남자들뿐이었고 같은 반에 아는 애들은 국민학교를 같이 다닌 몇 명뿐이었다.

겨울에는 경찰 모자 모양의 챙 달린 검정색 모자를 쓰고 노란 금색 도금 된 '中'자를 앞에 붙였다. 검정색 상의엔 역시 금색 도금된 모표 '中'자 단추를 달았다. 바지도 검은 색이었다. 상의의 배지와 단추는 항상 빤짝거리게 닦아야 했으며 빛이 안 나면 선생님께 체벌을 받았다. 입학식에 이 단정한 교복을 반드시 입고 가야 했다. 그래서 어머님이 문구점에서 단추와 배지를 사다가, 아껴서 빨아두었던 형의 헌 옷에 붙여 주었다. 헐렁헐렁했다. 하복은 하늘색 반

팔 상의에 회색 바지였다. 막내인 나는 항상 어머님이 아껴두었던 형의 헌 옷만 입어서 교복이든 일상복이든 새 옷을 입어 본 기억이 별로 없다. 형 누나들은 항상 새것으로 입었는데 말이다.

교실이 정해져 첫 영어 시간이 왔다. 화려한 옷을 입고 선글라스를 쓴 늘씬한 여선생이 들어왔다. "자~ 여러분 반가와용~" 선생님의 인사가 끝난 후 "책 표지를 넘기세용~ 다 알죵? 큰소리로 앞에서부터 읽으세용~ 시작!" 아는 아이들은 합창하기 시작했다. 같은 반 아이들 중 반은 알았고 반은 모르는 것 같았다. 나처럼 모르는 아이들은 멀뚱거렸다. "에이 비 씨 디 이 에프 지….." 나는 황당했다. 국민학교 전교 1등이었던 나는 아이들이 무슨 소리를 하는 건지 전혀 이해하지 못했다. 나는 영어를 처음 접했다. 아무도 나에게 중학교 가면 영어를 배운다고 말해주지 않았던 것이다. 책에는 꼬부랑대는 이상한 글자들이 적혀 있었다. 아이들이 합창을 한 후 선생님이 다시 말했다. "다음 페이지로 넘기시공~ 따라 하세용~ 펜. 어 펜. 북. 어 북. 펜슬. 어 펜슬." 아이들은 따라 했다. 그러나 나는 책의 어딜 보면서 따라 하는 건지 전혀 몰랐다.

이때부터 지금까지 영어는 내가 제일 못하는 과목이 되었다. 아마 그 시간부터 우리 반 아이의 반은 영어를 포기했을 것이다. 나머지 대부분 아이들도 시간이 지나면서 포기했을 것이다. 시험 때마다 가장 많은 시간을 뺏어갔지만 나는 아직도 영어가 약점이다. 그 코맹맹이 선생님은 이름 없이 학생들 사이에서 '개눈깔'로 불렸다. 한쪽 눈에 개눈깔을 끼워서 항상 선글라스를 쓴다고 애들이 말했다. 한참 후에야 한쪽 눈에 이상이 있다는 걸 우연히 교무실에 갔다가 실제로 보게 되었다. 지금도 내가 영어를 잘못하게 된 핑계를 '그 선생님이 처음에 알파벳 읽는 법만 가르쳐 주었더라도….'로 생각한다.

첫 수학 시간에는 수수한 옷차림의 조그마한 여선생이 들어왔다. 이름이 정희라서 학생들은 성만 바꾸어 박정희로 불렀다. 방정식이란 걸 가르쳤는데 알기 쉽게 설명했다. "이건 여러분이 다 아는 더하기, 빼기, 곱하기, 나누기에요, X+1=2 여기서 가위표 글자를 엑스라고 읽는데 X는 어떤 숫자를 가려 놓은 거예요. X는 무슨 숫자일까요?" 너무 쉬웠다. 초등학교 저학년 시험에서 네모 칸에 숫자를 넣는 거였다. X는 네모였다. 당연히 1을 가려놓은 것이었다. 아이들이 '1이요'를 외쳤다. 이후 나는 수학을 가장 좋아했다. 좋아하다 못해 1학년 때 중학교 3학년 수학책의 문제를 다 풀었다. 2학년 때는 고등학생 수학책을 봤고, 중학교 3학년 때는 대학교 입학 참고서인 정석수학2와 해법수학2까지 다 풀었다. 고등학생 때는 재미로 대학교 수학책들을 구해다 읽었다. 정희 선생님은 나를 매우 예뻐했으며 종종 나를 교무실로 불러 고학년 수학책이나 고등학교 수학책을 주기도 했다. 한번은 내가 시험에서 수학 문제 하나를 틀려 96점을 받았는데 선생님이 나를 교무실로 불러 "왜 이번에는 한 문제 틀렸니? 무슨 일이 있니?" 하고 물었다. 나는 "그게 아니라 문제가 틀린 거예요. 답이 없는 문제에요." 했더니 선생님이 깜짝 놀라며 시험지를 가지고 왔다. 잠깐 들여다보더니 "어머! 어머! 이건 문제가 잘못된 거야. 어떡해. 어떡해." 하면서 나를 품에 꽉 안았다. 며칠 뒤 A3용지를 가로로 길게 8조각 정도로 자른 성적표가 다시 배포되었다. 거기에는 내 수학 점수가 100점으로 바뀌어 있었다. 다른 모든 대부분의 학생들도 4점씩 올라갔다.

나는 영어의 핸디캡에도 불구하고 계속 전교 1등을 했다. 그러나 집을 나가 자취하는 큰누나와 더욱 말썽이 심해진 큰형에게 그리고 작은형에게 가 있는 어머님의 관심 밖으로 밀려나 있었다. 나는 성적표를 집에 가지고 가지 않아도 어머님을 포함해 아무도 묻지 않았다. 그때 이후 나는 대학 마칠 때까지 성적표를 집에 가져간 적이 없다.

동인천중학교는 제물포역 근처라서 수도국산 뒤편으로 내려와 30분 정도를 걸어가야 했다. 추운 겨울에는 손이 꽁꽁 얼어서 가는 동안 몇 번이나 가방 놓고 손을 한참 비벼야 했다. 초등학교 때 친구 오연이가 다른 반이지만 우리 집 방향으로 반쯤은 길이 같아서 하교 때는 같이 다니는 적이 많았다. 오연이는 동인천 가는 버스도 타고 등교할 때 집에서 자가용으로 데려다주기도 했지만 나는 항상 걸어 다녔다. 오연이는 종종 집에 오는 길에 팥죽이나 간식거리를 사 주기도 했다. 한번은 오연이가 자장면을 사 주었다. 부모님 없이 먹는 자장면은 처음이라 어른이 된 듯했다. 물론 돈은 오연이가 냈지만 돈 내고 나올 때는 '어험!' 소리가 나올 것 같은 기분이었다.

쌈 순위 판도는 완전히 달라졌다. 나는 몇 번의 싸움으로 애들이 건들지는 않았지만 싸움에 흥미도 없고 쌈 등수에 관심도 없었다.

쌈 1등은 키 작은 절름발이 독종 현석이.(후에 전국구 조폭 두목이 되었고 최근에도 만난 적이 있다.) 2등은 싸울 땐 거의 미친 놈 같아서 '또라이'로 불린 키 큰 용호,(용호는 커서 현석이 부하로 있었으나 손 씻고 횟집을 했는데 인천대교에서 뛰어내리는 마지막 순간에 내게 전화해서 "먼저 가서 좋은 자리 만들 테니 다시 보자"는 말을 하고 죽었다.) 3등은 용호만큼 키 큰 보혁이었다.

나는 현석이와는 죽기 살기로 싸우다 팔도 물려 이빨 자국이 생기고(지금도 팔뚝에 이빨 박힌 자국이 남아 있다) 아이들이 말려 비긴 걸로 한 후 친구가 되었다. 용호는 내 경호원을 자처하고 나서 싸움 없이 매우 친했다. 보혁이는 나와 한 번 싸운 후 친해져서 중학생 때는 보혁이 집에도 여러 번 놀러 갔다.(중학교 후 보혁이 소식은 못 들었다.) 어쨌든 나는 쌈 등수에는 관심 없었으므로 등수 자체가 없었고 중학생 때는 싸움을 거의 잊은 셈이다.

공부는 여전히 전교 1등을 여러 차례 차지했으나 그렇지 않은 적도 있었다. 하지만 아버님이 『삼국지』를 비롯한 고전, 소설, 다양한 책들을 리어카로 실어와 한쪽 벽을 꽉 채워놓아서 이 책들 읽는 재미에 빠졌다. 집에 있는 모든 책들을 다 읽었다. 그중에서 『삼국지』 등은 서너 번을 읽었다. 스탕달의 『적과 흑』을 읽고 어린 마음에 주인공 줄리앙 소렐처럼 비극의 주인공이 되고 싶었다. 『젊은 베르테르의 슬픔』이 아름다웠고 『카라마조프가의 형제들』을 비슷하지도 않은 우리 형제들과 비교하기도 했다. 심지어 도저히 이해가 안 되는 『이상 시집』을 멋있다고 생각하고, 가지고 다니면서 친구들에게 살짝살짝 보여 주며 나는 이해하는 양 폼 잡기도 했다.

중학생부터는 활동 범위가 넓어졌다. 국민학교 때 알던 친구들을 통해 다른 중학교 학생들도 사귀었다. 여름방학 때는 송도나 인천에서 가까운 인근 혹은 영종도 등 섬으로 캠핑도 다녔다. 우리 집에 작은형이 보이스카우트 때 쓰던 두 장의 천으로 된 군용 텐트가 있었다. 군용 반합, 군용 수저, 칼, 작은 손도끼, 손전등, 수통, 배낭도 있었다. 나는 그것들을 챙겼고 친구들은 쌀, 음식, 라면 등을 가져왔다. 국민학교 때 10원이던 라면은 중학교 때 20원이 되었다. 부잣집 친구들은 돈을 두둑이 가져와 차도 탈 수 있고 음식을 사 먹을 수도 있었다. 우리 집도 아버님이 자식들에게 다달이 용돈이란 걸 주었지만 나는 턱없이 적어 자장면 한 그릇 값도 안 되었다.

한번은 독종 현석이와 현석이 고향이라는 무의도 옆 소무의도로 배 타고 캠핑을 갔다. 현석이가 고향 집에서 반찬과 막소주도 가져왔다. 아무도 없는 바닷가에 둘이서 텐트 치고 불 피워 밥도 짓고 현석이가 가져온 막소주도 먹었는데 그만 싸움이 났다. 현석이는 군용 손도끼를 집어 들고 나는 군용 칼을 들었다. 현석이는 독종이라 전혀 물러설 일 없었다. 난감하기 이를 데 없었다. 칼을 든 채로 천천히 물속으로 들어갔다. 현석이가 따라서 물로 들어왔다. 도끼, 칼을 휘두르기는 했으나 서로의 몸에는 닿지 않았다. 가슴께 깊이까지 가자 다리 불편한 현석이가 그만 넘어져서 허우적거렸다. 나는 다가가 현석이를 어깨를 걸고 물에서 끌어내어 텐트 앞에 앉혔다. 현석이는 도끼를 놓쳐 빈손이었다. 우리는 남은 소주를 나눠 마시며 다시는 싸우지 말자고 약속했다. 현석이와는 더욱 친해졌다. 도끼는 다음날 썰물이 좀 빠졌을 때 찾을 수 있었다.

중학교에 오니 간간이 체력 시험이 있었다. 100m 달리기, 1,000m 달리기, 턱걸이, 윗몸 일으키기, 제자리 멀리 뛰기, 의자에 올라가 허리 굽히기 등이 있었다. 그런데 나 스스로도 놀라는 결과가 나왔다. 윗몸 일으키기와 1,000m 달리기, 턱걸이에서 내가 다른 아이들과 상대도 안 되는 발군의 결과를 낸 것이다. 윗몸 일으키기는 1분간 80개. 턱걸이는 세지도 않고 계속하다가 선생님이 그만 내려오라고 해서 내려왔다. 1,000m는 같이 뛴 애들과 운동장 한 바퀴 이상 차이가 났다.(네 바퀴 돌아야 1,000m였다.) 내가 생각해도 이상할 정도였다. 선생님도, 아이들도 다 놀랐다. 그러나 100m와 멀리 뛰기, 허리 굽히기는 평균 이하였다.

아버님의 자전거는 주황색 한전 오토바이로 바뀌었다. 한전 오토바이는 높은 가이당도 탄 채로 오르내릴 수 있었다. 뒤에는 자전거 때보다 훨씬 큰 가방이 매달렸다. 자전거는 주황색 위에 파란 페인트를 덧칠해 주로 큰형이 타고 나도 가끔 끌고 나갔다. 많은 검침 카드가 빨간 색으로 바뀌었다. 빨간 카드에 쓰인 숫자는 파란 카드에 쓰인 숫자보다 자릿수가 한 개 또는 두 개가 많았다. 검산하는데 시간도 더 걸렸다. 아버님의 돈벌이는 더 많아진 것 같았다. 어머님은 폼 나는 털옷도 사 입었다. 형들의 옷도 좋아졌다. 그러나 나는 형들의 바랜 헌 옷으로 만족해야 했다.

나중에 들은 이야기지만 아버님의 검침 구역이 확대되었다. 공장

지대의 큰 공장과 건물들도 포함되었다. 아버님은 계량기 옆으로 빼돌린 도둑 전기를 잘 찾아냈다. 공장 기계와 계량기만 보고도 바로 알아차렸다. 도둑 전기선을 찾아내 잘라 버리고 엄청난 전기세를 부과했다. 혹 가다가 급하게 돈뭉치를 들고 나오는 공장 사장님은 도둑 전기는 끊겼지만 벌금 전기세는 돈뭉치의 정도에 따라 적게 내거나 혹은 면제받을 수도 있었다. 이것이 아버님이 돈을 많이 벌게 된 이유다.

아버님은 유능한 검침원으로 회사에서도 주임으로 승급했지만 끝까지 검침원을 고집했다. 부평 공단 지역까지 구역이 넓어졌다. 직급 높은 한전 아저씨들과도 친해서 서로 이름을 부르거나 나이 적은 상급자에게도 '자네! 자네!' 했다. 어쩌다 심부름으로 한전에 가면 아버님과 지점장은 같은 등급처럼 대했다. 높은 직급의 한전 아저씨들이 우리 집에도 자주 놀러 왔다. 지점장인 연욱이 아저씨도 왔다. ―연욱이 아저씨 아들은 나와 같은 대학의 신학교에 다녔는데 나중에 국회의원이 되었다.― 아버님과 아저씨들은 막걸리를 옆에 두고 바둑을 두곤 했는데 언제나 어머님의 반찬 솜씨를 칭찬했다. 우리 동네나 예전 살았던 송림동, 심지어 더 먼 동네에서도 잔치가 벌어지면 어머님에게 음식 만드는 부탁을 하러 찾아왔다. 다녀오는 날이면 돼지고기나 소고기 전, 좋은 생선들을 한 광주리씩 가져왔다. 나도 어느 가정집에서나 이름난 유명 음식점에서도 지금껏 어머님 음식보다 맛있는 음식은 없었다.

아버님은 바둑을 좋아하셨다. 형님들에게 바둑을 가르쳐서 가끔 두셨다. 물론 형들은 까만 돌을 많이 깔아야 했다. 나도 아버님에게 바둑을 배웠는데 25점을 깔고 배웠다. 이 돌 수는 내가 아버님을 이길 때마다 금방금방 내려갔다. 형들은 대학 준비 때문에 뜸해지고 아버님은 나와 자주 바둑을 두게 되었다. 몇 달 뒤 내가 아홉 점 정도 되었을 때 같은 학급의 윤재가 내가 바둑을 둔다는 말을 듣고 자기랑 한번 두자고 했다. 공부는 전교에서 10~20등 하는 아이였는데 인천에서 하는 중학생 퀴즈대회 나가서 1등하여 상 받은 아이다. 개네 집에 갔는데 집도 부자지만 바둑판과 바둑돌이 신기했다. 바둑판은 우리 집 것처럼 합판이 아니라 둘이 들어야 할 두꺼운 아가지스판 목재였고 바둑돌은 자연석 검은 색과 흰 색 돌이었다. 모양이 완전히 동그랗진 않지만 예쁜 돌이고 바둑판에 차례로 놓이면 더 예뻤다. 그냥 맞두었는데 내가 전멸 당했다. 윤재가 나한테 너무 상대가 안 되어 재미없다고 했다. 자존심이 완전히 구겨졌다.

집으로 돌아와 그날부터 아버님이 보시던 바둑책을 보면서 바둑판에 따라 하기를 계속했다. 두꺼운 바둑책 끝까지 하는 데 한 달 정도 걸렸다. 한 달 뒤 윤재에게 다시 바둑을 두자고 했다. 윤재 집에 가서 다시 맞두자고 하니 윤재는 어이없어 했다. 처음에는 윤재가 성의 없이 두었다. 내가 이겼다. 윤재가 다시 두자고 했다. 이번에는 골똘히 생각하며 성의 있게 두었다. 또 이겼다. 세 번째도 이겼다. "너 바둑 별로 못 두는구나." 얼굴 벌게진 윤재에게 한 마디 던지고 나왔다. 통쾌했다.

그 후 아버님도 져서 바둑은 맞수로 두게 되었다. 아버님이 진 날

맞둔 바둑판을 발로 밟아 뽀갰다. "이 자식이 공부는 안 하고 바둑만 두고 돌아다니네. 바둑 두지 말고 공부해!" 화가 나서 방에 들어간 아버님은 다음날 새 바둑판을 사오셨다. "동수 이리와." 다시 바둑판 앞에 앉은 아버님은 나에게 또 졌다. 새 바둑판은 한 번의 바둑돌만 실어내고 빠개졌다. 며칠 뒤 아버님은 다시 새 바둑판을 사오셨다. 다시 두었다. 아버님이 또 졌다. 몇 판 뒤 아버님이 흑 돌을 잡고 두 점을 먼저 두셨다. 이건 머지않아 4점이 되었다. 아버님이 흑을 잡고 몇 점 깔고 두는 한전 아저씨가 오면 가끔 나에게 두어 보라 했다. 내가 이기면 흐뭇한 표정을 지었다. 나는 후에 대학 바둑 대표로도 나갔다. 회사 대표로도 나갔다.

아버님은 장기도 잘 두어서 동네에서 이길 사람이 없었는데 내가 아버님한테 장기 배운 지 얼마 지나지 않아 팽팽해졌다. 아버님은 쌍마 장기, 중포 장기, 개성 장기 등 여러 가지를 가르쳐 주었다. 군에 갔을 때 군대 장기 시합에서 29전 전승으로 우승한 적이 있다. 또 나이 드신 아버님이 경로당에서 안성 제일 장기꾼(아버님은 장기 프로라 했다)에게 그분이 차 하나 떼고 둬서 진 후 회사로 전화해 당장 오라고 해서 내가 갔더니 그분에게 "우리 아들이랑 한 판 둬 봐." 하시기에 분위기를 눈치 채고 세 시간의 장고 장기 끝에 간신히 비겼다. 그분이 "남은 장기의 프로 점수로는 자네가 이겼네." 해서 아버님이 의기양양하게 집으로 돌아오신 적이 있다. 그때 '만약 지면 아버님은….'이라는 생각으로 한 수 두는데 십 분씩 생각하고 진땀 좀 흘렸다. 그분이 일부러 져 준 것인지 아니면 지겨워서 진 건지 모르겠다.

아버님은 수박을 좋아했다. 나도 수박을 좋아한다. 어느 여름날 아버님이 윗길 가게에 가서 수박을 사오라 했다. 사와서 쪼개 보니 조금도 안 익은 허연 수박이었다. 다시 바꿔오라고 해서 들고 갔더니 가게 주인아저씨가 이미 쪼갰으니 못 바꿔준다고 했다. 아버님이 나더러 다시 들고 따라오라 했다. 아버님은 수박을 들어 그 집 가게 바닥에다 패대기를 치셨다. 산산이 부서진 수박 조각들을 뒤로 한 채 아무 말 없이 집으로 돌아왔다. 잠시 후 아저씨는 수박 두 개를 가져와 마루에 올려놓았다. 이 수박들은 설탕처럼 잘 익은 것이었다.

집에서는 아버님의 새로운 교육이 시작되었다. 직접 경험하는 사회 교육, 건설 교육, 아니 사실은 목수 교육이었다. 아버님은 매일 출근하실 때 돈을 주시며 '빨간 벽돌 200장 사다 놔라.' 등의 지시를 내리고 나가셨다. 학교 끝나면 저 밑 신작로로 내려가 건축자재 가게에서 벽돌을 사서 지어 날랐다. 그 값은 항상 정확히 들어맞았다. 다음날은 보루꾸, 다음날은 모래, 다음날은 시멘트, 다음날은 철근. 집에 있는 파란색 자전거는 매우 유용했다. 우리 형제를 불쌍히 여긴 철물점 주인이 가끔 빌려준 리어카는 세 형제의 발품을 줄이는 데 많은 기여를 했다.

재료가 다 모인 후 변소와 형제들 방을 우리 형제들끼리 뜯어냈다. 우리 방의 길 쪽 벽을 넘어뜨리는 마지막 함마질은 내가 했고 넘어갈 때 쾌감이 있었다. 대문도 뜯었다. 그날, 그날마다 상세한 아버님의 지시가 있었다. 매우 어려운 대들보 매기 등은 아버님이 쉬는 날에 아버님과 같이했다.(아버님은 한 때 광주 고숙 회사의 건설 현장에도 있었다. 이 세상일 중 못하는 게 없었다.) 한두 달이 지나자 화장실 자리가 우리 방과 합해져 넓은 벽돌 방이 생겼다. 파란색 칠해진 두꺼운 나무 대문도 생겼다. 대문 옆에는 벽돌 화장실과 연탄창고, 큰 물당고(물탱크의 일본식 발음)가 생겼으며 그 위는 장독대가 되었다.

그로부터 얼마 지나지 않아 우리 집에 수도가 연결되었다. 수도 꼭지는 물당고에 하나, 마당에 하나, 부엌에 하나, 총 세 개였다. 물당고 수도꼭지는 마을 공동수도 꼭지만큼 컸다. 어렸을 때 형들이 했던 가죽 혁대와 같이한 '버스표 팔기' 사회 교육보다 이번엔 부작용 적은 성공적 교육이었다. 아버님은 단 한 번도 야단치거나 매를 들지 않았다. 일 진전이 마음에 들면 수박이나 쏠쏠하게 용돈을 주어 말썽 많던 큰형도 열심히 참가했다. 나중에 크고 반듯한 우리 방이 생겼을 때 우리 힘으로 해낸 성공의 희열을 맛보았다.

그해 늦가을(10월 17일) 세상이 시끌벅적했다. 내가 3살 때부터 계속 대통령인 박정희는 61년 5월 16일에 군사 쿠데타를 일으켜 국사혁명위원회의 국가재건최고회의 의장이라는 권력을 잡았고 63년에 대통령이 되었다. 박정희 자신이 공산당의 남쪽 파인 남로당의 핵심 인물이었고 1947~8년도에 공산당이 계획한 가장 큰 무력 장악 계획인 남한 정부를 전복하겠다는 목적으로 '국가경비대 침투 사건'을 지휘한 공산 세력의 핵심 당원이었으나 권력을 잡은 후 대통령이 되기까지의 2년간 민족주의자나 지식인, 군사독재 반대를 외치는 수많은 사람들을 오히려 공산주의자로 몰아 처형했다. 20~30대의 젊은 군 장교들을 경제와 정치 등 각 분야에 배치하여 장악했다. 우리나라의 GDP는 세계 최하위 수준인 40달러까지 떨어졌다.

박정희는 종신 집권 혹은 북한식의 영구 세습 집권을 위하여 유신체제를 만들었다. 이를 관철시키기 위해 전국에 비상계엄을 발동했다. 그리고 비상조치를 단행했다. 국회를 해산하고 국가안전보장을 이유로 국민의 자유과 기본권을 제한할 수 있도록 했다. 종합적으로는 법이건 국민이건 박정희 마음대로 할 수 있다는 내용이었다. 이때부터 '박정희 군사독재'가 '박정희 유신독재'로 바뀌었다. 박정희가 종신 대통령을 할 수 있도록 개정된 '유신헌법'은 비상 계엄령 아래에서 국민 91.9% 투표참여에 91.5%라는 비정상적 발표로 통과되었다. 이후 북한도 곧바로 '사회주의헌법'을 발표했으며 이로써 남과 북의 독재 정치 고착화와 서로 간의 '대국민 정치 이용 담합'이 완성되었다. 이른바 '적과의 동침'이었다.(남의 이후락과 북의 김영주가 박정희와 김일성을 대리하여 밀담, 합의한 것으로 후에 알려졌다.) 이제부터는 '박정희'는 존경과 찬양의 신앙심을 수식어로 붙여야 했다. 그냥 '박정희'라고 존칭 없이 말해도 순사(어른들은 아직도 순경을 일본 강점기의 경찰 최하직급인 순사라고 했으며 뒤에 '나리'를 붙여 '순사나리'로 부르는 어르신들도 있었다)들이 잡아갔고 '독재'라는 단어를 입에 올려도 잡아갔다. 사람들 여럿이 모여도 잡아갔다.

작년 선거에서 박정희에게 근소하게 졌던 김대중은 고속도로에서 큰 화물차가 덮쳐 생명은 구조되었으나 다리병신이 되었다. 탄압받던 김대중은 이를 박정희의 암살 계획으로 여기던 차에 유신이 발표되자 잠시 방문했던 일본에서 돌아오지 못하고 한국민주회복통일촉진국민회의(약칭 한민통)를 만들어 일본, 미국의 교포사회를 중심으로 유신독재 저항운동을 시작했다.

어른이 되는 건
– 1973년, 중학교 2학년

아버님의 전쟁 트라우마가 다시 도졌다. 아버님은 6·25 전쟁 중 최전방에서 여러 차례 북한군과 싸우다 손에 포탄 파편이 박히는 부상을 당해 상이군인이 되었다. 아버님은 마루 밑에 굴을 파라고 했다. 이미 큰형은 고등학교를 졸업해서 마음껏 말썽부리기에 바빠 집에 거의 없었고 작은형은 고3 대입 준비로 시간이 없어 나 혼자 해야 했다. 전쟁 나면 숨어야 한다며 우리 식구가 충분히 들어갈 만큼 파라고 했다. 굴 파기는 나름 재미있었다. 파다가 가끔 먹는 흙이 나왔는데 가느다란 줄의 진득한 황토 찰흙층으로 아무 맛이 없었다. 다른 흙처럼 씹히는 게 전혀 없이 밀가루 반죽 같았다. 그래도 굴 파면서 자주 먹었다. 아버님은 그곳에 라면이나 술병에 채운 물 같은 것을 가져다 놓았다. 쌀도 한 포대 있었다. 플래시도 있었다. 전기선 넣어 5촉(5W)짜리 전등도 있었다. 나는 그곳에 들어가 책을 보다가 잠들기도 했다. 아무도 없는 곳에 혼자 있는 게 좋았다. 그러다 그 굴은 뒷집 작은 단칸방 밑까지 들어가 그 집 구들장이 내려앉았다. 아버님이 돈을 잘 벌 시기라서 아예 그 단칸방 집을 산 후 구들장을 고쳐 세를 주었다. 마루 밑 굴은 다시 마루 밑까지 축소되었다.

학교에서는 항상 전교 1~2등을 다투었다. 같은 국민학교에서 온 재훈이가 항상 밑이었다. 재훈이는 죽기 살기로 공부하는 모범생인데 한 번도 나를 이기지 못했다.

담임 선생님은 수학 선생님인데 이름이 성식이었다. 반장을 아이들이 뽑지 않고 담임 선생님이 나를 반장으로 지명했다. 지금도 만나는 천형이가 부반장이 되었다. 이때부터 수학을 담임 선생님이 가르쳤다. 흥미 없었다. 나는 이미 3학년 수학책까지 다 끝내고 고등학교 수학책을 보는 중이다. 선생님은 파마머리였는데 인상이 별로였고 나이가 좀 들었다. 아이들에게 별 관심이 없어 보였다. 수학은 자습 시간이 많았다. 그건 나에게는 잘된 일이다. 자유롭게 고등학교 수학책을 볼 수 있었다. 선생님의 심부름이나 학급의 일은 천형이가 다했다. 천형이는 미술반이고 그림을 잘 그렸다. 수줍은 천형이가 친구가 되고 싶다는 편지를 내 가방 속에 넣어 놓아서 읽은 후 친구가 되었다. 현석이와 먼 친척 간이라 둘이 집이 가까워서 셋이서 잘 어울려 다녔다. 나는 반장 직함만 걸고 아무것도 안 했다. 정희 수학 선생님은 아직도 자주 보며 선생님 집에 놀러 가서 수준 높은 수학책도 펴 보고 밥도 얻어먹었다. 정희 선생님은 그해에 결혼했다. 선생님 집이 이사 간 후로는 갈 수 없었다.

학기 초에 담임 선생님과 가정방문을 다녔다. 집 가까운 애들을 묶어서 하루에 5집 정도씩 돌아다녔다. 선생님이 가정방문 시작 전에 나에게 '집 밖에서 기다리다가 학부모가 봉투를 주면 받아서 가방 속에 넣었다가 선생님이 달라고 할 때 달라'고 했다. 선생님이 학부모 면담이 끝나면 대부분의 학부모가 따라 나와 선생님이 저만큼 멀어지면 봉투를 하나씩 주었다. 선생님은 안 보이는 골목에 있다가 내가 뛰어오면 '받았냐?'부터 말했다. 봉투를 열어보고 '괜찮네.' '음~' '에게게' 등의 봉투 점수가 매겨지고 봉투를 못 받았다고 하면 '씨발'이라는 점수가 나왔다.

봄 소풍이 가까운 어느 날 담임 선생님이 나를 불렀다. "다른 반은 소풍 때 선생님에게 시계를 해 준다는데 난 양복이 필요하다. 그리고 소풍 때 선생님 식사는 알아서 잘 챙겨 와라." 했다. 양복 값을 알아보니 15,000원 정도이고 좋은 것은 20,000원까지도 한다고 했다. 큰돈이다. 난 돌아가서 반회의를 열었다. 반이 52명이니 밥 값, 음료수 값, 해서 500원씩 내기로 했다. 10여 명은 끝까지 안 냈다. 이들 중 일부는 소풍을 포기했다. 20,000원이 조금 모자라 봉투에 15,000원을 넣고 어머님께 1,000원 드리고 부탁해서 큰 층층 반합에 갖가지 고기반찬과 나물 등을 담았고 떡과 과자도 담아서 보자기에 쌌다. 콜라와 선생에게 드릴 맥주도 몇 병 샀다. 그리고 과일도 몇 개 샀다. 약간의 돈이 남아서 반 애들에게 나눠 줄 과자도 좀 샀다. 송도 근처 야산까지 한 시간을 걸어가 소풍을 즐겼다. 소풍 도중에 선생님께 도시락 반합 주머니에 봉투를 넣어서 드렸다. 잠시 후 선생님이 째려보며 말했다. "그게 다냐? 돈 안 남았냐?" "조금 남아서 그걸로 아이들 나눠 줄 과자를 샀습니다." 선생님은 모든 아이들이 돈을 다 내서 26,000원을 걷은 것으로 생각한 것 같다. 수학 선생님 아니던가. 다음 날 선생님의 지명으로 천형이가 반장이 되었고 나의 반장은 초등학교부터 고등학교까지 12년간 모두 합해서 두 달 반으로 끝났다.

과학 선생님은 키가 좀 크고 마른 체구이며 이름은 무열인데 학생들에게는 '미친개'로 불리었다.(이상하게도 모든 중, 고등학교 심지어는 군대의 각 대대에도 '미친개'는 꼭 있었다.) 실실거리며 웃다가도 갑자기 돌변하여 주먹이든 발이든 또는 가지고 다니는 당구 큐대를 미친 듯이 휘두르며 학생들을 팼다. 언제 돌변할지 모르는 예측 불가능이었다. 무엇을 잘못했는지 전혀 모른 채 마구잡이로 맞는 애들이 많았다. 나도 여러 번 맞았다. 반 애들이 단체로도 많이 맞았다. 이유도 말해주지 않아 실컷 맞고 난 후에도 왜 맞았는지 알 수가 없었다. 그냥 재미나 취미로 때리는 듯했다. 아니면 '구타 중독증'이라 불릴만한 정신병이 있는 것 같기도 했다. 평상시는 항상 실실 웃으며 학생들에게 장난치듯이 말했다. "흐흐흐 나는 왜 말랐을까? 너는 왜 뚱뚱할까?" 하다가 갑자기 때리기도 했다. 무조건 그 선생님 눈에 안 띄는 게 장땡이다. 그 선생님 수업 시간(사실 가르치는 게 없이 '책보면 다 나와' 한마디 하고 장난치다 애들 때리고 다시 장난치다 애들 때리는 게 전부라서 '수업 시간'이라 하기에는 애매했다)에는 선생님의 정신병이 발작 안 하기를 기대할 수밖에 없었다. 하여간 '미친개'는 출근해서 학생들을 때리다가 때리기가 끝나면 퇴근했다. 시험 본 후 100

점에서 자기 점수 뺀 만큼 매를 맞았으므로 덜 맞기 위해 과학 공부를 열심히 하는 애들도 많았다.

8월 8일 김대중 납치사건이 있었다. 당시 중앙정보부장이던 이후락이 박정희가 김대중 때문에 골치 아파하자 정보원들을 일본에 보내 김대중을 납치했다. 정보부 요원들은 김대중을 배에다 태운 후 태평양 바다로 나가 돌을 매달아 빠뜨려 버리기를 면밀히 기획했다. 그러나 미국의 CIA는 이를 즉각 알아챘다. CIA 한국 지부장인 도널드 그레이가 한국 중앙정보부에 바로 전화하여 김대중을 죽이지 말라고 으름장을 놓았다. 주한미국대사 하비브가 청와대를 찾아가 김대중을 죽이면 미국 정부가 좌시 않겠다고 경고하자 박정희가 김대중을 죽이지 않겠다고 약속했다. 일본 비행기인지 미국 비행기인지 모르지만 그 비행기가 밤중의 바다 위에서 김대중을 돌로 묶어둔 선박 '용금호'를 찾아냈다. 경고 비행을 한 후 어떤 곳에서(아마도 한국 정부일 것으로 짐작) 김대중을 풀어줄 것을 지시하는 전화가 배에 있던 정보원들에게 오자 53시간 만에 결박을 풀고 물을 주었다. 이후 김대중은 한국에 끌려와 마취된 후 구금당했다가 야간에 동교동 자택 근처에서 풀려났다. 이날은 납치당한 지 5일이 지난 8월 13일 밤이었다. 이 일로 인해 국내와 해외의 여론은 박정희 유신독재에 대해 큰 반감으로 나타났다. 대학생들과 종교인, 지식인, 언론인들과 야당 정치인들의 '100만 개헌 서명'과 같은 반독재 투쟁의 도화선이 되었다. 상황이 나빠지자 박정희 정권은 어쩔 수 없이 약간의 수사를 하는 척하다가 흐지부지 넘어갔다. 20여 년의 세월이 지나 그 사건의 실체가 밝혀지게 되었다.

　이즈음 나는 이성에 대한 관심도 생겼다. 친구들은 길을 가다가 가슴이 부풀은 젊은 처녀나 고등학생을 보면 슬쩍 다가가 젖가슴을 세게 움켜쥔 뒤 놀라서 멈칫하는 사이에 도망치는 짓도 했다. 날씬한 개눈깔 선생님이 영어책을 읽으며 책상 줄 사이로 지나갈 때 밑으로 슬쩍 거울을 밀어 넣어 속옷 색깔 맞추기도 했다. 몇 명이 미리 10원씩 돈 걷은 후 맞춘 애가 다 가져가는 못된 장난이었다. 누군가가 음란 서적인 '빨간책'을 가져오면 반 애들 대부분이 돌려 읽었다. 동인천 지하상가 입구, 리어카 노점상에서 헌책 팔거나 혹은 다른 물건 파는 어른들이 학생들에게 '빨간책'도 슬쩍슬쩍 팔았다. 대부분의 노점상 리어카 밑에는 '빨간책'이 있었고 학생들이 지나가면 낮은 목소리로 "학생! 빨간책 있어!" 하면서 호객도 했다. 하지만 이성에 대한 호기심은 많았으나 적극적으로 이성을 사귀려는 시도는 하지 않았다.

　친구들 중에 '고래잡이'라 불리는 포경수술을 한 아이들이 많아졌다. 안 한 아이들은 뭔가 어른이 못되고 아직 애인 것 같아 수술한 아이들을 부러워했다. 나도 그 중의 한 명이었다. 어느 날 어머님께 배가 너무 아파서 병원에 가야겠다고 엄살을 부렸다. 어머님과 함께 동네 병원에 가서 진찰을 받을 때 의사에게 "사실은 포경수술 하고 싶어서 왔어요." 하니 의사가 크게 웃다가 나가 있으라 하더니 어머님을 불러 뭐라 한다. 어머님은 그 길로 나를 데리고 기독교 병원에 갔다. 잠시 대기시키더니 수술실로 들어가 간호사가 성기에 볼펜으로 줄을 긋고 주사기로 돌아가며 찔렀다. 조금 후 젊은 의사가 들어와서 집게로 성기 끝을 잡아당겼다. 아팠지만 꾹 잡았다. 칼을 대고 성기 껍질을 가를 때 너무 아파서 소리를 질렀다. 의사가 깜짝 놀라며 소리를 질렀다. "아니 이거 마취가 안 됐잖아. 간호사 어찌 된 거야?" 간호사가 뛰어 나가더니 곧 들어오면서 소리쳤다. "마취제가 아니고 마취 해독제를 났나 봐요. 어떡해요?" 의사가 신경질적으로 간호사를 째려보며 "뭘 어째? 이미 일부 째 놨는데 소독하고 붕대 감아. 상처 아물면 다음에 해야지 별수 없잖아?" 한다. 나는 가슴이 덜컥 내려앉아 급하게 의사에게 말했다. "선생님 참을 수 있어요. 그냥 해 주세요." "뭐라구? 그건 안 돼!" "선생님! 제발 좀 해 주세요. 네? 네?" 의사가 한참 생각하더니 "너 진짜 참을 자신 있어?" 한다. 나는 무조건 참을 테니 해 달라 했다. 의사는 간호사를 시켜 천장에 줄을 달았고 세숫대야 같은 것에 거즈 등을 잔뜩 준비시켰다. "피 많이 나올 테니 계속 닦아내." 간호사에게 말하고 나에겐 천장에 매달아 놓은 줄을 잡고 몸을 절대 움직이면 안 된다고 했다. 나는 땀을 한 바가지 흘리고 세숫대야에 피 묻은 거즈를 가득 채우고서야 수술을 끝낼 수 있었다. 이를 악물고 신음 소리도 안 내었으나 몸에 힘을 많이 줬던 바람에 침대에서 일어날 수가 없었다. 나는 간호사와 의사의 부축으로 어머님께 건네졌다. 걸을 힘도 없어 집과 가까운 거리인데 버스를 탔다. 그 짧은 구간에 구토를 했다. 어른 되는 건 힘든 과정이 많다.

학교에는 담배 피우는 애들이 많아졌다. 웬만큼 싸움 좀 한다는 애들은 대부분 피웠다. 선생님들의 가방 검사와 주머니 검사는 학생들의 담배 숨기기와 항상 전쟁 중이었다. 그러나 더 빨리 발전하는 지능적이고 참신한 학생들의 숨기기 방법이 대부분 앞질렀다. 선생님들의 검사 방법은 발전이 없었다. 나는 친구들과 한두 번 피워 보기는 했으나 담배 냄새와 들여 마실 때의 목 걸림이 좋지 않아서 중학생 때는 담배를 피우지 않았다.

중학교에서는 나도 축구나 농구에 끼어들었다. 반끼리의 시합에도 항상 뽑혔다. 여전히 공도 잘 못 차고 농구도 잘하지 못했는데 상대방 팀의 가장 잘하는 학생은 항상 내 담당이 되어 그 학생 하나만 찰떡같이 쫓아다니며 공을 못 잡게 만들어 우리 팀이 이기기 위해서는 꼭 필요한 팀원이 되었다. 내 실력이야 어쨌든 간에 항상 상대방 팀의 제일 잘하는 학생과 동급이었다. 이 작전은 후에 고등학교, 대학교 때도 통했다.

회의주의 · 허무주의 혹은 사춘기
― 1974년, 중학교 3학년

그해 1월에 박정희가 긴급조치 1, 2호를 발동했다. 1호는 박정희가 종신 집권하려는 의도로 선포되었던 유신헌법에 대한 개헌 논의를 금지하는 조치였다. 이에 따라 유신헌법 폐지를 논의하는 자는 즉각 구속되었다. 2호는 비상군법회의를 설치하는 내용으로써 긴급조치 위반자를 일반 법정이 아닌 군인들이 군법정에서 판결하는 조치였다. 박정희는 추후 긴급조치를 9호까지 발표했다.

이러한 긴급조치에도 불구하고 대학생들의 반독재 데모가 가열되자 박정희 유신정부는 4월 3일 '전국민주청년학생총연맹'이 불순 세력의 조종을 받고 있다고 발표하며 대학생 1,024명을 끌고 가 고문을 가해 자백서를 받아 냈다. 정부는 조작된 '인혁당재건위사건'을 만들어 253명을 구속했다. 이들에게 군법정에서 엉터리 재판을 열어 징역과 사형까지 선고했다. 또한 인혁당사건의 사형을 선고받은 피고는 재판 즉시 사형을 집행했다. 그러나 오히려 대학생들의 시위가 격렬해지고 사회적 독재 반대 운동이 거세어지자 8월 23일 전격적으로 긴급조치 1. 4호를 해제하고 몇 달 뒤 징역형을 선고받은 이들을 모두 석방했다. 이 사건이 고문만으로 황당하게 조작되었고 너무나 허구적인 내용이라 전 국민은 유신독재에 치를 떨었다.

8월 15일 국립극장에서 열린 광복절 기념행사에서 재일 한국인 문세광이 기념사를 읽던 박정희를 향해 권총을 쏘며 달려 나갔다. 경호원과의 총격전이 벌어졌다. 의자에 앉아 있던 영부인 육영수 여사가 총탄을 맞아 쓰러졌다. 합창단으로 참여했던 여고생 장봉화양이 경호원이 쏜 총에 의해 사망했다. 육영수 여사는 문세광의 총알에 쓰러졌는지 경호원의 총알에 쓰러졌는지 정확하게 밝혀지지 않았다. 이 일로 인해 독재자로 인식된 박정희와 달리 여색을 즐기던 박정희에게 구박받던 육영수 여사는 많은 국민들의 애도 속에 국민장으로 장례가 거행되었다. 동네 많은 부녀자들이 울었다. 나도 뭔지 모르지만 육영수 여사가 불쌍하다고 생각했다. 원래 박정희는 김호남이라는 여자와 결혼하여 딸을 낳았지만 부인이 있는 상태에서 이현란이라는 여대생과 동거했다. 이현란은 박정희가 남로당 소속으로 빨갱이 우두머리 김일성의 부하라는 것을 알게 되어 헤어졌다. 그 뒤 전쟁도상에서 육영수를 지인의 소개로 만나 이미 자녀까지 있는 기혼자인 것을 숨긴 채 결혼했다. 헤어진 전부인은 여승이 되었고 딸은 따로 자라났다. 쿠데타로 대통령이 된 후에도 여대생이나 배우들을 불러 놀기를 즐기하여 육영수 여사가 말리면 주먹질로 육영수 여사의 얼굴에 멍든 날이 많았다는 말들은 온 국민이 모두 알고 있는 상황이었다. 그래서 국민 모두가 육영수를 불쌍하다 여기고 50여 년 지난 지금까지도 우리 정서 속에 육영수는 품위 있으나 불행한 여인의 이미지로 남아 있다. 이런 시대가 나의 소년시대 배경이었다.

쌈 1등 현석이는 중퇴하여 학교에 없었고 보현이가 애들과 몰려다니며 다른 학교 애들과 종종 패싸움을 벌렸다. 나는 한 번도 패싸움에 끼지 않았다. 이런 나를 잘 아는 보현이도 같이 가자는 말을 안 했다. 나에게는 다른 학교에도 친해진 아이들이 몇 명 있었다. 그런데 나에게 싸움이랄 것까지는 아니지만 그와 비슷한 일이 있었다. 딴 학교 학생과 시비가 붙었다. 그 애들은 학교 담이 거의 붙어 있는 선인중학교 학생들이었다.(우리 학교 담 뒷길로 선인학교 학생들이 다녔다.) 상대방 학생들은 불량해 보였다. 착해 보이는 우리에게 다짜고짜 담배를 가져오라 한다. 나는 싸움을 피할 수 없는 지경이 되었다. 몇 마디 욕설이 오가고 만만해 보였던 내게서 싸움의 결기가 보이자 그들도 약간은 당황하는 것 같았다. 싸움이 시작되기도 전에 용호가 소리 지르며 달려왔다. 학교 담 옆이라서 우릴 본 누군가가 뛰어가 용호에게 말했나 보았다. 덩치 큰 용호는 나를 지나쳐 묻지도, 따지지도 않고 바로 상대방을 덮쳤다. 미친 듯 날뛰는 용호에게 얻어터진 상대방 중 몇 명은 도망가고 한 명은 용호에게 잡혀 더 맞았다. 용호는 평상시의 생글거리는 표정으로 돌아서며 말했다. "동수야 나 잘했지? 니가 직접 싸울 필요 없어. 나만 불러줘. 넌 싸우지 마." 용호는 속이 착했고 약한 애들을 괴롭히는 걸 싫어했다. 덕분에 우리 학교에서 센 놈이 약한 놈을 때리는 일은 거의 없었다.

작은형은 재수생이라서 공부만 했다. 작년에 육사 시험에 떨어진 후 학원에 다녔다. 너무 열심히 해서 나는 잠들 때도 깨어날 때도 책상에서 공부하는 형만 보았다. 형이 자는 걸 볼 수 없었다. 큰형은 집에 없었다. 어쩌다 한 번씩 얼굴을 보았다. 전문학교라도 다니라고 아버님이 간곡히 여러 번 말했으나 거절했다. 큰형이 집에 오면 어머님이 숨겨 놨던 돈을 받아서 다시 나갔다. 가끔 경찰서 유치장에 있는 걸 어머님이 가서 꺼내오곤 했다.

작은형은 정석수학2로 공부하고 있었다. 나는 이미 그걸 다 보고 해법수학2를 보고 있었다. 좋은 대학을 목표로 하는 입시생들은 '정석수학'을 다한 후 '해법수학'을 했고 '정석영어'를 끝내면 '왕도영어'로 공부했다. 작은형도 그걸 알고 있었다. 우리 집 식구 중에 같은 방에서 생활하는 작은형만 유일하게 내가 공부 잘하는 걸 알고 있었다. 가끔 작은형이 정석수학2를 보다가 문제를 못 풀면 방바닥에서 책 읽는 나를 돌아보며 "너 이거 풀어봐." 하며 공책을 내밀었다. 공책에다 문제를 풀어 주면 푸는 과정을 들여다보다 답이 나오면 "개~새끼. 저리 꺼져."라고 말했다. 자주 그랬다.

나는 집의 책을 다 읽어서 볼 책이 없었다. 재미있는 책은 여러 번 보기도 했지만 다른 책이 필요했다. 이즈음에 어떤 책의 영향 때문인지 회의론과 허무주의를 넘어 염세주의로 변했다. 회의론은 일단 의심하는 생각으로 틀린 점이 없는지 다시 들여다보며 과학적 사고의 기본이기도 하지만 염세론은 세상을 비관적으로 보며 모든 것에 의미가 없다고 생각하는 허무주의의 일종이다. 세상이 보잘

것 없었다. 죽음에 대한 관심이 생겼다. 모든 게 하찮게 보였다. 돈이 생기면 헌책방에 가서 죽음에 관련된 책들을 구했다. '사후 세계' '귀신' '심령' '영혼' 등의 단어가 있는 책들이었다. 대부분 허접했지만 그래도 계속 구해다 읽었다. 심리학, 종교 서적, 심지어 귀신과 소통하는 '심령술'까지. 이때의 회의주의와 허무주의는 아직도 나의 토대를 이룬다.

예전 우리 가족이 연탄불로 죽을 뻔했던 그 집을 도장으로 고쳐 성산이의 사촌형인 원산이 형이 차린 합기도장에 다녔다. 거기서 큰누나와 원산이 형이 연애한다는 이야기를 들었다. 수련생 중에 아직도 그 동네에 사는 국민학교 동창들이 몇 명 있었다. 동창 여학생도 있었다.(초, 중, 고 반의 수련 시간이 달라서 모두 중학생이었다.) 원산이 형이 사범이었는데 나를 절대 다른 애들과 대련시키지 않았다. 이미 여러 도장들을 돌아다니다 쫓겨났던 나의 악명을 들었나 보다. 항상 나의 대련 상대는 원산이 형이었다. 도장이 좁아서 대련 시간에는 대련자 두 명을 두고 나머지는 빙 둘러앉아 대련자들을 보고 있었다. 원산이 형은 나와 대련하면서 내가 발차기를 하면 손으로 톡 잡아 발을 걸어 넘어뜨리곤 했다. 대련 중에 나에게 발차기나 주먹은 쓰지 않았다. 나는 열 번 정도 넘어져서야 대련이 끝났다. 원산이 형 몸에 발이나 주먹을 한 번도 대 보지 못했다. 창피했다. 특히 여자 동창생이 보고 있어서 더 창피했다. 이런 대련은 내가 다시 그 도장에서 쫓겨날 때까지 계속되었다.

나는 명예회복을 꿈꾸었다. 대련 장면을 생생하게 그리고 또 그렸다. 원산이 형은 그리 크지 않았다. 나보다 머리 하나 정도 더 컸다. 방법을 찾았다. 기회는 딱 한 번이다. 아이들이 도장에서 돌아간 후 걸려 있는 샌드백과 등받이 의자를 이용해 상황 설정을 만들었다. '나의 왼발 앞차기가 들어가면 원산이 형은 오른손으로 내 발을 턱 잡는다. 내 발을 들어 올리면서 왼발로 내 오른발 밑을 톡 쳐서 원산이 형 왼쪽으로 넘어뜨린다.' '이걸 역 이용한다.' '기회는 딱 한 번. 실패하면 그 이후는 없다.' 의자 등받이를 원산이 형 오른손으로 설정하고 샌드백의 표시된 지점이 원산이 형의 목으로 설정했다. 달려오며 먼저 왼발 앞차기를 의자 위에 건다. 훼이크다. 이미 온몸을 거기다 실을 준비가 되었다. 의자 등받이를 발판으로 공중에 높이 뛰어올라 오른발로 샌드백에 표시된 점을 찍는다. 연습하고 또 연습했다. 그동안 의자의 방향도 약간 바꿨다. 원산이 형에게 넘어지며 확인한 위치로 약간 수정했다. 백발백중이고 수월해졌다.

  실행 날을 잡았다. 역시 수련생들이 둘러앉고 원산이 형과의 대련이 시작되었다. 한 번, 두 번. 세 번, 다른 날과 마찬가지로 평범하게 넘어졌다. 이것도 훼이크다. 설정과 똑같이 하는지 확인해 보는 거다. 걸렸다. 실행이다. 두 발자국 물렀다가 달려들며 왼발 앞차기를 찔렀다. 원산이 형이 오른손으로 잡아서 들어 올리는 순간 내 머리가 도장 천장에 가까이 가도록 몸이 떴다. 샌드백의 그 점이 내려다보인다. 그 점을 정확히 오른발로 내리꽂았다. 나는 바닥에 착지했다. 원산이 형은 기절해 바닥에 쓰러졌다. 명예 회복은 끝났다. 이번에는 정확히 말하면 쫓겨난 게 아니다. 내 스스로 다음날부터 안 나간 거다. 큰누나와의 연애설도 끊어졌다.

집에 백색전화가 생겼다. 그 당시 청색전화(실제로는 전부 검은색)와 백색전화 두 종류가 있었는데 청색전화는 전화국에 신청해서 살 수 있었으나 팔 수는 없는 사실상 전화국 임대 전화이고 백색전화는 사고팔 수 있는 거였다. 청색전화는 신청하면 몇 년을 기다려야 했다. 백색전화(색깔도 실제로 백색이었다)는 개인이 사고팔 수는 있었다. 그러나 너무 비싸서 집값이나 백색전화 값이나 거의 같았다. 그래서 구경하기 힘들었다. 아버님이 동인천역 앞의 별다방 소유의 전화를 사 오셨는데 동네 사람들이 전화를 쓰려고 오면 시내 전화는 3원씩 받았고 시외전화는 아예 못쓰게 하거나 급한 사람에게는 수십 원씩 받았다. 전화기는 안방에 있었다. 가끔 동네 사람에게 오는 전화가 있을 땐 대부분 오기 전에 받을 사람에게서 전화 올 때까지 집에 와서 몇 시간씩 기다리거나 없을 땐 그 집에 최대한 빨리 달려가서 알려줘야 했다. 거는 사람은 시간에 따라 요금이 올라갔기 때문이다. 전화 걸 때는 동그란 다이얼을 손가락 끼워 '때르륵' 소리와 함께 돌리는 방법이다. 잘못 돌려 다른 곳이 나오면 요금이 다시 올라가서 매우 조심해서 돌렸다. 전화 올 때는 전화기 위의 작은 종 속에서 추가 돌아가면서 '따르릉' 소리로 울렸는데 지금의 핸드폰 컬러링 중 나이 먹은 사람들이 주로 쓰는 '따르릉' 소리이다. 이 전화들은 전화국의 교환기나 교환수를 통해서 연결되었다.

나는 학교에서 말 없는 학생으로 변해갔다. 집 밖에도 별로 안 나

청색전화와 백색전화

갔다. 성적도 전교 1등을 자주 놓쳤으나 여전히 최상위권이었다. 같은 또래 애들과 말하는 것 자체가 시시했다. 그렇다고 내게 말 시켜줄 윗사람들도 별로 없었다. 산에 가서 혼자 앉아 있는 시간이 많아졌다. 마루 밑에 들어가 있는 시간도 많아졌다. 마당에서 기르는 스피츠 개가 짖으면 발로 한 대 툭 차곤 해서 스피츠(개 종류가 스피츠지만 부르는 이름도 스피츠였다)는 날 싫어하게 되었다. 지금의 '사춘기'라는 징후가 나에게도 온 것인지 모르겠다.

연말에 동아일보 광고 탄압 사건이 있었다. 우리나라의 언론 탄압 대표 명사가 된 '동아일보 백지 광고 사태'라 불리는데 말을 잘 안 듣던 언론에 광고를 내던 대기업들을 압박하여 광고주들의 갑작스러운 광고 취소로 신문의 1/3에 달하던 지면이 백지가 되어 나간 사건이다. 이 사건은 언론인들의 저항과 국민들의 분노를 촉발했다. 이에 각계 시민들이 성금을 내어 이 지면을 채우기 시작했다.

나중에 '과거사 진상 규명 위원회'에서 밝혀진 바로는 중앙정보부에서 광고주들을 불러 동아일보에 광고를 내지 않겠다는 서약서를 받았던 것으로 확인되었다. 독자들이 약간씩의 성금을 내 한 줄짜리 익명 광고 글을 게시해 3주 만에 동아일보의 모든 광고란이 채워졌다. 예를 들어 '언론 자유를 지지하는 익명의 시민' 같은 문구의 한 줄짜리 광고들이었다. 자비 광고 1호는 김대중으로 알려졌다. 독재에 굴욕적인 현시대의 언론들도 그때처럼 시민을 믿고 언론 자유를 실천했다면 지금처럼 국민들에게 외면 받고 손가락질 받는 언론인들이 아닌 사회의 지식인들로 대접받았을 터이다. 작금의 언론인들은 안타깝게도 '권력의 개' 소리를 듣는 거짓 지식인으로 치부되지만 당시의 언론인들에게는 사회를 지탱하는 언론인의 기개가 일정 부분 살아 있었다. 아직도 소수의 언론인들이 살아 있기도 하다.

똥패
- 1975년, 고등학생 1학년

 뺑뺑이를 돌려 나오는 은행 알 색깔에 따라 고등학교에 배정되었다. 나보다 한 살 많은 박정희 아들 박지만 때문에 서울은 작년부터, 지방은 올해부터 시험 없이 뺑뺑이로 배정받았다. 이번에는 소문이 아니라 박지만 때문이라는 말이 사실로 굳어졌다. 윗세대는 우리를 뺑뺑이 학생이라 부르고 이것이 굳어져 나중에는 '뺑뺑이 세대'가 되었다.
 인천에서 시험 봐서 가는 특수고가 두 개 있었는데 하나는 제물포고 하나는 부평고였다. 공부 잘하는 학생들은 제물포고에 원서를 냈다. 제물포고가 자신 없는 학생들은 부평고에 원서를 냈다. 제물포고는 내 학번 때 400여 명의 학생 중 서울대, 연대, 고대 합하여 350여 명이 합격했다고 한다. 나는 세상일에 시들했고, 시험 보기도 싫고, 우리 가족 누구도 내게 관심 없어 시험을 권유받지도 않았다. 나는 동인천중학교 옆에 교문이 있는 선인고등학교에 배정되었다. 박정희도 건들지 못한다는 백선엽, 백인엽 장군의 가운데 글자를 따와 '선인'이었다. 그 전해까지 상업고였고 이번에 인문계로 바꾸었다. 선인에 배정된 공부 좀 하는 아이들은 자퇴서를 내고 재수를 택했다. 친구 천형이는 부평고에 갔고 공부 상위권의 아이들은 제물포고에 갔다. 그런데 묘하게도 공부 잘하던 재훈이도 선인고에 떨어졌다. 이상하게도 재훈이는 재수를 택하지 않았다.

선인고는 어마어마하게 컸다. '부채산'이라 부르던 산을 중심으로 13개 학교가 있었다. 진홍(백인엽 아들 이름으로 알려짐)유치원, 효열(백인엽 어머니의 이름이라고 알려짐)국민학교, 선인중, 선인고, 인화여중, 인화여고, 선화여중, 선화여고.(여기서 '화'는 백인엽 여동생의 이름에서 따온 거라고들 했다.) 운봉(백인엽의 호)기계공고. 운산(백선엽의 호)기계공고, 항도실업고, 인천체고, 인천전문대였다.

선인고는 10층 건물의 부채산 꼭대기에 있는 어마어마한 건물을 차지했는데 같은 건물 한 쪽은 운봉기계공고가, 한쪽은 선인고가 썼다. 건물이 너무 커서 4층까지 밖에 안 썼고 5~10층은 비어 있었다. 날림 건물이라 시멘트 교실 바닥을 빗자루로 쓸면 모래가 수북이 쌓였다.

선인고는 입학식부터가 특이했다. 중학교 때와 같은 복장이었지만 모자와 단추만 '中'자에서 '高'자로 바뀌었다. 선인고 입학생뿐만 아니라 같은 재단 모든 고등학교의 입학생들이 모인 것 같았다. 아니 어쩌면 재학생들도 모인 듯했다. 진짜 군인 군악대와 선화, 선인, 운봉, 항도고의 학생 군악대들이 줄지어 운동장을 돌며 멋진 칼놀림과 일사불란한 동작들의 연주를 선보인 뒤 좌우에 늘어섰다.

큰 운동장 단상 앞에는 교사들이 군인처럼 열중쉬어 자세로 단상 쪽을 향해 서 있었다. 미동도 없었다. 백인엽 이사장이(모두가 이사장이 아닌 장군으로 호칭했으므로 앞으로는 그렇게 서술하기로 한다) 나타나자 군복 차림의 한 명이 '전체~ 차렷!'을 외치고 앞에 선 선생님(군인들?)과 학생들은 차렷 자세를 취했다. '전체 경례'를 외친 후 차렷, 열중쉬어, 경례가 반복되었다. 조금 후 검은 색 지프차가 운동장 뒤에 멈추더니 어떤 사람이 헐레벌떡 학생 사이를 뛰어 단상 계단으로 뛰어 올라갔다. 단상 위에 올라가기 한 계단 전에서 백인엽 장군의 워커 발에 배를 채여서 굴러 떨어졌다. 굴러 떨어지자마자 벌떡 다시 일어나 뛰어 올라가다 또 워커 발에 차여 다시 굴러 떨어졌다. 그 사람은 백인엽 장군의 '이 새끼가'로 시작된 몇 마디 후 경례를 올려붙이고 차로 뛰어갔다. 나중에 선배한테 들으니 맞은 사람이 인천시장이라 했다.

입학식에서 백인엽 장군이 오늘 입학자부터 '선인고 22회'라 부르지 않고 기수를 붙여 '선인고 1기'로 부르며 2, 3학년 선배는 선인고 1기에게 접근을 금지한다고 지시했다. 이후 선배들과의 만남은 금지되었다. 정확히는 선배들이 우리 입학생들에게 접근하지 못했다. 그들은 '썬인고'였고 우리는 '선인고'였다. 우리들은 1, 2층을 썼고 선배들은 3, 4층을 썼으며 건물 사이를 철창 비슷한 것으로 막고 각각 다른 통로로 건물을 드나들었다.

교실에 들어간 후 시험지가 배포되었다. 긴 문제들은 아니고 간단한 문제의 시험지들이었다. 시험 후 대기하는 동안 몇몇 선생님들의 자기 자랑 겸한 학교 자랑과 백인엽 장군의 영웅담도 있었다. 반이 배정되었다. 2반이었다. 재훈이는 1반이었다. 1반과 2반이 '특수반'이라 했다. 두 반의 학생들은 대학 입학을 목표로 강한 수업을 한다고 선생들이 말했다. 또다시 키 작은 순으로 번호를 받으니 겨우 10번이었다. 이 번호는 후에 몇 차례 바뀌었다. 중학교 때 공부 좀 했다는 학생들이 많이 자퇴했기 때문이었다. 나에게도 중학교 친구들이 자퇴하고 재수해서 제물포고 가자고 했지만 만사가 귀찮아서 아무 생각 없었다. 아직도 강한 회의주의에 함몰되어가고 있었다. 친구들도 사귀지 않았다. 어쩌다 친해진 3명이 전부였다. 자퇴한 학생들 숫자만큼 다른 8개 반에서 초기에 본 성적순으로 다시 특수반 학생이 보충되었다. 나도 특수반에 배정되었다.

선생들은 군복을 입은 사람들이 많았다. 사복 입은 선생들도 있었다. 군복 입은 선생들은 계급장도 있었고 교장은 대령, 교감은 중령, 그리고 대위, 중위도 있었다. 계급장은 없어도 계급은 있었다.

우리 반의 담임은 교감이 맡았다. 교장은 출근을 하는지 마는지 모르겠지만 본 적이 거의 없어 얼굴도 기억이 안 난다. 선생들이 들어와서 자기소개와 맡은 과목을 소개하는데 영어 선생의 자기소개 시간에서야 비로소 선생들의 실체를 파악하게 되었다. "나는 영어 선생 X재우 선생님이다. 나는 진짜로 교사자격증이 있는 진짜 교사이다. 나는 진짜로 영어를 잘하고 진짜 선생님이다." 진짜, 진짜, 진짜가 여러 번 반복되었다. 그렇다면 나머지는 다 가짜 선생이라는 것 아닌가. 많은 선생들이 전직 군인, 운동선수 출신들이고 그리고 나머지 선생들은 무슨 일을 하다 여기 선생이 된 것인지 모른다. 체육 선생은 작은 키에 다부지며 귀가 뭉개져 나가 손등 두께의 귀가 있었는데 레슬링 선수였다고 하며 물 담긴 양동이를 귀에 걸고 걸어 다니는 묘기를 보여 주었다. 담임 선생은 수학 선생인데 교과서를 펴고 문제 풀어 보라 한 후 못 푼 문제는 다음날까지 풀어서 가져오라 했다. 그리고 교과서는 치우고 앞으로는 '정석수학1'로 진도를 나가겠다고 했다. 다른 과목들도 차례차례 교과서 대신 지정된 참고서가 교과서를 대체했다. 가끔은 많은 참고서를 선생님이 가져와서 비용을 낸 아이들에게 위촉 판매도 했다. 참고서가 교과서가 되었고 거꾸로 교과서가 참고서가 되었다. 여기에도 '미친개'라고 불리는 선생이 있었다. 자기 스스로 '미친개'라고 소개했다. 윤리 선생인데 덩치가 크고 얼굴에는 곰보 자국이 있으며 직함도 '윤리 부장'이었다. 항상 굵은 몽둥이를 들고 다녔는데 '이 몽둥이가 춤추지 않게 해 달라'는 인사말이 있었다. 위의 몇 선생을 빼고 나머지 선생들은 주눅 든 듯 자기 이름과 맡은 과목을 작은 목소리로 말했다. 다음 날도 많은 학생들이 자퇴했다.

특수반 아이들은 기합 받거나 매를 맞는 경우가 거의 일어나지 않았다. 결석을 해도 타 과목 선생들은 관심 없고 오직 담임인 교감만이 출석을 부르는데 그냥 부르고 체크할 뿐 이유를 묻지는 않았다. 특수반 학생들을 조심히 다루었다. 아마 자퇴자가 나올까 봐서 그런 것으로 생각한다.

고등학생이 되니 교련과목이 생겼다. 얼룩 예비군복에 학생 모자를 쓰고 각반을 매고 선인고가 새겨진 군용 벨트를 찼다. 교실 복도에는 M1 소총을 모방한 나무총이 세워져 있었다. 일주일에 한 번 들고 나가 사격자세, 제식훈련, 백병전 훈련 등을 했다. 이 나무총은 가끔 학생들 간의 싸움에서 주요 무기로 실제 사용되기도 했다.

나는 여전히 공부도 관심 없고 성적도 관심 없었다. 교과서도 참고서도 아예 던져두고 보지 않았다. 집에서는 해법수학2나 대학교 수학 교재들을 가져다 보기는 했지만 그저 재미로 다른 책 읽듯이 읽고 가끔 들어 있는 문제를 풀어 보기도 했다. 처음 본 시험은 등수를 가르쳐 주지 않아 모르겠지만 두 번째 시험은 반에서 42등으로 나왔다. 50명 중에 42등이니 거의 꼴찌였다. 다행히 나보다 더 못하는 학생도 있어서 나머지 8개 반 중에 잘하는 애들과 반이 바뀌지는 않고 유지했다. 수학만 항상 100점이 나오고 국어는 7~80점 수준, 나머지는 거의 50점 밑이었다. 재훈이가 거의 올 백점인 압도적 전교 1등이었다.

학교에 자주 빠졌다. 동인천역 근처의 중앙당구장에 많이 갔다. 학교가 산꼭대기라서 담장 넘어 아래로 내려가면 학생들을 상대로 하는 간판 없는 꼬방(가치담배를 주로 팔고 학생들이 담배 피러 가는 곳)과 허름한 술집들이 있었다. 심심할 땐 그곳에 가곤 했다. 수업 시간인데도 많은 학생들이 있었다. 그곳에서 담배 피우고 있는 다른 반의 영생이, 원배, 길종이, 경래 등을 만났다. 담배들을 잘 피우길래 나도 놀림 받기 싫어 담배 몇 개비를 연거푸 피웠는데 어지러웠다. 하지만 며칠 후부터는 자연스럽게 피우게 되었다. 여기서 그들과 친해졌는데 나중에 똥패라는 패거리 이름이 붙여지면서 더 친하게 되었다.

다른 학교 학생들이 더러 있었다. 같은 건물 쓰는 운봉공고와 아래쪽 학교인 동산고 학생들이었는데 그 꼬방은 다수가 선인고라서 다른 고등학생들은 드물게 왔고 거의 보기 어려웠다. 그곳에서 선배들 중 일부와 친해졌다. 대부분 서울에서 기차 타고 등교하는 학생들이었다. 몇몇은 돈이 많았다. 우리 똥패들을 잘 대해 주었는데 우리가 깍듯이 선배 대접을 해 주니 담배도 사 주고 때로는 골목 술집에서 술도 사 주었다. 서울에 사는 선배들 집에 몇 번 놀러 가기도 했다. 양옥의 부잣집이거나 3, 4층 건물의 꼭대기 층을 쓰는 부잣집이었다. 서울에서 술도 얻어먹고 사창가도 데려갔으나 난 들어가지는 않았다.

선배들 대부분이 전 학교에서 퇴학당해 50만 원 내면 졸업장 준다는 선인상고에 왔다고 했다. 그나마 2학년 선배는 뽑지 않아서 야간만 두세 학급 남아 있었다. 전철을 이용해 등교했는데 기차에서 하도 싸움이 많이 나자 등교 시간에는 앞에서 열차 두 번째 칸에 '선인고 학생 전용칸'이라고 쓰여 있었다. 선배들 말을 들으니 다른 학생이나 군인들과 싸움이 많이 나서 몇 명 죽었다는 이야기도 들었다. 진위는 모르겠지만 선배들은 무용담을 술집이나 꼬방에서 거창하게 하곤 했다. 나중에 선인고라는 명성이 싸움으로 전국 학생들 사이에서 매우 유명하다는 것을 몇 번 경험했다. 학교에서 가끔 선배들은 화장실 뒤에서 만나 다른 학생들에게 담배 심부름을 시키거나 담배를 뺏거나 꽁초를 주워 오게 했지만 나에게 시키는 일은 없었다. 나는 싸움에 전혀 휩쓸리지 않았다. 그리고 모든 시비를 피해 다녔다.

하루는 학교에서 대변검사(기생충 감염 여부 확인)를 한다며 비닐 봉투를 나누어 주며 대변을 밤톨만 하게 받아 오라고 했다. 똥패 다섯 명은 꼬방에서 만나 담배 피우고 나오는 길에 개똥을 봉투 다섯 개에 나누어 담아 다음날 학교에 가지고 왔다. 며칠 뒤에 5명이 동시에 호출되었다. 다섯 명 모두가 회충, 십이지장충, 편충 등 모든 기생충이 발견되었다며 약을 두 손에 들 만큼 받았다. 모두 화장실에 버렸지만 그때부터 선생들과 학생들은 우리 다섯 명을 '똥패'라고 불렀다. 영생이는 45세 전에 고독사로 죽었으며 길종이는 목사가 된 후에 담배 피우고 술 마시는 우리들과 절교를 선언하여 지금은 만나지 않지만 남은 셋은 지금도 이따금 만난다.

학교를 등교할 때는 교문에서 8명 이상이 되어야 두 줄로 발맞추어 걸어갈 수 있었다. 양쪽으로는 선도부들이 줄지어 있었다. 교가를 부르며 두 손을 크게 흔들며 걸어가야 했다. 교문에서 학교 건물까지는 꽤 멀어서 교가를 두 번 정도는 불러야 가는 거리였다. 선생들에게는 보통 인사가 아닌 군대식 경례를 했고 선생들끼리도 그랬다. 선배들과 가끔은 동급생들도 일정 시간 벽돌을 나르고 흙짐을 나르는 일에 동원되었다. 그러나 특수반 학생들은 대부분 열외가 되었다. 종이 울리면서 운동장 집합이 떨어지면 대부분 노가다에 나갔다. 운동장 옆 공사판에는 가끔 백인엽 장군이 불도저를 몰고 나타났다. 학생들은 등짝에 흙지게를 메고 불도저 뒤를 따랐다. 선생들도 흙짐을 메었다. 공사판 한가운데 가정집 하나가 남았었는데 그 집 둘레에 담장을 아슬아슬하게 남기고 어른 키보다 높은 3m 정도의 구덩이를 파놓았는데 악착같은 집주인은 높은 사다리를 걸치고 올라 다녔다. 그러나 반년쯤 지나가자 그 집도 없어졌다.

그해 가을쯤 선인고 학생들의 자유공원 농성 사건이 있었다. 선배들이 저녁에 목총을 들고 자유공원으로 모이라 했고 많은 학생들이 자유공원에 모였다. 나는 목총을 들지는 않았지만 자유공원으로 갔다. 맥아더 동상을 중심으로 수백 명의 학생들이 모였다. 길 밑에는 경찰들이 대치했다. 경찰들 사이로 선인고 선생들도 왔다. 담임인 교감도 왔다. 교감은 학생들 이름을 부르며 내려오라고 설득했다. 선배들은 선생들에게 욕하다가 독재 타도를 외치기도 했다. 바로 아래에 제물포고등학교가 있었다. 시간이 지나자 학부형들도 와서 아들 이름을 애타게 부르기도 했다. 물론 우리 부모님은 안 왔다. 늦은 밤이 되어 선배들이 1학년은 가라고 했다. 선배들이 깡통들이라고 무시당하는 입장이었지만 역시 선배는 선배였다. 몸을 숨기며 공원 숲을 지나 집에 돌아왔다.

집은 여전히 변화가 없었다. 작은형은 재수하여 홍익대 전자과에 들어갔다. 큰형은 여전히 어머님의 도움이 필요했으며 어머님은 경찰서와 아버님에게서 큰형을 구하는 것이 중요한 일과 중 하나였다. 나에 대한 관심은 없어 보였다. 내가 친구 집에서 자든, 독서실에서 자든, 학교를 가든, 안 가든 묻지 않았다. 중학교 때의 오연이는 인하대부고를 갔고 천형이는 부평고에 갔지만 종종 만났다. 그들의 친구도 몇 만나서 같이 놀기도 했다. 한번은 방에서 놀다가 담배가 떨어져 창문 밖에 떨어진 꽁초를 주우러 내려갔는데 어머님이 이 모습을 보셨다. 혀를 차시더니 조금 후에 담배 한 갑을 방에 휙 던지고 문 닫고 나갔다. 담배 맛이 더 좋았다.

장군과 동심초와 레인보우와 은연이
 - 1976년, 고등학교 2학년

1월이 시작되자마자 박정희가 영일만에서 석유가 발견되었다고 발표했다. 그 근거는 『삼국유사』에 경주 일대에서 사흘간 불길이 치솟았다는 기록과 지형이 신생대 제3기층이라는 것이었는데 웃기게도 중앙정보부가 위장 회사를 만들어 시추를 담당했다. 대부분의 지질학자들이 가능성이 없다고 했는데 박정희가 '하느님은 우리에게 석유를 숨겨 놓으셨을 것이다.'라는 믿음으로 강행하도록 했다고 한다. 독재의 말기가 되면 간첩들을 조작하며 빨갱이 타령을 하고 대량의 석유나 지하자원 발견 등을 퍼뜨리며 국민을 떼부자로 만들어 주겠다는 선동을 일으키는 것은 50년 전 독재자나 지금의 독재자나 똑같은 현상이다.

학교에서는 다시 시험을 보아 특수반을 문과반과 이과반으로 나누었다. 1반이 문과반, 2반이 이과반이었다. 나머지 8개 반을 특수반 애들은 '돌반'이라고 불렀다. 자퇴자가 많아서 일부 타 학교 퇴학자들을 받아들여 학생 수는 비슷하게 유지되었다. 이제 선배들은 야간 두 반만이 남았다. 많은 학생들이 바뀌었다. 1학년 때 특수반이었던 똥패들은 나를 제외하고 모두 돌반으로 갔다. 나는 수학 때문에 이과반에 남게 되었다. 하지만 학교는 여전히 거의 가지 않았다. 1학년 때 번호가 10~15번에 머물 정도로 키가 작았던 나였는데 2학년 때는 50명 중에 40번을 달 정도로 자랐다. 나는 거의 학교에서는 똥패들과만 놀았다. 학교를 나가면 타 학교 학생들을 주로 만났다.

학기 초에 교무실에 불려갔다. 거기에 재훈이가 있었다. 뭔가 책을 들여다보며 선생과 이야기 중이었다. 아직도 재훈이는 월등한 전교 1등이었다. 미친개에게 싸대기를 몇 대 맞았는데 재훈이가 한마디 했다. "쟤는 공부는 못하면서 사고만 치고 다니네." 머리를 망치로 맞은 것처럼 충격이 왔다. 하루 종일 그 목소리만 계속 들렸다. 집에 와서 담배만 뻑뻑 피워댔다. 분하면서도 맞는 말이었다. 내가 한심한 것도 같았다. 고심한 끝에 4월에 인천의 고등학교 모두가 동일한 시험을 치른다는 선생의 말이 생각났다. 학교가 아닌 인천 전체 고등학생들의 등수가 나온다고 했다. 학교에서 선생들은 비상이었다. 특수반 학생들에게 거의 울다시피 이번 시험 잘 봐야 한다고 사정했다. 모든 수업은 자율학습이었다. 매일 참고서의 진도 체크를 했다. 내가 그걸 하나도 안 해서 교무실에 가서 맞은 일이 생각난다. 시험은 한 달 남짓 남았다. 나는 똥패들에게 독서실에 가서 공부하겠다고 선언했다. 부평고의 천형이와 길종이, 영생이가 같이 하겠다고 했다. 어머님께 독서실 비를 타서 문화극장 옆 문화

독서실에 한 달간 등록을 했다. 담요를 가지고 독서실로 갔다. 여전히 학교는 잘 안 갔다.

독서실 등록한 지 일주일도 안 되어 천형이가 독서실에 울면서 들어왔다. 무슨 일인지 물어보니 송도고 1학년 학생들에게 맞았다고 했다. 당시에 고등학교 싸움패들의 명성이 있었다. 선인고, 송도고, 대헌고, 수산고, 인천공고, 항도고, 운봉고가 세다고 했었다. 선인고의 짱은 돌주먹 병석이었고(병석이는 나중에 현석이가 조폭 두목이 되었을 때 그 부하로 있었다) 선도부장이며 밴드부장이기도 했다. 하지만 타 학교는 3학년들인데 반해 우리는 2학년이었으므로 그 해에는 힘을 못 썼다. 당시의 일진(학교에서 싸움 잘하는 학생 패거리) 고등학생들은 일부러 학교 밖에 나가면 3학년들이 1학년 배지를 달고 다니는 것이 유행이었다. 그들은 송도고 3학년 짱 패거리였는데 나는 그걸 잘 몰랐다. 그들이 독서실에 들어왔다는 걸 천형이에게 듣고 일어서서 외쳤다. "여기 송도고 놈들 모두 나와!" 일어선 숫자가 너무 많았다. 나중에 경찰서에서 알았는데 총 8명이었다.

독서실을 나와 건물 복도 좁은 현관문을 등지고 달려드는 놈들을 가격하기 시작했다. 좁은 복도라 그들은 한꺼번에 덤벼들지는 못했다. 그런데 독서실에는 뒷문이 있었다. 그건 생각지 못했다. 뒤에서 문이 열리고 돌아서는 순간 칼이 들어왔다. 왼쪽 가슴에 맞은 칼은 갈비뼈를 통과하지 못했다. 내가 칼 든 놈을 덮쳐 몇 계단 아래 길로 굴러 떨어졌고 깔린 놈을 머리로, 손으로 가격하다가 머리를 잡아 시멘트 바닥에다 부딪고 문질러댔다. 등 뒤에서는 발길질과 주먹질이 날아왔지만 나는 그놈에게 떨어지지 않았다. 정신 차려 보니 내 손에 수갑이 채워져 있고 경찰들이 둘러섰으며 구급차가 와서 몇몇 아이들을 싣고 있었다.

경찰서로 가니 경찰들이 나더러 감옥 간다고 한다. 칼 맞은 게 생각났다. 교련복을 입고 있었는데 교련복을 벗으니 이미 피 젖은 속옷 안에 살이 가슴에서 흘러내려 축 처져 있었다. 교복 윗주머니에 밤에 잠 올 때 씹으려고 넣어둔 새 껌 한 통이 정확히 반으로 잘라져 있었다. 놀란 경찰들이 나를 차에 싣고 가까운 병원으로 데려갔다. 밤에 당직인지 젊은 의사가 한 명 있었다. 자기는 마취도 못하고 수술도 못하니 다시 큰 병원으로 가라고 했다. 나는 마취 안 해도 되니 흘러내린 살을 잘라내고 꿰매 달라고 했다. 의사의 생살 자르는 소리가 들리고 대충 꿰맨 자리는 아직도 푹 꺼져 있고 벌어진 흉터는 지금도 징그럽게 남았다.

조금 후 아버님이 오셨다. 나를 오토바이에 태우고 집에 데려갔다. 아버님이 집에서 여러 가지 소식을 전했다. 나에게 맞은 학생은 송도고 3학년 짱이고 옹진군수 아들이라 했다. 나는 정당방위로 재판이 면제되었고 따라 나와 싸운 영생이와 길종이 그리고 송도고 8명은 구속되었다 한다. 나에게 칼 쓴 학생은 상처가 심하여 큰 병원에 갔다고 했다. 그 후 송도고 8명 중 짱을 포함한 몇 명은 소년원에 갔고 영생이와 길종이는 풀려났다고 했다. 옹진군수가 합의금을 주었지만 아버님이 돈을 안 받고 합의서를 써 주었다고 했다. 그 옹진군수 아들을 1년 후에 길에서 본 적 있는데 얼굴이 문둥이처럼 뭉개져서 불쌍했다. 나도 너무했구나 싶어 미안한 마음이었다. 이틀 뒤 붕대를 감고 학교에 갔다. 선생들이 몰려와 자초지종을 물었다. 나는 순식간에 유명해졌다. 2학년 학생 혼자 3학년 송도고 짱 패거리 12명을 패서 병원 보냈다는 매우 과장된 이야기가 나돌았다. 담임을 통해서 백인엽 장군이 오히려 용감한 장군감이라며 칭찬했다는 소리를 전해 들었다.

나는 다음날부터 다시 독서실에 갔다. 나머지 공부는 쉬웠고 영어는 1학년 교과서부터 통째로 외워 버렸다.(지금도 그때의 영어 교과서 일부는 외울 수 있다.) 시험 범위 내 참고서의 문제는 모두 풀었으며 천형이의 부평고 참고서도 모두 보았다. 드디어 시험일이 되었다. 학교를 바꾸어 타 학교 선생들이 감독을 했다. 대충 잘 보았다. 며칠 뒤 학교에 기자들과 장학관들이 몰려와서 교무실로 나를 불렀다. 장학관들은 이미 치른 시험지를 가져와서 과목당 10문제씩을 풀라 했다. 기자들과 장학관들이 빙 둘러섰다. 우리 학교 선생들은 교무실에서 내보냈다. 장학관들이 그 자리에서 채점을 했다. 모든 문제에 완벽하게 동그라미가 그려졌다. 카메라 셔터 소리가 요란하게 들리고 시작했다. 교무실 밖에서 선생들의 환호성이 터졌다. 밖에 나오니 선생들 사이에 재훈이가 서 있었다. 한 마디 했다. "재훈아 넌 나한테 안 돼."

지금도 재훈이를 고맙게 생각한다. 재훈이의 자극이 없었다면 난 영영 쓰레기로 살았을지 모르겠다. 교감과 장학관, 그리고 기자 몇 명이 따라왔다. 교감이 백인엽 장군께서 날 데려오라고 했다며 이

사장실로 향했다. 가면서 장학관들이 인천 1등은 제물포고 만점짜리가 했고 나는 220점 만점에 218점으로 2등을 했다고 설명했다. 부정이 있었는지 다시 확인한 거라 했다. 장학관들이 백인엽 장군에게 보고했고 나를 이사장실로 데려오라고 했단다. 인천 전문대 꼭대기 층 이사장실로 가니 백인엽 장군이 나를 와락 안았다. "문무를 겸비한 진정한 영웅 김동수 군에게 경의를 표한다. 이 시간 부로 김동수 군을 장군으로 임명한다." 옆에서 건네준 국방색 상자를 열고 습자지를 벗기니 별 하나가 나왔다. 진짜 군대에서 다는 별이란다. 내 옷깃의 학년 배지 옆에 직접 별을 달아 주면서 앞으로 자신을 제외한 다른 사람에게 경례를 하지 말라고 했다. 노란 봉투도 함께 주었다. 나와서 열어 보니 3만 원이 들어 있었다. 학생에게는 큰돈이었다. 다음날 지방신문에 내가 나왔다. 커다랗게 '선인고등학교 명문으로 거듭나다!'라는 기사로.

이후로 나는 학교에서 누굴 보아도 경례하지 않았다. 줄 맞추어 등교하지도 않았다. 어쩌다 학교는 가끔 갔는데 어떤 선생도 나에게 뭐라 하지 않았다. 때때로 이사장실로 불렀고 별을 떼고 들어가면 백인엽 장군이 다시 새 별을 달아주며 3만 원이 든 노란 봉투를 주었다. 학교에 가는 날이 별로 없어서 교감은 이사장실에서 호출이 오면 똥패를 포함한 학생들을 내보내 나를 찾으러 다녔다. 학생들은 용케 날 잘 찾아내었다. 연락이 닿으면 집에 가서 교복으로 갈아입거나 친구 옷을 빌려 입고 이사장실에 가곤 했다. 백인엽 장군은 여러 덕담들도 했으며 장래 희망을 묻기도 했고 나더러 자기가 찾아낸 인재라는 말도 많이 했다.

이 일을 계기로 비관론과 회의론에 빠져 세상사에 시큰둥했던 나는 다시 내 성격을 외향적으로 바꾸기로 결심했다. 적극적으로 외부 일에 대응하기로 마음먹었다. 학교에도 자주 갔으며 친구들의 폭도 더 넓혔다. 술집에도 자주 갔으며 타 학교 일진들도 많이 만났다. 학교든 밖이든 학생들에게 이미 잘 알려진 나를 아무도 건들지 않았다.

일진들은 부잣집 애들이 더 많았다. 돈도 잘 썼다. 나는 돈도 좀 벌기로 했다. 동인천 중앙시장 골목에 양키 시장이 있었는데 이곳에는 미군 부대에서 흘러나온 양키 물건이 많았다. 나는 그곳에서 청바지, 검게 물들인 군복바지, 스웨덴제 버너 등 캠핑 물건들도 사고 양담배를 주로 많이 샀다. 학생들 사이에서 가장 인기 있는 밤색의 길고 얇은 모어 담배와 던힐 담배를 많이 샀다. 백인엽 장군이 준 돈이 밑천이었다. 모어 담배는 청색과 붉은색 갑의 두 종류였고 던힐은 흰색이었다. 모어는 멋진 느낌이고 던힐은 맛이 부드러웠다. 한국 담배에 비해 값은 비쌌지만 10보루씩 사는 내가 어떤 양키 집에는 큰 고객이었다. 당시에 양담배를 피면 경찰이 단속했다. 양키 시장에서는 숨겨 놓고 몰래 팔았다.

나는 텅 비어 있는 8층의 교실 하나를 내 것으로 정했다. 4층과 5층 사이에는 철문을 만들어 놓고 자물쇠로 잠가 놓았지만 내게는 열쇠점에서 만든 열쇠가 있었다. 열쇠점에 부탁하면 열쇠가 30개 정도씩 달린 꾸러미 두 개를 주고 자물쇠에 차례로 넣어 열리는 것을 표시해 가면 주인이 두 개를 복사해 주었다. 내 교실에는 버너와 냄비, 칼 등 요리 도구도 놔 두고 라면이나 국수도 갖다 놓았다. 사 온 양담배를 거기서 가치담배로 팔았다. 내 기억엔 국산 청자 한 갑이 100원, 한산도가 150원, 거북선과 태양이 200원 정도로 기억되는데 양담배는 300원이었다. 나는 한 개비에 30원, 두 개비에 50원에 팔았으므로 마진이 꽤 높았다. 한 갑은 400원에 팔았다. 장사가 잘되었다. 학생들은 내가 학교에 오면 담배 사러 내 교실로 오곤 했는데 하루 지나면 20보루의 담배가 동이 났다. 낱개 가치씩 사서 그곳에서 피우는 학생들도 있었지만 몇 갑씩 사는 애들도 꽤 있었기 때문이다. 가끔 똥패들은 내가 끓여 주는 라면 등을 공짜로 먹기도 했다. 선생들이 알고도 모르는 척하는 건지 단 한 번도 걸리거나 문제가 된 적은 없다.

한번은 학교 담장 근처에서 나를 제외한 똥패 셋과 친하지도 않은데 빌빌 따라다니던 종회가 담배를 피우다가 미친개에게 잡혔다. 맞고 있을까 봐 교무실에 갔더니 무릎 꿇고 팔을 들고 있었다. 내가 장난을 좀 쳤다. "손 똑바로 들어라." 미친개와 눈이 마주쳤지만 킬킬 웃고 교실로 왔다. 바로 미친개가 따라와 복도에서 나를 부르더니 "동수야 내 체면도 있으니 그냥 벌 안 세우고 한 교시만 책상에 앉혔다가 돌려보낼게. 한 교시만 끝나면 점심시간인데 내가 점심 사줄까?" 했다. 점심시간에 제물포역 근처 중국집에 가서 미친개가 사 준 자장면과 탕수육을 먹었다. 작은 배갈도 한 병 나누어 먹었다.

4월 30일 베트콩이라고 부르던 북베트남 호치민군이 베트남 수도 사이공(지금의 호치민)을 점령했다. 미군이 참전하고 한국도 참전하여 도왔던 부패한 남베트남의 마지막이었다. 그리하여 긴 남북베트남이 통일을 이루었다. 공식적인 통일 선언은 이로부터도 몇 달 뒤에 이루어졌지만 북베트남은 세계 최강국 미국을 내쫓은 것이다. 부패한 정권은 아무리 외세가 도와도 패망할 수밖에 없다. 국민을 죽이는 가장 큰 적은 부패한 정치가다. 아니 확실한 적은 내부의 독재 지도자이다. 필리핀, 리비아, 브라질, 아르헨티나, 우간다 등등 그러한 예는 셀 수 없을 만큼 많고 현재 진행형인 국가도 많다. 베트남은 이후 베트남전에서 북베트남을 도운 중국의 침략을 막아내고 자주독립 국가를 이루었다. 그리하여 미국과 중국을 이긴 유일한 세계사적 승전국이 되었다.

인하부고 다니던 오연이가 친구를 소개했는데 고아인 상경이었다. 동암역 근처의 고아원에 있었다. 만나서 이야기해 봤더니 매우 솔직하게 본인 소개를 했다. 작은 키에 당당했다. 부끄러워 않고 고아원 생활을 이야기했다. 학과 끝나면 밭일과 고아원 내부 일을 해야 하며 틈나면 공부하는데 쉽지 않다고 고백했다. 오연이와 틈나는 대로 고아원에 가서 일을 돕기로 했다. 고아원 원장은 일을 돕겠다고 온 우리를 얼씨구나 반겼다. 대부분이 초등학교 어린아이들이었다. 상경이가 가장 큰 고아인 셈이었다.

동암역 옆의 밭일을 나가는데 무밭, 고구마밭 등에서 일했다. 열심히 했으므로 고아원 원장도 만족했다. 해 질 녘 일이 끝나 고아원에 돌아오면 저녁밥 배식 시간인데 군대 식판 들고 줄 서면 꽁보리밥 한 국자에 구호물자인 미국 5갤런 깡통에서 케첩 반 국자를 밥 위에 얹어 주었다. 여러 번 먹어도 매번 같았다. 먹고 나서 두 시간이면 배고팠다. 고아원에서 잠자던 어느 날 배고파서 잠 못 들던 나는 상경이가 밤중에 일어나 나가는 것을 보았다. 나도 따라 나갔다. 상경이는 식량 창고로 가서 익숙한 솜씨로 철사를 구부려 자물쇠를 따고 쌀을 훔쳐내었다. 가져온 쌀을 어린 동생들에게 한 주먹씩 주었다. '빠직 빠직' 방안에 조용한 화음이 십여 분 지속되고 생쌀 한 주먹에 물 한 바가지 돌려 먹은 어린 고아들은 이내 다시 잠이 들었다.

상경이는 저절로 모든 자물쇠의 전문가가 되었다. 고등학교를 졸업하면 고아원을 나가야 하므로 상경이는 악착같이 사회의 삶을 위해 준비하고 있었다. 가끔은 늦은 저녁에 상경이를 불러내어 외식도 했다. 영생이 집에 같이 가서 영생이 어머님이 차려주는 밥상에서는 김치 양념 한 조각 안 남기고 야무지게 먹었다. 술집에 가서 술도 한잔 같이 먹고 밤늦게 고아원 담 넘어 들어가곤 했다. 하루는 상경이가 술 산다 해서 고아원 앞 동암역 근처 분식집에서 튀김 한 접시 시켜 놓고 소주 두 병 마셨다. 자기도 뭔가 대접하고 싶어서 오랫동안 백 원, 이백 원 모았다고 했다. 귀한 튀김, 귀한 소주를 가장 밝은 표정의 상경이와 같이 먹었다. 서로 먹는 모습만 봐도 기쁜 친구였다. 상경이는 후에 자수성가해서 부자가 되었다. 지금도 만나는 친구다.

나는 여러 학교 학생들을 모아 유치한 이름의 동심초 구락부(클럽의 일본식 발음)를 만들었다. 회칙도 만들고 회비도 걷었다. 인하부고의 오연이와 한의원집 아들인 성찬이를 포함하여 항도고, 인화여고, 선화여고, 인천공고 등 열댓 명이 모였다. 남자, 여자들이 반반 정도였다. 대부분 부잣집 애들이지만 공부도 쌈도 별로 못하는 학생들이었다. 성찬이는 키도 크고 돈도 많고 잘생기기도 해서 동심초 여학생들 중 키 크고 예쁜 말숙(아마 딸은 이제 그만 낳고 아들 낳으려고 부모님이 이름을 '말숙'으로 지어준 것 같았다)이와 사귀었는데 고등학교 2학년 때 임신을 해서 고등학교 3학년 때 자식을 낳았다. 선인고 학생들은 나 외에 참여시키지 않았다.

당시는 박정희의 계엄령 상황이었다. 학생들도 학교 밖에서 5명 이상의 모임이 금지되어 있었다. 회합, 단체 등의 결성이 금지되는 시기였기에 오히려 동심초 회원들은 뭔가 대단한 일을 하는 양 착각들 하고 있었지만 사실은 모여서 담배나 피우고, 해수욕장이나 야산에 가고, 술집에서 술 먹거나 분식집에서 주전부리나 하는 것이 전부였다.

쌈 좀 하는 각 학교 일진들이 모여 만든 역시 유치한 이름의 '레인보우'도 있었다. 나를 제외한 7개 학교의 짱 모임인데 학생들이 패싸움을 하면 동인천역 앞 골목의 '장모집'이라는 소줏집에 모여 잘 잘못을 가리곤 했다. 그럴 때는 나를 불러서 심판 역할을 맡겼다. 내가 양쪽 이야기를 들은 후 "네가 잘못했다. 네가 애한테 주먹으로 가슴 5대 맞고 끝내라" 등의 판결을 했다. 판결에 불복해 싸움으로 번질라치면 내가 밖으로 불러내 배나 가슴팍을 한 대 치고 '악' 소리 다섯 번 낸 후 들어가서 서로 악수시키고 끝내고는 했다. 그 애들은 내가 학생 패가 아닌 일반인 조폭에 속한 걸로 아는 것 같았다. 대부분 고분고분 말을 잘 들었다. 중학교를 중퇴하고 조폭 생활을 시작한 현석이를 종종 만나서 그런지도 모르겠다.

소풍이 있었다. 송도역 근처의 청학 풀장이라는 곳으로 갔다. 나도 역시 버너와 프라이팬, 소고기, 라면 등을 사들고 똥패들과 청학 풀장이 내려다보이는 낮은 야산에 자리 잡았다. 청학 풀장에는 일짱 병식이가 부장인 선도부와 밴드부가 풀장 위에 자리를 잡았다. 물 없는 풀장 안에 줄지어 앉은 학생들이 장기자랑을 했다. 영생이한테 돈을 주며 가게에 가서 소주를 사오라고 시켰는데 영생이가 울면서 빈손으로 왔다. 병식이 무리들에게 걸려 소주를 빼앗기고 몇 대 맞고 왔다고 한다. 영생이가 징징 짜는 모습에 화가 났다. 요리할 때 쓰려고 가져온 칼을 주머니에 넣고 내려갔다. 풀장 위에는 선생들도 있었다. 반주 넣고 있는 밴드부 뒤 의자에 앉아 있는 병석이에게 갔다. "야! 너네 애들이 영생이한테 내가 사오라고 시킨 소주 뺏어갔다며." 선도부가 둘러서고 밴드부들도 밴드를 멈추고 둘러섰다. "그놈들 소주 들려서 저기 보이는 저곳으로 보내라." 병석이는 당황했다. "동수야 나 선인고 짱이야. 여기서 그러면 안 되지." 나는 주머니에 손을 넣어 칼을 잡고 꺼내지는 않은 채 주머니의 칼을 위아래로 흔들었다. 학생들과 선생들이 적막 속에서 긴장하고 있었다. "병석아, 니가 죽는지 내가 죽는지 한 번 볼까?" 병석이가 둘러선 밴드부와 선도부를 두 팔로 제지하며 화급히 대답했다. "알았어. 알았어. 일단 보낼 테니까 나중에 학교에서 얘기하자." 내가 돌아온 조금 후 두 놈이 소주를 감싸 안고 올라왔다. "동수야 니가 시킨 건지 모르고 그랬다. 한 번 봐주라." 두 놈을 싸대기 한 대씩 때려 돌려보낸 후 고기 구워 소주 마셨다. 그리고 버스로 집에 왔다. 며칠 후 학교에서 무리와 함께 있는 병식이를 마주쳤다. 똘만이 방무가 '이 새끼 내가 죽여 버린다.'고 으르렁댔다. 병식이가 방무를 말리며 말했다. "동수야 저번 건은 내가 사과할게. 너와 내가 싸우지는 말자. 앞으로 너네 애들 안 건들 테니까 사과 받아주고 끝내자." 이후 병식이 패거리들은 똥패를 건들지 않았다. 병식이는 졸업 후에 전국구 깡패 대장이 된 현석이 부하로 있었다고 한다.

특수반은 담배 피우는 학생도 몇 명 없었다. 그런데 돌반은 담배 대신 대마초를 피우는 학생이 많아졌다. 대마는 제물포역과 동인천역 사이의 철교인 '배다리' 근처의 성냥팔이 노점상들에게 주로 구입했다. 당시는 '인천성냥공장'에서 나오는 성냥 낱알들을 수북이 쌓아 놓고 됫박으로 팔았다. 가난한 집들은 다 쓴 성냥 통에 성냥 알이 떨어지면 이걸 사다가 다시 채워 썼다. 학생들이 성냥 사면서 손짓을 하면 판매상은 엉덩이 밑 주머니에서 작은 봉투를 꺼내 큰 종이봉투 밑에 넣고 성냥을 한 됫박 부어 주었다. 가격도 싸서 담배 두세 갑 살 돈이었다. 나도 종종 피워 봤다. 환각 작용은 별로 못 느꼈는데 3학년이 되어서야 환각 작용을 경험했다. 어떤 아이들은 대마를 피운 후 구석으로 숨어들었고 또는 종이에 나선형을 그려서 앞에 대면 그 안으로 들어가려고 버둥대기도 했다. 나는 환각이 일어나면 사람과 자동차들이 성냥갑처럼 작아 보이고 걸어가면 쌩쌩 날아가는 기분이었다. 인하부고 한의원집 아들 성찬이는 매우 좋아했지만 나는 별로 안 좋아서 담배만 피웠다.

똥패 두 명과 다른 학교 애들 몇 명이서 송도해수욕장으로 캠핑을 갔다. 수영하며 놀고 있는데 같이 간 다른 학교 애가 여학생 두 명을 데려왔다. 서울예고 3학년들이란다. 둘 다 예뻤다. 우리도 3학년이라고 속였다. 자기 둘이 놀러왔으니 같이 놀자 한다. 수영을 못한다고 가르쳐 달래서 배를 올려 받혀 손발 젓는 방법을 가르쳐 주었다. 밤이 되어 텐트에 와서 술을 먹었다. 텐트는 두 개를 쳤다. 술을 먹다가 한 여학생이 할 말 있다며 다른 텐트로 가자고 했다. 둘이서 옆 텐트로 옮겨가니 키스해 본 적 있냐고 묻는다. 없다고 하니 가르쳐 준다며 내 입에 자기 입을 대었다. 기분이 묘했다. 첫 키스였다. 조금 후에 자기가 섹스 가르쳐 준다며 가만히 누워 있으라 한다. 내 반바지를 내리더니 뭔가 했다. 올라탄 여자애는 헉헉대고 텐트 모서리 틈에는 눈동자들이 반짝였다. 정신이 아득해진 후 바지를 올리고 옆 텐트로 가니 아이들이 좋았냐고 물었다. 여학생들은 옆 텐트에서 자고 우리 다섯은 술 먹다가 텐트 안팎에서 잤다.

며칠 뒤 편지가 왔다. 그런데 두 여학생에게서 모두 왔다. 섹스한 여학생은 다시 송도에서 만나자고 했고 다른 여학생은 섹스 한 여학생이 행실이 안 좋고 문제아이며 만나면 안 된다고 자기와 사귀자 했다. 답장을 안 했다. 두 번째 여학생에게서 몇 번의 편지가 온 후에 부평에서 만나기로 했다. 저녁에 부평역 근처의 야산에 가자고 한다. 올라가서 풀숲에 옷을 깔고 섹스를 했다. 이번에는 내가 적극적으로 했다. 이후로 두 여학생에게서 편지는 왔는데 답장을 안 했다. 어느 날 큰형이 뜯어진 편지 한 장을 들이밀었다. 내가 아직 안 본 첫 번째 여학생 편지였다. 거기에는 자기가 임신했으니 만나자고 쓰여 있었다. 큰형이 너 큰일 났다고 겁을 주었다. 약간 고민하고 있었는데 하루 뒤 두 번째 여학생에게서 또 편지가 왔다. 첫 번째 여학생에게서 임신했다고 만나자는 편지가 왔을 텐데 그건 거짓말이라고 했다. 두 명 모두에게 답장을 하지 않았다. 시간이 지나자 편지는 더 이상 오지 않았다.

집은 평온했고 변함없었다. 작은형은 집에서 학교로 통학했고 큰형은 여전히 문제를 일으키는 것 같았고 큰누나는 나가서 자취를 했으며 작은누나는 숭의여전(현재의 숭의여자대학교)에 들어갔다. 큰누나는 인천 제일 부자 외동아들과 연애 중이었다. 요들송 클럽에서 만났다고 했다. 나도 거기 가서 요들송 몇 곡 배웠다. 매형 될 사람이 곡도 지어낸 가수였다고 한다. 어머님은 여전히 살림꾼이었고 동네에서도 활발했다.

인천의 고등학교 학생들 사이에서는 인기 있는 여학생 순위가 있었다. 인화여고의 은연(후에 미스 인천에 선발되기도 했다)이는 남학생들 사이에서 예쁘기로 1순위였는데 나는 누군지 잘 몰랐다. 그때는 여학생들에게 남학생들이 히야까시(원래 뜻은 '희롱'의 일본 말이나 당시에는 여학생에게 수작 거는 행위를 뜻했다)하는 시기였는데 길에서 지나가는 은연이를 처음 보았다. 두 여학생이 같이 걸어가는데 은연이가 하얀 살결에 깨끗한 교복을 입고 있었다. 정신이 멍해지도록 참으로 드물게 예쁜 학생이었다. 내가 용기 내어 다가가 불러 세우자 옆의 여학생이 경호원처럼 막아섰다. 그때 은연이가 친구에게 "넌 먼저 집에 가."하면서 순순히 나섰다.

빵집에 가서 빵과 우유를 하나 먹고 나가서 걷자고 하니 다소곳하게 따라 나왔다. 나보다 한 학년 아래였고 한두 마디 해 보았지만 별로 할 말이 없어 묵묵히 걷기만 했다. 너무 약해 보였다. 얼굴이 희다 못해 창백해 보일 지경이었다. 눈과 눈썹은 진하고 입술은 빨갛고 조그마했다. 내가 큰소리라도 내면 울어 버릴 것 같았다. 그렇게 오래 걷다가 다음날 빵집 앞에서 만나기로 하고 헤어졌다. 다음날 나가니 은연이가 와 있었다. 전날의 그 여학생과 함께. 다시 은연이는 같이 온 여학생을 먼저 보내고 나와 긴 길을 걸었다. 말도 없었다.

그 후 자주 만나 같이 걸었다. 비 오는 날에도 걸었다. 비에 젖어 추워도 아무런 말이 없이 걸었다. 한참 지나 내가 손을 잡았을 때도 은연이는 말없이 손을 내어준 채 걸었다. 가끔은 같이 온 여학생과 (항상 같은 여학생이었다) 제과점에서 빵을 먹기도 했지만 은연이는 빵 한 조각 먹고는 다시 나와 걸었다. 비 젖은 어느 날 내가 키스를 했다. 은연이는 입술을 맡기고 가만히 있었다. 아니 오히려 적극적인 느낌이었다. 정신이 멍해지는 키스를 한 후 은연이가 말했다. "저 오빠 어렸을 때부터 알아요. 어렸을 때부터 오빠 좋아했어요. 저 기억 안 나죠? 저 같은 동네 살아요. 오빠가 가이당 밑에서 놀 때 저는 위에서 구경만 했어요. 기억 안 날 거예요. 제가 몸이 약해서 아빠가 못 놀게 했거든요." 전혀 기억에 없었다.

그날부터는 집에 데려다주었다. 아하! 저 위의 박수무당 집 셋째 딸이었다. 딸만 여섯이었다. 어느 날 은연이가 자기 집에 가자고 해서 은연이 아버지를 만났다. 은연이가 몸이 약하니 나더러 잘 좀 보살펴 달라는 은연이 아버지의 당부 말이 있었고 이미 동네에서 나를 알고 있는 은연이 언니들은 매우 반가와 했다. "와! 동수가 은연이와 있으니 오히려 은연이가 딸려 보이네. 은연이가 남자친구 잘 만났네." 하면서 좋아했다. 그 후로 자주 만나서 손만 잡고 다녔다. 가끔은 키스도 했지만 몸이 약한 은연이를 조심조심 아꼈다. 친구들은 부러워했다. 나는 다른 여학생들을 쳐다보지도 않았다.

동심초 회원인 성찬이가 사고를 쳤다. 같은 회원인 선화여고 말숙이를 임신시켰다. 결국 3학년 때 아이를 낳고 고등학교 졸업하자마자 결혼했다. 성찬이 아버지가 소나 키우라며 만수동 일대의 넓은 목장을 사 주었다. 얼마 후 그곳이 크게 개발되면서 성찬이는 목장을 팔아 돈방석에 앉아 어린 나이에 부자가 되었다. 그 후 성찬이는 제주도에 집을 사서 이사 가고 제주대학교에 후원금을 내고 말숙이와 대학에 다녔다. 가끔 인천에 놀러 오면 나와 오연이 등을 불러 모아 크게 한턱을 내기도 했다. 그러나 제주도 5·16도로(그때 당시 박정희의 5·16 혁명에서 이름을 따온 제주도를 남북으로 가로지르는 도로)에서 차 사고로 성찬이는 절름발이가 되었고 나중에 건설업자가 되어 다시 만났다.

집 마당 처마 기둥에는 권투 글러브가 두 개 걸려 있었다. 아버님이 가끔 작은형과 권투를 시켰다. 아버님은 마루에 앉아 구경했다. 나는 항상 얻어맞아 몇 번 다운된 후에야 아버님의 중지 명령이 있었다. 한번은 작은형이 나를 구석에 몰아 놓고 연타를 날렸다. 나는 기회를 노리고 있었다. 한참 맞다가 정신이 아득해질 무렵에 갑자기 작은형의 행동이 슬로우 모션으로 보였다. 만화에서 본 것처럼 나에게 날아오는 글러브와 작은형의 동작이 정지된 듯했다. 아득한 상태로 주먹을 뻗었다. 쿵 소리와 함께 내려 보니 작은형이 기절했다. 조금 후 일어났지만 멍한 눈이었다. 아버님은 '그만'을 외친 후 작은형을 흔들었다. 아버님은 항상 작은형이 우리 집 대들보라 했고 어머님도 유독 작은형을 애지중지했다. 나는 부모님의 '대들보'를 무너뜨린 것 같아 아버님께 죄송스러웠다.

천형이는 유독 리칭(당시 중국의 유명한 여배우)을 좋아했다. 천형이 집은 하인천 중국인 거리에 붙어 있었고 쿵푸도장도 다녔다. 천형이는 그림을 잘 그렸고 나중에 미술교사가 되었다. 경기도 미술대전 대상 등 많은 미술상을 타기도 했다. 리칭이 주연이 된 영화가 들어오면 꼭 보러 가야 했다. 극장 안에 붙여 놓은 영화 장면 사진들을 갖고 싶어 했다. 한번은 미림극장에 갔는데 리칭 사진을 갖고 싶다고 애원하다시피 말했다. 천형이를 내보낸 뒤 사진을 다 뜯어서 뛰어나왔다. 당시 극장에는 기도(기병과 보병을 뜻하는 옛말로 무도장이나 극장, 큰 술집 등의 문 앞에 지키는 건장한 체구의 남자를 말함)가 있었는데 나를 보고 쫓아 나왔다. 나는 중앙시장으로 도망쳐 구석에 숨었다가 천형이에게 주었다. 내가 저지르는 사고의 동기는 천형이인 경우가 많았다.

2학년 때부터 '섯다'(화투 두 장으로 합한 숫자가 높은 사람이 이기는 게임)와 짓고땡(화투 다섯 장을 가지고 세 장으로 더한 후 10이나 20이 나오면 빼 놓고 나머지 두 장으로 '섯다'와 같은 방식으로 하는 게임. 10이나 20을 세 장으로 못 맞추면 무조건 지게 됨)이 학생들 사이에 유행이었다. 특히 분기별 등록금 내는 날이 되면 많은 학생들이 등록금을 가지고 꼬방이나 술집 방에 모이곤 했다. 각 반별로 한 후 다 딴 사람이 나오면 다른 반의 승자끼리 서로 붙는 경우가 많았다. 여기서도 다 따면 족히 2~3십만 원이 넘을 때가 많았다. 나는 이날이면 순간적으로 부자가 되곤 했다. 예전 초등학교 때 산초에게 배운 기술이 유효했다. 치사한 짓이란 걸 느끼고 고등학교 졸업 후부터 어떤 경우든 속임수는 쓰지 않았다. 지금도 노름을 매우 싫어하고 흥미도 없다.

기타도 중학교 때부터 여전히 쳤고 노래책도 많이 가지고 있었다. 오른손 손가락들이 잘 안 구부려져서 핑거 주법은 못했지만 스트로크 주법으로 쳤다. 손끝이 갈라져 피가 기타 선을 타고 흐르고 있어도 쳤다. 캠핑이나 놀러 갈 때도 기타를 꼭 가지고 다녔다. 한번은 인천 근처 시골 야산에 친구들과 놀러 갔다가 술안주로 근처의 콩을 뿌리째 뽑아 불을 놓아 익히고 술 마시며 기타 치고 놀고 있었다. 그때 낫을 든 청년들이 올라왔다. 나는 기타를 들고 맞서는데 친구들은 낫을 보고 질려 버렸다. 나도 낫을 보니 섬뜩했다. 결국 기타를 내려놓고 무릎을 꿇었는데 콩을 뽑아 먹은 죄로 청년들은 내 기타를 밟아 부셨고 꺼지라는 그들의 말을 뒤로 하고 열심히 달려왔다. 기타는 돈을 모아 다시 샀다.

　영생이네 집에서 똥패들이 자주 모였다. 영생이 어머님은 천사 그 자체였다. 고운 얼굴에 항상 친절하고 국수나 밥을 차려주셨다. 한 번도 싫은 내색을 안 했다. 집은 넉넉지 못하여 남의 집 일이나 방앗간 등에서 일했지만 그 집에서 얻어먹은 내 밥값만 해도 어마어마할 것이다. 후에 내가 사업으로 어느 정도 성공했을 때도 영생이 어머님과 알콜 중독으로 정신이상이 된 영생이가 어렵게 살았으며 노환으로 구부러진 허리로 앞을 잘 못 보던 영생이 어머님은 영생이를 극진히 돌보고 있었다. 나는 몇 달에 한 번씩 정기적으로 들려 생활비를 보탰다. 계절 옷도 사드리고, 전세집도 얻어 드렸다. 병원도 모시고 다녔지만 결국 어머님이 의식을 잃고 병원에 실려 간 후 영생이는 고독사로 발견되었다. 나는 영생이 뼈를 갈아 영생이 아버님 무덤 주변에 뿌렸다. 영생이 어머님은 그 후 얼마 되지 않아 영생이 죽음을 알지 못한 채 돌아가셨다.

우리 집 기둥이 되다
– 1977년, 고등학교 3학년

　내 생활은 2학년 때와 비슷했다. 수학을 취미로 하는 외에는 여전히 공부를 안 했다. 책은 그때도 많이 읽었다. 철학책과 사상에 관한 것들도 읽었다. 은연이와 교제도 여전했다. 학교에는 거의 가지 않고 주로 중앙당구장에서 카운터도 보며 저녁에는 친구들과 술집 등을 돌아다녔다. 이때 이미 인천 짠다마(실력이 높은 당구) 300이었다. 학생들도, 선생들도, 집에서도, 아무도 나를 귀찮게 안 했다. 백인엽 장군이 때때로 주는 돈과 친구 동생 중학생을 과외도 가르쳐서 돈도 부족하지 않을 만큼 생겼다. 학교에는 가끔 담배 팔거나 똥패들과 8층 내 교실에서 국산 양주 나폴레옹과 드라이진을 마시거나 음식을 만들어 먹으러 갔다. 대놓고 수업시간에 뒷자리에 앉아 아주 진한 향이 나는 술을 먹고 있어도 선생들은 못 본 척 눈을 마주치지 않았다.
　3학년 시작한 지 얼마 되지 않아 특수반의 학교 수업은 없어졌다. 학교에 모여 조회를 한 후 서울에서 온 학원 버스가 특수반 학생들을 싣고 출발하여 저녁에 다시 학교로 돌아온 후 종례를 하고 집에 갔다. 나는 흥미 없어서 학원에 안 갔다. 반에서 학원 안 가는 학생은 내가 유일했으므로 공식적으로 학교에 가지 않아도 되었다. 그러나 가끔 똥패들을 만나러 학교에 가기도 했다. 돌반 아이들은 공차거나 자율학습, 담배와 노닥거리기가 전부였다. 정해진 시간까지 학교 밖으로 나가는 것은 금지였다. 하지만 담 넘어 나갔다가 종례시간에만 돌아가면 대부분 별 탈이 없었다. 그야말로 방치 상태였다.

여름 어느 날 심심하여 캠핑 도구를 챙겨 혼자 강원도에 갔다. 기차를 타고 지그재그로 올라가는 태백을 지나 경포대에 도착했다. 캠핑 갈 때는 교련복이 편했다. 모래 해변에 텐트를 치고 수영 좀 하다가 경포대와 바다 사이의 물길에서 잡은 큰 조개들을 끓여 술을 마시고 있는데 동네 양아치 몇 명이 와서 자릿세를 내라 한다. 돈 없다니까 그들의 분위기가 험악하다. 혼자 둘러싸여 집단 린치를 당할 순간이었다.

그때 계급장 없는 군인 모자를 거꾸로 쓰고 바지만 입고 윗도리는 벗은 채 군용 더블백을 둘러맨 근육질의 청년이 노래를 부르며 왔다. 몸매도 멋있었는데 생기기도 영화배우처럼 잘생겼다. 허리에는 군용 대검을 차고 가느다란 회초리를 들고 와서 킬킬대며 건달들을 때렸다. 건달들은 얼어붙어 움직이지도 못하고 회초리를 맞고 있었다. 한참을 장난스럽게 양아치들을 때리다 양아치들에게 술과 안주를 가져오라고 시켰다. 양아치들은 정말로 소주 몇 병과 횟감 그리고 냄비에 끓인 매운탕을 가져왔다. 그 사람이 양아치들을 보내고 나더러 소주 같이 먹자고 했다. 학교며 나이며 이것저것 물어보았다. 부모님과 형제들 이야기도 물었다. 술을 마시다 내 텐트에서 자고 가도 되냐고 물었다.

옆에 누워 자기 이야기를 했다. 자기를 '나무꾼'이라 부른다고 했다. 나무꾼이란 군 특수병과의 은어인데 작전 지시를 받으면 북한으로 넘어가 진지 위치 등을 파악한 후 다시 넘어와 보고하는 일이 주요 임무라 했다. 임무가 주어지기 전 은행에서 돈으로 바꿀 수 있는 전표와 1~2주의 휴가가 주어지고 귀대하면 작전에 투입된다 했다. 투입되면 살아올 수 있을지, 북쪽에서 죽어서 아예 이 세상에 없었던 사람이 되든지 운에 맡기지만 벌써 몇 번은 살아 돌아왔다고 했다. 자기는 고향도 없고 부모형제도 없으며 갈 곳도 없는 고아라서 휴가가 주어지면 부대에서 가까운 강릉이나 속초에서 그럭저럭 지내다가 귀대한다며 이곳은 자주 오는 곳이라 했다.

누워서 담담한 목소리로 말하는 그가 불쌍했다. 가슴이 먹먹해지면서 새삼 부모님이 고마웠다. 아침이 밝아 눈을 뜨니 그 사람은 이미 없었다. 텐트 앞 모래밭엔 '잘 지내다 집에 가'라는 글이 쓰여 있었다. 그 사람이 살아 돌아와 사회에 적응하며 새 인생을 살기를 간절히 빌었다.

강원도 산길을 하루 종일 걸어서 넘어가는데 배가 너무 고팠다. 배낭에는 쌀이 조금 있었지만 밤에 텐트 치고 먹으려고 아껴두었다. 외딴 민가가 한 채 있어 뭐 좀 얻어먹으려 가니 근처 감자밭에서 감자를 캐는 두 노부부가 나를 불렀다. 먹을 것 좀 있냐고 물으니 이것 좀 집으로 나르라 했다. 캔 감자를 포대에 담아 밭 사이, 사이에 놔두었다. 열심히 날랐다. 다 끝낸 후 노부부는 나에게 감자 한 포대를 주었다. 산길을 돌아 그 집이 보이지 않는 곳에 앉아 칼로 생감자를 깎아 베어 물었다. 처음에는 약간 아린 맛이었는데 씹을수록 고소했다. 잘 누른 누룽지 맛이었다. 어느 정도 배가 찰 때까지 먹었다. 이후로 지금까지 나는 생감자를 좋아한다.

몇 차례 산과 섬에서의 캠핑을 나 혼자 했다. 배낭의 짐을 줄이기 위해(당시는 군용 텐트와 나무 폴대 자체가 무거웠고 버너나 로프 등이 무거웠다) 식량으로는 쌀과 소금, 라면 스프만 가지고 다녔다. 나중에는 버너도 안 가져가고 작은 나뭇가지로 불을 피워 밥을 해 먹었다. 혼자 다니다 반찬이 그리우면 물에 라면 스프를 풀어 밥 말아 먹었다. 담배도 아껴 피웠다.

여름에 영흥도 십리포에(서해안에는 십리포, 백리포, 천리포, 만리포가 있다) 캠핑을 갔다. 남진의 노래 '목화 아가씨'(가사 중, 복사꽃 피는 십리포구에 목화 따는 아가씨)가 유행하던 시기였다. 큰형 친구 셋이 십리포구에 놀러 간다기에 나도 캠핑 배낭을 메고 따라나섰다. 나는 혼자 텐트를 치고 따로 갔다. 십리포구는 팥색의 작은 자갈들로 이루어진 아름다운 해변이었다. 이틀 정도 지났는데 이슬비가 오고 있었다.

사람들이 이곳 십리포 옆 절벽에는 처녀 귀신이 나온다고 했다. 옛날 어느 처녀가 그 절벽에서 자살했는데 비가 오면 처녀 귀신이 나와서 운다고 했다. 해가 지고 어둠이 오자 그 절벽 위에서 파란 불덩이가 떠올랐다. 매우 크고 밝았다. 깜박이기도 했고 두둥실 흔들리기도 했다. 한 치 앞도 안 보이는 칠흑 어둠이었다. 캠핑 온 사람들이 우우~ 했고 어떤 이들은 도망치기도 했다. 귀신을 볼 수 있는 절호의 기회였다.

나는 무작정 산을 올랐다. 절벽 옆 손에 잡히는 아무 나무나 잡고 기어올랐다. 내 손과 발도 보이지 않는 완벽한 어둠이었다. 내 두 손을 벌린 것보다 큰 푸른 불덩이가 눈앞에 있었다. 빛이 투명하고 밝아 주변 나무와 발 밑 풀까지 보였다. 불덩이는 거리감이 없이 커다란 별 덩어리처럼 내 머리 위에 있었다. 주변에 긴 나무를 꺾어 불덩이를 찔러보았다. 아무것도 없지만 나무가 불에 타지도 않는다. 계속 휘젓다 보니 가운데에 뭔가 나뭇가지에 부딪쳤다. 불덩이 밑은 굵은 나무였다. 귀신은 나무 위에 있었다.

나는 나무를 몇 걸음 기어올라 불덩이 속에 손을 넣었다. 뭔가 손에 잡힌다. 내 종아리 두께만 했다. 꼼짝도 하지 않았다. 나무에서 다리를 떼고 두 손으로 매달렸다. 버둥거리니 와지끈 소리와 함께 땅으로 떨어졌다. 이제 불덩이는 내 손, 내 품에 있고 투명하여 내 손만 검게 보일 뿐 어떤 물체도 안 보였다. 하지만 불덩이가 비추어 내 발 밑과 주변 나무가 훤히 보였다. 빠져 나갈까 봐 꼭 끌어안은 채로 산에서 내려왔다.

사람들이 소리 지르고 도망을 갔다. 산 아랫동네 사람들도 도망갔다. '귀신이 내려온다!' 소리를 치는 사람들도 있었다. 텐트로 들어가 플래시를 켜니 거기에 커다란 썩은 나무 한 개만 있었다. 플래시를 끄면 다시 파란 불덩이로 변했다. 칼로 살짝 깎아 보니 떨어진 조각마다 파란 불이었다. 사람들이 조금씩 모여들었다. 나는 플래시를 껐다 켰다 하면서 구경시켰다.

옆에 놓고 잠이 들었다. 아침에 일어나니 나무둥치가 없어졌다. 내가 '누가 내 나무 훔쳐갔다.'고 소리치니 형 친구들과 주변 사람들이 내 옆 텐트가 없어졌다며 그 사람이 훔쳐 갔을 거라 했다. 어떤 사람이 아직 배 뜰 시간이 안 되었으니 부두로 가면 잡을 수 있다고 했다. 지금은 영흥도가 대부도를 통해 섬으로 연결되었으나 당시는 인천에서 하루에 한두 번 뜨는 배로만 갈 수 있었다. 형 친구들과 몇몇 사람이 나와 같이 부두로 뛰어갔다. '저 놈이다.' 누군가 소리치고 한 사람이 배낭을 메고 있다가 무릎을 꿇었다. 배낭 속에서 그 나무가 나왔다.

그날 배 타고 나와 나무의 정체를 고민하다가 책에서 읽은 야광 박테리아가 생각났다. 혹시나 싶어 가방에 넣고 서울 연세대 생물학과를 찾아가서 교수실 문을 두드렸다. 그 교수가 자세히 설명했다. 야광 박테리아 집단 서식지로 썩은 나무에서 종종 발견되는데 이렇게 큰 집단은 드물다고 했다. 또한 습한 곳에 잘 서식하며 어둡고 습한 환경에서 빛을 낸다고 했다. 나는 집에 가져와 우리 집 안에 습한 곳인 물당고 옆에 놔두었다. 날이 갈수록 빛이 점점 약해지더니 한 달쯤 지나 그냥 썩은 나무둥치만 남았다.

20여년 지나 십리포에 다시 가서 그 절벽에 올라가 보았다. 생각보다 그리 높지 않았지만 썰물이 되면 꽤 높았다. 절벽 밑에는 나무판에 황당한 글이 쓰여 관광객에게 읽히고 있었다. 대략 '이 곳에는 옛날부터 귀신이 자주 출몰하여 마을의 큰 근심거리였는데 어느 왕가 후손의 젊은이가 나타나 준엄하게 꾸짖은 후 나타나지 않았다.'라는 내용으로 내 이름도 아닌 엉뚱한 이름과 엉뚱한 해설이 있었다. 그 다음에 갔을 때는 그 설명판도 없어졌다.

한 번은 자유공원에 혼자 올라가 맥아더 동상 뒤편에서 담배를 피우고 있었다. 누군가 갑자기 큰 돌로 뒤에서 머리를 찍었다. 잠시 기절했다가 깨어났다. 지금도 누가 그랬는지 알 수가 없다. 아마도 나에게 앙심먹은 학생이었을 거라고 추측만 할 뿐이다. 하긴 나에게 앙심먹은 아이들이 있을 법도 했다. 아무도 못 건들고 내 맘대로 행동하는 내가 고까운 아이들도 있었을 것이다.

은연이와의 만남은 계속되었다. 가끔은 은연이가 집에 오라해서 가면 갖가지 음식과 고기 등을 잔뜩 먹을 수 있었다. 가끔은 막걸리도 먹을 수 있었다. 은연이 아버님이 굿을 하면 많은 음식이 생겼기 때문이다. 은연이 어머님이 술도 직접 담근다 했다. 은연이는 공부를 잘 못하는 것 같았다. 은연이 부모님이 은연이가 몸이 약해서 공부를 못했으니 나더러 은연이 공부 좀 가르치라 했다. 하지만 난 한번도 은연이에게 공부하란 말 안 했다. 나도 공부는 하기 싫었다.

어느 날 은연이가 자기를 예뻐해서 지금도 공부 가르쳐 주는 중학교 때 선생님이 나를 보고 싶어 한다며 빵집에서 보자고 했다. 나갔더니 나보다 좀 작고 곱상하게 생긴 남자 수학 선생이었다. 나이는 좀 많아 보였는데 장가를 안 가서 혼자 산다 했다. 나더러 공부도 잘하고 운동도 잘한다는 말을 들었다며 실제로 보니 은연이와 매우 잘 어울린다며 은연이가 몸도 약하니 앞으로 잘 좀 보살피고 공부도 좀 가르쳐 달라고 했다. 이것저것 물어보기도 하고 은연이한테도 서로에게 소중한 사람으로 대하라며 주례사 비슷한 말을 했다. 왜 보잔 건지 몰라도 듣기 좋은 칭찬만 잔뜩 해 주었다.

은연이와 서울 남산에서 내려오는 밤길에서 고등학생 몇 명이 둘러싸 시비를 걸었다. "깔치 삼삼한데? 깔치만 남기고 꺼져라." '깔치'란 당시 고등학생들이나 양아치들이 여자를 낮춰 부르던 은어다. 일전을 불사할 수밖에 없는 상황이었다. 싸움이 시작되면 길 아래로 뛰어가라는 귓속말을 은연이에게 한 후 "니들 어디 학교냐?" 나의 물음에 "성동이다. 너는 어느 학곤데?" 하는 말이 돌아왔다. 성동공고도 당시 서울에서 한따가리(군대 '얼차려'의 속어인데 당시 '쌈 좀 한다.'는 뜻으로 쓰였다)한다는 말을 선배에게 들은 적 있다. "나 인천선인이다." 하니 이놈들이 당황했다. 이때다 싶어 "선인 다 몰고 성동에 한번 놀러 갈까?"하고 내가 배짱 좋게 기 싸움의 공세를 높였다. 다행히 이놈이 바로 기가 죽는다. "어? 선인고? 그러냐? 그럼 잘 놀다 가라. 남산 좋지? 애들아 가자." 하며 기 안 죽은 척 돌아섰다. 은연이에게 또 한 번 강하게 어필하는 순간이었다.

아직도 영혼이나 사후 세계, 심리학에 관심이 많아 프로이트, 에리히 프롬, 카를 융 등의 심리학책을 읽고 자아와 무아 등을 구분 지었다. 영, 혼, 백에 관한 동양 서적들도 보았다. 내가 당시에 책들에서 이해한 바로는 영은 경험과 이성을 가지고 더 높은 신 혹은 우주와 소통할 수 있는 비물질 정신계이고, 혼은 자신을 모르나 마치 짐승과 같이 주변을 인식하며 본능적으로 생각할 수 있으며, 백은 정신의 신체처럼 조상으로부터 계속 물려받은 존재의 바탕이 되었다. 영은 혼을 바탕으로 하며 혼은 백을 바탕으로 존재한다고 한다. 영혼은 지적인 의식체계를 가지고 있고 혼백은 자아 없이 기초적 목적을 가지고 떠돈다 했다. 그리고 성경책도 읽었다. 영혼과 사후 세계에 대한 어정쩡한 언급이 있었다. 신과 그 아들 예수에 관한 일대기가 있었다. 나는 교회에도 나가 목사의 설교 내용을 들었다. 그러나 내 궁금증은 해결하지 못했다. 그런가 하면 형제들에게 '연애당'에 연애하러 다닌다는 소리만 들었다.

하루는 천형이 누님이 날 찾아왔다. 천형이가 병원에 있는데 날 찾는다고 한다. 천형이 누님은 착하디착한 데 벌써 많이 울어 눈이 통통 부었다. 천형이 네 형제 중 부모 속 안 썩인 건 누님밖에 없어 보였다. 후에 이발소 하는 총각과 결혼해서도 동생들 뒷바라지에 땀과 눈물로 소매깨나 적셨다. 병원에 가니 천형이가 누워 있는데 나만 들어오고 다 나가라고 소리를 질렀다. 자살하겠다고 아티반을 먹었다 했다. 당시에 아티반은 약국에서 두 알만 살 수 있었고 여덟 알이 치사량이었다. 자기는 죽을 텐데 마지막으로 꼭 나를 보고 싶다 하며 횡설수설했다. 자기가 은연이를 좋아하는데 자기한테 양보하란다. 어이없었지만 상황이 상황인지라 그러마고 했다.

이후 은연이에게 천형이 자살 시도 이야기를 하며 연극 좀 하라 했다. 은연이를 한 번 만나게 해 줬더니 천형이는 은연이 집까지 찾아가고 매일 편지도 썼다. 결국 은연이가 싫다고 하자 나에게 은연이를 설득해 달라고 졸랐다. 웃기는 경우였다. 하여간 그 후로도 여러 일이 이런 식이었다. 그림도 과격하게 그렸지만 정신 상태도 좀 이상하기는 했다. 세상 다 가진 듯 좋아하다가 곧 죽을 듯 땅속까지 가라앉는 사이가 몇 초 걸리지 않았다. 그 증상은 나중까지 나이 먹어 노인이 되어도 마찬가지였다. 이런 일은 지금까지도 반복되고 있지만 마치 계산하듯이 아슬아슬하게 안 죽을 만큼이었고 사람들의 관심이 집중되면 언제 그랬냐는 듯 평시로 돌아오기를 반복했다. 그래서 친구하기 힘들지만 여전히 친구다.

한번은 수도국산 꼭대기 집에 작은누나가 남자친구를 데리고 왔다. 말하자면 부모님 소개였으니 남자 쪽 부모님은 이미 보았을 것이고 아마 결혼까지 약속하고 속정까지 다 들었을 것이다. 남자 덩치는 커 보였고 나름 씩씩한 구석이 있었다. 어머님이 극진히 대접하고 나도 간단히 소개를 받았다. 꽤 나를 잘 아는 것처럼 말하는 걸 보니 누나가 내 이야기를 종종 했었나 싶었다. 보나 마나 공부 안 하고 싸움질만 하고 다니는 말썽 많은 동생이 있다는 정도겠지만. 남자친구가 국민대를 다닌다고 하나 나는 국민대가 어디 있는지도 몰랐다. 대학이란 것 자체가 관심이 없었다.

여름이 지나니 친구들이 대학 시험 준비를 한다고 했다. 당시의 고등학생 수는 6·25 전쟁 이후 베이비붐이 최고치를 찍을 때 태어난 사람들이라 대학 지원자 수가 대학생 숫자에 비해 5배 이상 많았다. 가장 숫자도 많고 전쟁이 가져온 어려운 환경과 혼돈의 이데올로기, 군부 독재 치하에서만 살아온 '58년 개띠'를 상징으로 삼기도 하지만 59년생도 마찬가지라서 대학생이 된다는 것은 우선 신분 상승의 기본이었다. 심지어는 대학생이라는 자체가 이미 사회적으로 대접받는 높은 신분이었다. 게다가 나이 많은 어른들은 대학생이라고 하면 이미 '높으신 양반'으로 생각하기도 했다. 따라서 대학 간다는 것이 소수만 할 수 있는 어려운 일이었다.

조금 좋다고 이름난 서울의 일부 대학은 경쟁률이 너무 높았다. 일단 과와 상관없이 '서울의 X대 대학생'이라는 신분을 얻고자 치열한 경쟁과 눈치 보기 대학 지망이 만연했다. 그러나 고등학생 상당수는 대학 입학을 포기하고 생업전선으로 갔으며 서울의 유명 대학 중 특히 높은 성적이 필요한 과는 오히려 자신 있는 학생 외에는 기피 현상으로 경쟁률이 낮았다.

이때는 학력고사가 아니라 예비고사였는데 서울에 있는 대학에 가려면 320점 만점에 200점 이상, 경기도는 180점 이상, 가장 낮은 제주도는 120점 이상 등으로 지방마다 대학 입학지원서를 낼 수 있는 자격이 주어졌다. 대학마다 본고사에 예비고사로 가산점을 주었다. 연세대 물리학과의 경우 1,000점 만점에 본고사 600점 예비고사 400점으로 환산되었다. 매우 부당한 정책이었다. 또 지방별 대학 격차를 벌리고 현재의 학력고사 이상으로 불평등을 심화시켰다.

대부분의 친구들이 독서실에 등록하여 예비고사 준비에 들어가니 나도 심심해졌다. 할 수 없이 늦게나마 독서실에 나갔다. 예비고사는 한 달 반 남짓 남았다. 간단한 참고서들을 읽었다. 수학은 공부할 필요 없었고 국어는 교과서와 얇은 참고서 두 권 정도 읽으니 참고서 문제 풀이는 수월해졌다. 나머지 과목도 2~3일이면 대충 완료되었다. 14과목 끝내는 데 한 달 반 정도 걸렸다. 예비고사 예상 문제지를 풀어보니 256점이 나왔다. 서울 지역 지원서 쓰기에는 충분했다.

예비고사는 학교를 바꿔서 다른 학교에서 치렀다. 다른 학교 선생들이 감독을 맡았다. 하필 창문 옆 스팀 히터 옆자리라서 졸리고 머리 아팠다. 결과는 258점이었다. 체육 실기 점수는 20점 만점을 받았으므로 합하여 340점 만점에 278점이었다. 선인고 전체에서 제일 높았다. 재훈이보다도 20여 점이나 높았다. 과마다 다르긴 했지만 비교적 상위권과를 보면 서울대 입학 예비고사 평균이 270~290점대, 연대, 고대 등이 260~280점대였다. 1차와 2차 지원 대학이 나누어져서 1차를 떨어지면 2차 대학에 지원할 수 있었다. 하지만 나는 대학 갈 마음은 없었다. 도대체 대학이 시큰둥했다.

아버님이 나를 부르더니 유한공전(현재의 유한대학교)과 삼육대학교 입학지원서를 내놓았다. 당시는 학교에서 직접 지원서를 팔았는데 3,000원 정도였다. "모름지기 남자는 대학을 나와야 사람 구실을 한다. 네가 서울과 경기 지역 대학에 시험을 볼 수 있다 하니 이 두 군데에 지원해라." 나는 전혀 이름도 못 들어 본 학교다. 유한공전은 그해부터 입학생을 뽑는다고 했다. 나는 "가려면 연고대 같은 델 가지 이런 데는 안 가요." 했더니 아버님이 노해서 벌떡 일어나

발로 내 가슴팍을 내 질렀다. "이런, 제 분수도 모르는 싸가지 없는 놈. 당장 집에서 나가! 니 인생은 니가 알아서 해라. 굶어 죽든 얼어 죽든 다시는 집에 들어오지 마라." 나는 그 길로 집을 나왔지만 며칠 만에 아버님 몰래 들어가서 어머님이 차려주는 밥을 먹었다.

어머님은 당시에 절에 다니셨는데 넌지시 나에게 절에서 들은 이야기를 해 주었다. 막내가 대학을 가려면 'ㅇ' 자 즉 동그라미가 들어간 대학에 가야 한다고 했다. 그래서 나는 'ㅇ'자가 제일 앞에 들어가는 연세대학교를 가기로 마음먹었다.

혼자 연세대에 가서 입학지원서를 사 왔다. 그런데 문제가 생겼다. 입학지원서에는 고등학교 직인이 찍혀야 하는데 교감이 절대 안 찍어주었다. 예비고사 반영 비율이 높은 인하대학교를 가란다. 그것도 'ㅇ'이 앞에 들어가기는 하지만 맘에 안 들었다. 교감은 학교 직인을 가지고 출퇴근을 했다. 다른 학생들은 학부모와 면담하고 직인을 찍어 주어 대학 합격률을 높이는 데 집중하는 것 같았다. 내가 여러 차례 연세대 입학지원서에 도장 찍으라고 부탁도 하고 아니면 대학 안 간다고 협박도 했지만 꿈쩍도 안 했다. 신경질이 났다. 소주 4홉짜리를 사서 병째 반쯤 마신 후 남은 병을 들고 교감 집으로 갔다. 소주병과 입학지원서를 앞에 놓고 직인 찍으라 했다. 큰일 날 것 같은 분위기에서 교감이 도장을 찍었다. 다음날 연세대를 가서 물리학과를 지원했다. 당시 연세대 물리학과는 지원점수가 매우 높은 인기과였다. 오기로 들이밀었다. 사실 대학에는 여전히 흥미가 없었다. 내가 눈치 안 보고 지원해서 그런지 물리학과 지원 번호가 001번이었다. 40명 정원인데 내가 가장 먼저 지원한 것이었다.

본고사 시험 날이 되었다. 물리학과는 지원 비율이 1.4 : 1밖에 안 되었다. 다른 과는 수십 대 1도 수두룩한데 겁먹은 수험생들이 낮춰 지원했다. 물리학과 지원 학생만 따로 시험을 봤다. 나는 당시 장발에다 사복을 입고 구두를 신었다. 고등학생 교복을 입고 온 학생들도 있었다. 대부분의 수험생이 쉬는 시간에 책을 꺼내 그 틈에 공부들을 했다. 나는 볼펜 한 자루밖에 안 가지고 갔으므로 쉬는 시간엔 볼펜 돌리며 딴 애들 얼굴이나 살폈다.

국어, 영어, 수학, 과학 네 과목이었다. 각 과목이 150점 만점이었다. 예비고사가 400점으로 환산되었으나 본고사 비중이 커서 예비고사 점수 차이는 중요하지 않았다. 전부 주관식이고 국어는 400자 글짓기가 있었는데 글짓기가 50점짜리였다. '다리'라는 주제어가 주어졌다. 나는 인천 자유공원 올라가는 길에 있는 홍예문을 기억해 내어 '구름다리'라는 제목으로 400자 글짓기를 했다. 수학은 5문제였는데 문제당 배점이 30점이었다. 그런데 문제가 이상했다. 2문제 정도만 해법수학2에서 나왔던 문제와 비슷했고 나머지는 문제 유형이 너무 다른 분야였다. 나는 대학교 수학책들을 봤으므로 문제 풀이가 어렵지는 않았다. 영어는 좀 헤매었지만 국어와 과학도 그럭저럭 볼만 했다.

집이 이사 가게 되었다. 그날이 대학 합격자 발표 날이었는데 나는 흥미 없었으므로 이삿짐 싸는 것을 돕고 있었다. 오후에 선인고 특수반 애들 네 명이 우리 집에 왔다. 그 애들도 과는 다르지만 연세대를 지원해서 합격자 발표를 보고 왔다고 한다. 아이들이 "동수야 너 붙었어. 우린 다 떨어졌어." 한다. 넘넘했다. 아버님은 회사가고 없었지만 어머님은 "그러냐? 잘했다." 한마디뿐이었다.

우리 가족들은 내가 연세대를 지원했는지도 모르고 있었다. 별로 기쁘지도 않았고 아이들 돌려보내고 그냥 이삿짐 싸서 만수동 새집으로 갔다. 줄줄이 지어진 방 3개짜리 양옥집이었다. 온 동네 집들이 다 똑같이 생겼다. 작은 마당도 있었다. 새집이었다. 버스 정류장에서 집으로 오는 길에 중국인 공동묘지가 있었다. 전에는 하인천에 있는 화교촌(귀화 중국인 거리를 당시에는 화교촌이라 했다) 근처에 있었는데 그곳이 개발되면서 여기로 집단 이장한 거라고 했다. 묘지마다 이쑤시개로 찔러 놓은 노란 종이들이 덮여 있었다. 저승에서 쓰는 노잣돈이라 한다. 약간 돌아오는 길이지만 난 항상 그 길로 다녔다. 사람들이 거기서 귀신이 많이 나온다고 했기 때문이다. 십리포에서는 속았지만 여기서는 귀신을 볼 수 있으려나 했다. 무덤에 앉아 담배를 피며 기다리기도 했다. 가끔은 작은 회오리바람이 일어 노란 종이들이 하늘로 말려 올라갔지만 귀신은 없었다. 저 지전들 날아오르는 것을 보고 사람들이 귀신으로 지어낸 것인지 의심스러웠다.

졸업식 전에 임시 등교일이 있었다. 특수반에서 대학 간 아이들이 몇 명밖에 안 되었다. 문과반 재훈이는 고려대 법대에 붙었다 했다. 아이들이 몰려와 축하한다는 말을 했다. 선생들도 와서 축하한다는 말을 했다. 교감은 졸업식 날 꼭 어머님을 모시고 오라고 신신

당부했다. 본인이 직인 찍는 걸 거부한 게 켕기는지 무척 사근사근하게 아부하듯 말했다. 자기가 나를 안전하게 대학 보내려 그런 것이니 마음에 담아두지 말라고 했다. 합격하리라고 예상하고 있었다고도 했다.

졸업식이 되었다. 13개 학교 전체 학생이 대운동장에 모였다. 백인엽 장군이 '자랑스런'으로 시작한 연설로 선인고 1기생들의 업적에 매우 만족한다고 했다. 재훈이에게 상장과 장학금 봉투를 준 후 나에게 어머님을 모시고 단상에 올라오라 했다. 어머님은 뭔 일인지 모른 채 단상에 올랐다. 어머님께 "아들을 자랑스럽게 키워 줘서 감사의 말씀 드린다." 하며 장학금 봉투를 드리고 나에게 악수를 청하고 옆에 서라 했다. 내 어깨에 손을 올리고 울먹이는 목소리로 마이크를 잡고 말했다. "어머님이 허락하신다면 저는 오늘부터 김동수 군을 나의 아들로 삼겠습니다. 내가 죽어서 자식들이 내 무덤에 꽃 한 송이 놓지 않아도 김동수 군이 와서 꽃 한 송이 놓아준다면 무덤 속에서도 행복할 것입니다." 이 말은 후에 군 생활에서 사실이었음이 증명되었다. 하지만 나는 속으로 '내가 왜? 왜 나에게는 허락 받지 않는 거야?' 하는 의문이 생겼다. 하지만 어머님도 끄덕이고 감사의 인사를 했기 때문에 별수 없이 가만히 있었다. 졸업식이 끝난 후 술 사라는 친구들의 독촉이 있었지만 어머님이 3천 원만 줘서 내 돈 합하여 자주 가던 인현동 소줏집에서 술 한잔 샀다.

며칠 후 아버님이 한전 부평지점으로 오라 했다. 버스 타고 한전 갔더니 아버님이 나를 데리고 지점장실로 들어가며 얘가 요번에 연세대 물리학과에 간 막내아들이라고 주변 사람들에게 소개했다. 거기 계시던 분들이 박수까지 쳐 주며 축하해 주었다. 지점장은 장학금을 전달했다. 대학 등록금 전액이 넘는 돈이었다. 약 25만 원쯤 되었다. 나를 주제도 모르는 놈이라며 발로 걷어차 내쫓았던 아버님은 나를 매우 자랑스러워했다. 아버님이 5만 원을 꺼내 주며 용돈 쓰라고 했다.

아직 낮이었으므로 나는 부평역 앞의 당구장에 갔다. 거기서 거의 사기꾼 수준의 사람과 내기 당구를 치다 돈을 다 잃었다. 게다가 나중에는 줄 돈과 게임비마저 모자라 난감해졌다. 당구장에 붙잡혀서 못 나갈 처지였다. 할 수 없이 근처의 한전에 전화하여 아버님께 당구장에 잡혀 있으니 만 원만 주십사 부탁했다. 곧바로 아버님이 왔다. 퇴근 시간이고 당구장 바로 옆이었으므로 오토바이 없이 걸어왔다. 당구장에 들어오더니 2만 원을 주며 "누구한테 잃었냐? 다시 한 게임 쳐 봐라." 한다. 당시 아버님은 당구가 120 정도였고 난 300이었다. 아버님과 예전에 당구 한번 친 적이 있다. 나머지 돈을 다 걸고 상대와 다시 붙었다. 아버님은 팔짱 끼고 지켜보고 있었다. 형편없이 져서 2만 원을 또 잃었다. 아버님이 말없이 걸어 나가셨다. 나는 뒤따라 바로 앞 버스정류장에 섰다. 어떤 술 취한 사람이 아버님한테 시비를 걸었다. 아버님이 아무 말 없이 시비 건 사람 멱살을 잡더니 이마로 얼굴을 받아 버렸다. 그 사람은 쓰러지고 아버님은 버스 타고 집에 올 때까지 아무 말 없었다.

일주일쯤 지나 아버님이 어머님에게 거하게 술상을 차리라 했다.

아버님, 큰형, 작은형, 내가 상에 둘러앉았다. 어머님이 맥주를 궤짝으로 옆에 쌓아 놓았다. 상다리 부러질 정도의 성찬이었는데 아버님이 말없이 세 형제에게 맥주를 따라 주었다. 아버님이 먼저 단숨에 들이키고는 세 아들들에게 잔을 들어 보였다. 세 형제도 한 숨에 마셨다. 아버님이 모든 잔에 또 채우고 다시 마셨다. 형제들도 따라 했다. 아무 말 없이 술잔은 계속 채워지고 안주에는 손도 대지 못했다. 큰형이 먼저 얼굴을 상에 박았다. 이어서 작은 형이 박았다. 아버님과 내가 계속 마셨다. 아버님이 옆으로 누우면서 "술상 치워라." 했고 내가 어머님과 함께 술상을 치웠다. 이 일을 계기로 우리 집의 기둥은 작은형에서 나로 바뀌었다. 이후 아버님은 무슨 일이 있을 때마다 "너는 어떻게 생각하냐?"고 나에게 반복해서 물어보셨고 내가 의견을 말하면 "그러냐."로 끝났다. 이것은 아버님이 돌아가실 때까지 이어졌다.

며칠 지나 책장(술장)이 들어와 한쪽 벽면이 채워지고 거기에는 각종 술이 가득 찼다. 아버님이 "될 수 있으면 밖에서 먹지 말고 집에서 먹어라." 하셨으나 그건 아버님이 잘못 생각하신 것 같다. 밖에서 마시는 건 술이 아니라 우정과 사회 경험과 토론, 논쟁을 마시는 거였다. 나는 집에 있는 술은 거의 손대지 않았다. 계속 밖에서만 마셨다.

제3부

시대의 아픔 속에서(1978-1985년)

끝없는 여정
- 1978년, 대학교 1학년

장학금을 세 군데서 받았다. 백인엽 장군에게, 아버님 회사에서, 대학에서였다. 운이 무지하게 좋았다. 취미로 하던 수학과 재미로 여러 책을 읽어 저절로 잘하게 된 국어 덕분이었다. 남은 돈으로 오토바이를 사고 싶었지만 우쭐한 마음에 어머님께 다 드렸다.

대학에서의 예비소집일이 있었다. 누군가 와서 기훈이와 나를 호명하며 입학 절차와 향후 일정 설명이 끝난 후 교수실로 오라 했다. 교수님이 입학 성적에 대해 질문했다. "물리학과 지원 생 평균 수학 성적이 150점 만점에 45점인데 너는 120점이다." 내 시험지를 모두 보여 주었다. 수학 시험지는 동그라미 4개에 X표 하나 있었다. "이것도 풀이는 맞았는데 답이 틀렸다. 수학 공부는 어떻게 했냐?" "영어 평균이 62점인데 너는 35점이다. 영어는 왜 이리 못했냐?" 국어 글짓기 50점짜리는 50점 만점이 나왔다. 수학 120점, 영어 35점, 국어 110점, 과학 95점. 예비고사 환산 점수 400점 만점에 370점. 총 1,000점 만점에 730점이었다. 합격 커트라인이 600점 정도라 했다. 전체적으로는 장학금을 받을 수 있는 과 차석이지만 대학의 모든 교재는 원서를 사용하니 영어를 집중적으로 공부하라는 조언을 듣고 나왔다.

나는 대학 입학을 이용하여 돈벌이를 해 보려고 마음먹었다. 돈벌 시나리오를 짰다. 오리엔테이션에는 학과 대표를 뽑는 시간이 있었다. 내가 단상으로 나갔다. 나는 머리를 길러 약간 장발이었다. 구두에 흰 와이셔츠를 입어서 입학생들은 내가 재수생이나 삼수생 정도로 생각한 것 같았다. 또 입학시험 중에 책을 안 보고 볼펜이나 돌리던 내가 차석 입학자라는 소문이 돌아 이미 같은 과 학생들에게는 인상이 깊었던 터이다. "서로를 모르는 상태에서 누굴 과대표로 해야 할지 정하기 어려울 것이다. 내가 임시로 과대표를 하려는데 후에 서로 잘 알게 되면 그때 다시 뽑기로 하자. 반대하는 사람 있나?" 전부가 동의해서 임시 과대표가 되었다. 하지만 수십 년이 지난 지금까지 한 번도 바뀌지 않고 현재도 78학번 물리학과 대표이다.

오리엔테이션 기간에 옆 학교 이화여대를 갔다. 당시 가부장적 사회에서 인기 있었던 가정학과를 찾아갔다. 이대 가정학과는 A, B 두 반이 있었는데 한 반이 60명 정원이었다. 쉬는 시간을 기다려 반에 들어가 교단에 섰다. "저는 옆 학교 연세대 물리학과 78년 입학생입니다. 우리나라 여대 최고학부인 이대생이 되신 것을 축하드립니다. 이대 연대 두 학교 입학자들 중에 가장 먼저 우리 연세대 물리학과와 이대 가정학과의 미팅을 주선하러 왔습니다." '와~~' 하는 환호성 소리와 함께 박수가 터져 나왔다. "그럼 찬성하시는 것으로 알고 가정학과 과대표와 일정을 상의해 알려드리겠습니다. 많은 참석 바랍니다."

과대표 지나가 나왔다. 일본에서 고등학교를 나왔고 삼수생이라 한다. 다방에서 차를 시켜 놓고 제안을 했다. 당시 우리나라에서 처음 생겼던 신촌의 고고장(현재의 큰 디스코텍)인 '우산속'에서 할 것이며 만일 여학생들 증명사진을 며칠간 빌려준다면 여학생들의 참여비, 맥주 값, 안주 등은 모두 무료로 제공하겠다고 했다. 이대 과대표 지나가 흔쾌히 동의했다. 며칠 뒤 60명의 여학생 증명사진을 넘겨받았다.

나는 사진을 A, B, C 로 구분하여 노트에 붙였다. A 열 명, B 이십 명, 나머지 C로 나누었다. 우리 과에는 36명이 남자였고 4명이 여자였다. 60명에는 턱없이 모자랐다. 그래서 물리학과, 화학과 그리고 인천 친구들에게도 미팅 참여자를 모집하여 60명을 채웠다. 지나와 나는 진행하기 위하여 미팅에서 빠졌다. 그러므로 자연스럽게 지나가 내 파트너가 되었다. 하지만 나에게는 예쁜 은연이가 있었으므로 미팅 같은 건 아예 생각하지 않아서 파트너에게도 전혀 관심 없었다.

연대에는 이상하게도 부잣집 애들이 많았다. 고대나 서울대는 지방 학생들이 많았지만 연대는 서울 사는 학생이 많았다. 우리 과 대부분도 서울 사는 학생들이었다. 나는 부잣집 애들에게는 A의 사진을 보여 주고 "이 중에 파트너를 하고 싶은 사람이 있다면 내가 그

제3부 시대의 아픔 속에서 179

렇게 되도록 해 주겠다. 미팅비는 5만 원이다. 남자가 다 내는 것이며 여자에게는 안 받는다."고 알렸다. 열 장은 순식간에 나갔고 B 이십 장은 3만 원씩 받았다. 나머지는 만 원씩 참여비를 받았다. 총 140만 원이 들어왔다. 당시 물리학과 등록금이 25만 원이었고 지금은 500만 원 정도이다. 그러나 현재와 비교한 당시의 돈 가치는 약 12~13배 정도이므로 지금 돈으로 환산하면 약 1,700~2,000만 원에 해당되는 돈이었을 것으로 생각된다.

돈만으로 다른 출발점에서 시작하는 천박한 자본주의를 싫어하는 내가 철없을 때 이미 천박한 자본주의에 종속되었다는 사실을 생각하면 지금 '금수저'와 '흙수저'의 큰 간극이 계속 벌어지는 금전 계급주의는 나와 우리 세대들의 잘못된 가치관 때문이기도 하다. 아무튼 '우산속'에 가서 매니저를 만나 평일 날을 정하여 오후 5시부터 8시까지 고고장 좌석 반을 갈라 우리의 미팅 장소로 쓰기로 합의했다. 그리고 7시까지는 우리가 마이크를 잡을 수 있도록 했다. 밴드도 5시부터는 대기하기로 하고 8시가 넘는 시간부터는 테이블마다 다시 주문을 받기로 했다.

사실 당시의 고고장은 8시까지는 한산한 시간이었다. 한 테이블에는 4명씩 앉고 테이블마다 만 원에 맥주 4병과 기본 안주를 세팅하기로 했다. 30개 테이블이므로 기본 30만 원이었지만 노래, 퀴즈, 춤 등 사회를 보면서 테이블에 맥주 4병, 혹은 과일 안주 하나, 혹은 2차 데이트비 등을 상품으로 주었으므로 80만 원 정도 남겼다. 내가 지나한테 수고했다고 10만 원 주고 인천 친구들과의 2차에서 술 한 잔 사니 60만 원 정도가 남았다. 아버님의 3달치 월급은 되었을 것이다.

파트너는 임의로 정한다 했지만 여학생들을 한 테이블에 두 명씩 앉게 하고 앞으로 나와서 통 속의 번호표를 뽑으라 했다. 같은 번호가 크게 써진 A4용지를 주고 돌아가서 자기 테이블에 놓으라 했다. 뽑은 번호표는 노트의 여학생 사진에 적어 놓았다. 노트의 번호표를 구분하여 남학생들에게 나누어 주고 번호표 가진 남학생들을 번호표 놓인 여학생 좌석으로 보냈다. 몇 개는 얼굴 구분이 안가서 잘못 뽑은 것도 있지만 대부분 구분되었다. 뽑은 번호표는 남학생들에게 임의로 배포한다 했지만 5만 원, 3만 원 낸 남학생들은 정확히 나누어 주고 나머지는 내가 임의로 나누어 준 것이다.

신난 입학생들은 들뜬 기분이었다. 고고장에도 처음 와보는 사람들이 대부분이라서 대학생이 된 자유를 만끽하느라 내가 사기 치는 것을 생각 못 했다. 아! 나는 이때도 사기꾼 기질이 농후했다. 이러한 짓은 현재는 비난받을 만한 짓일 수 있지만 당시의 분위기는 우리만의 넓고 화려한 고고장에서 파트너 소개 타임과 장기자랑 후에 이어진 밴드에 열광하면서 나는 무대에서 많은 박수를 받았다. 내가 노래도 불렀다. 그때 만난 파트너들은 사귀는 사이로 발전한 학생들이 꽤 있었고 심지어 졸업 후에 결혼한 커플도 있었다.

대학 입학 후에 은연이에게 대학 구경도 시켜 주고 교내에서 데이트도 했다. 은연이는 그때 함께 밤을 지내고 싶다고 했지만 고등학생이므로 졸업 후에 잘 수 있다며 단호히 거부했다. 지켜 주고 싶었다. 첫사랑을 순수하고 아름답게 계속하자고 했다. 이후 은연이는 그런 말을 고등학교 졸업 때까지 하지 않았다.

첫 강의가 시작되었다. 국어 강의를 제외하면 모두가 영어로 된 원서 수업이었다. 또 나의 열등한 영어 실력이 조금은 방해를 했지만 물리, 수학 등은 별 문제 없었다. 국어 첫 시간에는 청록파 시인(박두진, 박목월, 조지훈 세 명의 시인이 1946년에 『청록집』이라는 공동 시집을 내어 세 시인을 청록파라 부르게 되었다) 중 한 명인 박두진 시인이 들어왔다. 얼큰하게 낮술 한잔에 벌게진 얼굴로 강단에 서서 "나는 국어 잘 못 해. 니들이 나보다 잘할 거야. 오늘부로 종강이다." 하고는 나갔다. 명문 연세대의 이미지를 가지라고 신입생들에게 얼굴 비치고 교수 월급 받는 역할인 것 같았다.

이 시기는 박정희 유신 정권의 말기로써 시인의 과거가 어쨌든 정권이나 사회에 대한 비판을 접고 그냥 말없이 지내는 이름 있는 시인들이 살기 좋은 세상이었다. 하지만 당시 대학생들이 존경했던, 유신 정권에 비판적이고 도전적인 고은 시인 등은 학생들에게의 접근이 철저히 봉쇄되어 살았는지 죽었는지도 모르는 살기 힘든 세상이었다. 지금까지도 모든 독재의 옹호자나 기득권을 지키려는 세력들은 우선적으로 고은 시인을 제거해야만 한다는 강박관념이 있는 듯하다.

이후 젊은 마광수 강사가 강의를 했다. 당시 그는 박두진 시인의 추천으로 1977년에 문단에 데뷔했고 홍익대와 연세대에 시간 강사로 다녔다. 후에 『즐거운 사라』의 외설 논란으로 구속되었다가 특별

사면으로 복직되었다. 하여간 그가 국어 강의를 맡았다. 마광수 강사는 매우 쾌활했다. 탈권위적이었다. 과제 리포트로 알고 있는 모든 욕을 써 오라 하기도 했다. 욕을 창작해서 써 와도 괜찮다 했다. 하여튼 권위 있는 모든 것에 알레르기가 있는 사람 같았다. 그가 10여 년 후에 쓴 시집『가자 장미여관으로』는 탈권위의 상징처럼 되었다. '장미여관'은 실제로 연세대학교 앞의 골목에 있었다. 나도 거기서 여러 번 갔다. 이후 장미여관2, 3도 생겼던 것으로 기억한다.

물리 전공 교수들의 자부심은 대단했다. 물리학이 학문의 최고봉이라 믿는 듯했다. 상아탑의 진정한 학문은 물리학이라 했다. 연세대가 물리학을 하기 위해 세워진 대학이며 의대나 법대, 경영대 학생들은 돈을 벌거나 권력 잡으러 대학 온 놈들이고 질이 낮으니 친구로 두지도 말고 만나지도 말라는 말을 수시로 했다. 같은 이과대 수학과, 생물학과, 지질학과도 무시했다. 하긴 어떤 경우는 수학이나 일부 과목을 우리 과와 같이 듣는 경우도 있었다. 그런 경우 물리학과가 대부분의 A학점을 쓸어갔기 때문에 타과는 물리학과와 같이 수업 듣는 것을 싫어했다.

나는 학교 공부에 관심 없었다. 간간이 작은 규모의 유신 반대 학생 데모가 있었으나 산발적이었는데 나는 아직도 내면의 세계에 머물고 있었으므로 큰 관심을 두지 않았다. 그저 친한 대학 친구들과 또는 인천 친구들과 술 마시고 다녔다.

이 시기에는 장발 단속과 미니스커트 단속이 있었다. 가끔 가위와 자를 든 경찰들이 돌아다녔다. 남자들 머리가 길다고 여겨지면 붙잡아서 가위로 머리 여러 곳에 머리카락을 밑동까지 잘라 버렸고 짧은 치마 여자들은 무릎부터 치마까지 자를 들이대고 5cm가 넘으면 치마를 위로 길게 잘라 버렸다. 때로는 자른 치마를 위로 휙 걷어 올리면서 낄낄대기도 했다.

스킨스쿠버 다이빙 서클에 가입했다. 덩치 큰 사람들로 채워진 조정 서클에서 콕스(8인 조정 경기에서 뱃머리에 앉은 키잡이로 조정을 지휘하는 사람으로 몸무게가 작고 강한 리더십이 요구됨)로 들어오라고 여러 번 찾아왔지만 거절했다. 대신에 조정부 덩치 큰 아이들과 많이 친해졌다. 스킨스쿠버와 조정부는 앙숙 관계였으나 나는 양쪽을 오가며 친했다. 스킨스쿠버 서클은 해병대나 UDU, UDT 등 해군 특수부대 출신 선배들이 주도했다. 당시는 한국에 스킨스쿠버 다이빙이 생소했는데 연세대 스킨스쿠버는 역사나 규모 면에서 매우 앞선 동아리였다.

나는 아직도 회의론자이며 비관론자였다. 세상일이 모두 고루해 보였다. 주변 사람들과 나의 내면은 단절되었다. 단지 세상과 끈을 놓지 않으려 마구잡이의 폭음과 잦은 싸움질, 주변에 대한 무조건적 반항이 일상사였다.

장발 단속이 있었으나 장발이었고 학생들의 옷이 화려했으므로 나는 군복 옷 검게 물들인 것을 입고 다녔다. 공부 잘하면 모범생이었으므로 공부를 안 했다. 하여튼 주변 사람들이 바라는 것의 반대로만 했다.

여전히 사후 세계가 궁금했다. 연대 신학대 청강도 들어가고 인왕산 밑자락 무악재 위에 덕지덕지 붙은 무당 촌에도 자주 갔다. 그곳은 내린 무당(강신무라 하여 갑자기 신내림을 받아 무당이 된 사람으로서 한강 이북에서 주로 활동함)들이 많았다. 한강 이남 지역에서는 '세습무'라 불리는 '배운 무당'이 많고 주로 열두거리로 이루어진 '씻김굿' 등 어려서부터 배우고 익혀 굿을 했다. 이와 반대로 강신무들은 내림굿이나 이미 들어와 있는 영을 통해 다른 영을 부르는 굿을 많이 했다. 외작두, 쌍작두, 방울 등 여러 무구를 이용하여 과학적 현상과 일치하지 않는 여러 현상을 보여 주며 나의 호기심을 상당히 자극했다. 틈나면 대학 뒷문 쪽에서 가까운 무당 동네에 가서 무당 굿을 많이 보았다. 당시 신학 책들을 뒤적이던 나에게는 강신무가 기독교에서는 감리교와 비슷하게 기적 현상 및 간증 같은 개념이 많아서 세습무는 장로교와 비슷하게 세밀하고 옳은 절차가 중요한 것으로 이해되었다. 하지만 이 방면에 대한 더 이상의 지식이 깊지 못했고 어설펐으므로 그냥 개인적 느낌 정도라 하겠다. 이런 기웃거림으로도 역시 나의 영혼 세계에 대한 호기심은 조금도 해소되지 못했다. 이때까지도 나는 '자아의 내면'과 '영혼'의 개념이 혼란스러웠던 것 같다. 신학대에서 아버님의 회사 동료이고 우리 집에도 자주 오던 연우 아저씨의 아들을 만나서 인사했는데 나보다 한 학번 위였고 후에 국회의원과 인천시장이 되어 아버님께 자주 비교당하기도 했다.

이상한 책을 읽고 직접 실험해 보기로 했다. 완전한 무의식 상태, 또는 죽음과 삶의 경계에서 나에게는 어떤 심리적 혹은 내면적 행동이 작동되는지 확인하기로 했다. 약국을 돌아다니며 아티반을 사서 모았다. 극한치까지 확인해 보고 싶었다. 죽기는 싫었으나 호기심은 나를 극한으로 내몰았다. 책상에 꽃, 칼, 연필, 책, 과일 등등 여러 가지를 늘어놓고 아티반 8알을 털어 넣고 맥주 한 병을 마셨다. 나는 기억이 끊기는 순간을 놓치지 않으려 했지만 기억이 사라졌다. 마침 학교에서 돌아온 작은누나와 어머님, 동네 사람들에 의해 내 행동을 유추해 볼 수 있었다. 내가 옷을 다 벗어 던지고 칼을 잡고 집 밖으로 달려 나간 후 동네 아래에서 쓰러졌다 한다. 동네 사람들이 나를 다시 들쳐 메고 집으로 올라왔는데 나는 만 이틀 후에 깨어났다. 그래서 알아낸 건 아무것도 없었다. 내 잠재 성향이 공격적이라는 미지근한 결론만 내리고 끝났다. 이상한 건 아티반을 삼킨 이후의 기억이 없다는 것이다. 나중에도 마취 수술할 때마다 마취 순간을 기억해 보려 노력해도 항상 실패한다. 속으로 숫자를 세면서 몇까지 세었는지 기억해 보려 하지만 한 번도 성공한 적이 없다.

학교 공부는 아예 때려치웠다. 잡다한 책만 읽고, 학교는 공부가 아니라 술 마시러 갔다. 물리과에는 과 인원 대다수가 재수, 삼수, 심지어 4수도 있었고 월반생(고등학교 졸업하고 바로 대학 들어온 학생을 뜻하는 속어)는 몇 명 안 되었다. 종로학원 출신과 나머지를 나누어 축구시합을 할 정도로 학원이 거의 정규 학교가 된 셈이다. 따라서 어떤 경우는 같은 학교 선배가 같은 과 같은 학년이기도 했고 심지어는 친형의 친구가 있기도 했으므로 서로 간의 호칭도 어지러웠다. 내가 과대표였으므로 물리학과 78학번은 군대 마친 후 복학생만 제외하고 이름으로 부르기로 했다. 한 명을 제외하고 모두가 찬성했다. 나는 몇몇 동기생들과 특히 친하게 지내며 술 마시러 다녔는데 대부분 재수, 삼수생이었다.

술 마시며 친해진 조정부 2명, 수학과 1명, 경영학과 1명, 나. 총 다섯이 슈퍼맨을 결성했다. 각 대학교에서 술 잘 마시는 학생들이 대학 간 술 시합을 하기 위해 만든 그룹인데 한국말 '술퍼맨'을 비유해 슈퍼맨이라 했다. 고려대의 주선회를 비롯해 주당회, 주신회 등 타 대학 학생들과 술 시합을 몇 번 했다. 우리는 술을 너무 잘 먹어 술 시합에서 한 번도 진 적이 없다. 술 시합은 주로 5인 시합인데 소주잔 하나를 10명이 마주 앉아 돌린다. 우리 편이 한잔 먹으면 상대한테 건네는데 아무나 받아서 마셔도 된다. 한 팀의 누군가가 술잔을 떨어뜨리거나 토하거나 머리를 책상에 대거나 바닥에 넘어지면 승부는 끝난다.

우리는 서로 술을 먹는 개성이 달랐으므로 연습도 했다. 처음에 스피드 있게 마시다가 좀 쉬고 나면 다시 잘 먹는 멤버, 꾸준히 같은 속도로 잘 먹는 멤버, 처음에 느리다가 나중에 빨라지는 멤버 등 각자의 특징을 고려해 연습하는데 다른 학생들 2, 30명을 상대로 소주 몇 궤짝을 쌓아 놓고 연습하기도 했다. 돈이 떨어지면 외상으로 먹었다. 부잣집 애들이 있어 외상값은 잘 갚았다.

교문 앞 창천교회 옆에 단골 술집 '우정집'이 있었는데 딸이 셋이었고 첫째는 가게에서 엄마와 함께 일했다. 학교에서 가장 가까운 술집이고 주인 인심과 안주가 푸짐했는데 굵게 가른 두부에 고기와 계란, 야채 속을 넣어 구운 두부 안주가 명품이었다. 우리가 술을 먹는다 하면 1차는 무조건 우정집이어서 학생들은 우리를 찾으러 우정집에 오곤 했다. 그 집은 학생들에게 절대 외상을 안 주었는데 우리 다섯만은 예외였다. 한번은 그 집이 TV 방영에 나와서 우리 이야기를 했다. 세 딸들과 우리들은 매우 친해서 고등학생인 막내 공부도 가르쳐 주고 술 먹고 그 집 마루 대청에서 자기도 했다. 가끔은 신촌 시장 골목 입구 '훼드라'에서 먹기도 했다. 좁은 벽에 매놓은 간단한 나무 선반 탁자의 판때기 의자에 앉거나 그냥 서서 먹었는데 가격이 너무 싸서 돈 없는 학생들이 주로 먹었다. 데모하는 학생들이 단골이었다.

박정희 유신 군사독재가 탄압 수위를 점점 높였으며 통금(밤 12시 이후에는 집 밖으로 못 나가도록 법으로 규정)이 있었고 장발이나 짧은 치마 단속, 시위 가담자 색출 및 고문, 차지철과 같은 젊은 군인 장교 출신의 권력자들은 국민들을 준 반역자거나 예비적 반역자로 취급했다. 이승만 시대처럼 미운 놈 죽이려면 손가락으로 가리키며 '빨갱이' 한마디 하면 바로 잡아가서 반병신 되어 나왔지만 사람들은 너무 미워 몽둥이로 뒤통수를 후려치고 싶은 놈이 있어도 차마 '빨갱이'로 몰지는 않았다. 그것은 산송장 만드는 일만큼이나 잔인한 짓이었으므로 차마 하지 못했다. 데모는 수시로 있었지만 서슬 퍼런 탄압으로 규모가 커지지 못하고 속으로만 곪고 있었다.

고등학교 때 빌빌거리며 똥패를 따라다니던 종회가 술을 자주 샀다. 고등학교 때 가난한 홀어머니의 외아들이었던 종회가 갑자기 부자가 되었다. 종회 말로는 어머니가 신포 시장통에서 일수놀이(시장 상인들에게 하루하루 물건 살 밑천 대어 주고 다음 날 몇 부 이자를 쳐서 다시 받는 일)로 인천의 큰 손이 되었다 한다. 계산해 보면 이 일이 완벽히 잘 되었을 시 일 년이면 수천 배의 돈을 벌게 된다. 연대에도 놀러 와서 술을 샀다.

어느 날 연세대학교 배지와 교련복, 모자, 대학 로고가 새겨진 혁대 등을 사달라고 졸랐다. 학생증이 있어야 교내 매점에서 살 수 있었다. 그것들을 사 주니 아예 연세대로 등하교를 하며 대학생 흉내를 내고 다녔다. 종회는 나이 먹어서도 직업 없이 (절대 직업 갖지 말고 가지고 있는 돈을 매달 나누어 충분히 쓰면서 살다 죽으라는 게 종회 어머님의 유언이라 했다) 돈 쓰고 다니며 연대 나왔다는 걸 입에 달고 살았다. 심지어 나한테도 진짜 연대 졸업했다며 우기기도 했다. 예쁘고 학벌 높은 여자와 결혼도 몇 번 하고 이혼도 몇 번 했다.

어머님의 유언을 잘 지켜, 한 달 쓸 돈을 다른 통장에 넣어 놓고 그것만 꺼내 썼다. 가짜 명함으로 행세해도 직업을 가진 적 없다. 남에게 사기 쳐서 금전적 피해를 입히지도 않았다. 단지 유식한 척하다 바닥 드러내는 모습은 자주 보였다. 어머니가 남긴 돈이 많은 부동산과 함께 있었다. 그래서 은행 금고에는 종회가 쓸 수 있는 돈이 매월 단위로 있었다. 내 기억으로는 아파트 한 채 값이 500만 원 정도일 때 종회의 한 달 용돈이 150만 원이었다.

이상하게도 나는 여학생들 사이에 유명세를 탔다. 특히 이대, 숙대, 서울교대 등 여자대학에서 주로 그랬다. 이대 학보에는 크게 사진까지 실렸다. '이 학생을 보라'라는 제목 아래 이대에서 선망의 남학생이라는 설명과 공략하기 어려운 사람이라는 내용이었다. 과 편지함에 만나자는 여학생들의 사연이 여럿 들어와 있었고 미팅하자며 찾아온 여학생도 있었다. 나는 은연이가 있어서 관심 없었다. 여자들에게 관심 없다는 게 더 관심을 끈 이유이지 않았을까 싶다. 나에게 고등학생 애인이 있다는 것을 아는 사람은 대학가에 없었으니까. 특히 천형이 자살 사건 이후로는 누구에게도 은연이를 보여 주지 않았다.

여학생을 아주 안 만난 것은 아니다. 나도 한창 젊은 남자라 성욕이 왕성했으므로 가끔 찾아온 여학생과 술 먹고 여관에 가기도 했다. 여학생이 연극 보러 가자면 연극 볼 돈으로 술 먹자 했다. 여학생에게 술 사는 법 없었고 술 마시고 나서 "여관 갈 돈 있냐?" 물어봐서 있다면 여관 갔고 안 간다면 집에 보냈다. 그중에 서너 번 만난 교대 여학생은(이름이 기억 안 난다) 상당히 예쁘고 글래머 스타일에 개방적이었다. 돈도 많아 술 사는 게 후해서 몇 번 만났다. 하루는 집에 초대했는데 후암동의 큰 집이었다. 아버지가 외교관이라 했다. 자기 방은 2층에 있었다. 방이 크고 화려해서 내 방보다 10배는 좋았다. 거기서 섹스할 뻔했으나 참았다. 나와서는 밥 사준다며 집 근처 후암동의 고급 양식집에 데려갔는데 코스 요리로 나왔다. 레드와인과 스테이크, 알 수 없는 몇 가지들이 차례로 나올 때마다 나에게 먹는 법, 사용하는 포크 등을 일일이 설명했다. 나중에 점점 재수 없다고 느껴서 이제 설명 그만하라고 하고 그냥 아무렇게나 막 먹었다. 여학생에게서 미안하다며 다시 만나자고 사과 편지가 왔지만 답장 안 했다.

대학에서 처음 맞는 축제가 되었다. 첫날에 우정집 큰딸과 둘째가 큰 고무 함지박에 안주거리와 막걸리를 담아왔다. 전날 우정집에서 한잔 걸치는 중에 우리도 놀러가겠다고 하더니 진짜 왔다. 우리 술꾼 다섯과 우정집 딸내미 둘, 그리고 친한 과 친구들 몇이 와서 노천극장 뒤편에 자리 잡고 마셨다. 우정집 딸 둘은 술을 안 마셨지만 같이 여기저기 구경 다니고 축제 시합에서 친구들 있는 곳에 가서 응원도 했다. 다섯 술친구 중 하나인 조정부이며 경영학과 77학번인 형철이는 워낙 천하장사였다. 씨름 대회에 나가서 아무나 다 들어서 내던졌다. 마지막에 져서 준우승했다. 나도 권투시합에 나가려고 했는데 체육과에서 권투 주특기였던 일성이가 나가면 자기가 포기하겠다고 해서 출전 못 했다. 저녁에도 역시 우정집에서 술 마셨다.

둘째 날에는 밴드가 왔다. 연세대 밴드가 전체 진행을 맡았다. 그런데 우정 출연한 서울대의 샌드페블즈가 대단한 인기를 끌었다. 박정희 군부 독재는 70년대 초부터 젊은이를 모이게 만들었던 락밴드들을 탄압하기 시작했다. 75년도 '긴급조치 9호'로부터 불어닥친 젊은이들의 사회적 단속 회오리는 장발과 미니스커트 단속을 넘어 대마초 단속(앞에 설명했듯 이 당시는 고등학생들도 아무렇지 않게 대마초를 피우던 때이다)으로 유명 가수 거의 전체를 매장시켰다. 고개 숙이고 숨죽여 부르는 노래만이 TV에 방영될 수 있었다. 내가 중학생 때부터 기타 치며 따라 부르던 윤형주, 김추자, 조용필, 김정호, 신중현, 이장희 등등 좋아하던 모든 젊은 가수들은 출연 정지 상태였다.

77년에 장충체육관에서 열린 MBC 대학가요제가 새로운 젊은 스타를 배출했지만 샌드페블즈의 「나 어떡해」를 제외하면 대부분 조용한 노래였고 당국의 눈치를 본 감성적 가사가 대부분이었던 것으로 기억한다. 하지만 당시 샌드페블즈의 「나 어떡해」는 개인의 사상, 행동적 자유와 사회의 공포적 억압 속에서 대학가 젊은이들의 반항 의식이 가미되어 목 터져라 불러댔다. 어쩌면 79년부터 유신독재에 맞선 대규모 박 정권 타도 전선에도 한 줄기 숨을 불어 넣었다고 생각한다. 이 노래를 이어 박정희가 죽은 다음 전두환이 쿠데타를 일으킨 80년에 연세대와 서울대가 결합한 락그룹 '마그마'가 「해야 떠라」를 발표했다. 그 뒤로 연세대의 영원한 응원가 겸 지금까지도 대표적인 독재 저항 노래로 자리 잡았다.

내가 생각하기에 샌드페블즈의 「나 어떡해」는 강한 압제 속에서 방황하던 젊은이가 다른 가사들은 삭제시킨 채로 '나 어떡해, 나 어떡해'를 반복적으로 부르짖으며 내 힘으로 부술 수 없는 독재 감옥 속의 나를 상기시킨 반면 「해야 떠라」는 '해야 떠라'를 반복하면서 우리에게 해방과 정의의 날이 올 테니 이 독재를 굳게 버티자는 메시지를 강하게 전했던 것이다. 결국 금지곡의 개수는 독재의 강도에 비례하고 연예인의 탄압은 국민을 협박하는 본보기였다.

나에게 사과 편지를 보냈던 교대 여학생이 축제에 찾아왔다. 그러고 보니 친한 친구 둘과 축제에 올 테니 소개팅 시켜 달라는 말이 편지에 있었다. 귀찮았지만 이미 왔으니 어쩔 수 없이 노천극장 계단에 자리 잡았다. 근처에 눈에 띈 친구 한 명도 데려왔지만 3:2이라 짝이 안 맞았다. 그냥 소개팅 말고 술 마시며 춤추고 놀자 했고 여학생들도 괜찮다고 했다. 맥주와 안주를 사와 한참을 마시며 밴드에 맞춰 노천극장에서 춤을 추었다. 모든 학생이 목이 터져라 외치는 '나 어떡해'가 무악산 넘어 청와대까지 들릴 듯했다. 같이 온 여학생 하나가 보면 볼수록 예뻤다. 외꺼풀 눈에 하얀 피부, 매우 순수해 보이는 외모에 수줍음이 많은 편이어서 은연이와 견줄만했다. 그냥 연속극에 내보내도 인기 있을 법했다. 하긴 그때 당시는 쌍꺼풀이 대세여서 안 될 수도 있었겠지만 지금까지도 내가 본 여자 중에 세 손가락에 꼽는다.

  신나는 고고 밴드가 끝나고 블루스곡이 나왔다. 들어가는 세 여학생 중에 그 여학생을 잡았다. 당황했으나 내가 강하게 붙잡아 뿌리치지를 못했다. 화가 난 원래의 내 파트너(나는 당시 파트너라는 생각이 없었지만 친구들이 보는 통념상)와 다른 친구가 노천극장을 빠져나가는 것을 품에 안은 여학생 어깨 너머로 보았다. 나는 아랑곳없이 현재의 블루스 상대에게 집중했다. 블루스 타임이 끝나는 순간 한 손으로 머리를 감싸 당겨 키스했다. 많은 학생들이 '우~우~'했지만 아랑곳하지 않고 계속했다. 지금 시대에는 미투가 겁나서 할 수 없는 일이었겠지만 그때는 이런 것이 연애 시작의 풍조였고 '용감한 남자가 미인을 얻는다.'는 일반적인 평판이 진리였다.

내 품의 여학생은 바들바들 떨고 있었으나 입술은 떼지 않고 날 붙잡고 있었다. 블루스 타임이 끝난 후 손을 잡고 학교 밖으로 걸어 나왔다. 아무 말 없이 손을 잡은 채 신촌 로터리까지 왔다. "집이 어디야?" "왕십리요." "데려다줄까?" "네." 이로써 처음이자 마지막 말은 끝났고 버스에서도 잡은 손을 놓지 않았다. 어린이 대공원 옆의 그녀의 집 앞에 가서야 여학생이 이름을 물었다. 나도 이름을 말하고는 돌아섰다. 그때까지도 잡은 손을 놓지 않아서 손을 떼니 땀이 바람에 날려 서늘했다. 나는 그녀의 이름을 묻지 않았다. 이후 여름방학 때까지 학교로 여러 번의 편지가 오고 어떤 때는 20페이지에 달하는 편지가 왔지만 답장 한 번 안 했다. 은연이가 있었기 때문이다. 지금까지도 그 여학생에게 미안하다. 다시 한 번 보고픈 얼굴이다.

어느 날 인천에서 당구 치고 나와 길을 걸어가는데 앞에서 오던 예쁜 여자애가 갑자기 나에게 와 팔짱을 끼더니 "도와주세요. 이대로 걸어가 주세요." 했다. 영문을 모른 채 걸었다. 그렇게 얼마큼 간 후에야 그 여자애는 어떤 남자가 계속 따라와서 그랬다며 자기가 차를 한잔 사겠다고 했다. 나는 술이라면 몰라도 차는 안 마신다 하니 술을 한잔 사겠다고 했다. 참 예쁘게도 생겼고 부잣집 아가씨 티가 났다.

공짜 술 마시고 있는데 이 아가씨가 자기 모르냐며 물었다. 자기는 내가 걸어오는 먼 곳부터 알아봤다고 했다. "너 동수잖아. 연대 갔다며? 나 잘 기억해 봐." 도저히 모르겠다. 인천에서 은연이 말고 이렇게 예쁜 애를 내가 알았던가? 전혀 기억이 나지 않았다. 나중에야 자기가 국민학교 동창 옥선이라 했다. 전교 부회장 했던 그 옥선이었다. 국민학교 때부터 나를 좋아했고 내 소식을 계속 듣고 있었고 만나려고 했는데 용기가 안 나서 못 했다는 고백을 했다. 다음 주에 자기가 다니는 인하대에서 피아노 연주회를 여는데 나더러 꼭 와달라고 했다. 연주 보러 가겠다고 약속했다. 피아노 연주는 본 적이 없고 옥선이가 이렇게 예뻤었는지도 신기했다. 국민학교 당시에 예쁘기는 했지만 이렇게 예쁜 줄은 몰랐었다.

며칠 뒤 연주회에 갔더니 웨딩드레스 같은 옷을 입은 옥선이가 연주하는 걸 보았다. 연주가 끝나니 꽃다발 몇 개를 받고 나에게 뛰어왔다. 나는 꽃 준비는 생각도 못 했다. 엄청 반가워하며 들떠서 부모님께 나를 남자친구라고 소개했다. 부모님도 옥선이에게 들어서 나를 안다고 하며 어머님은 어렸을 때의 나를 기억한다며 반기셨다. 옥선이가 잠시 기다리라 하더니 옷을 갈아입고 나와 내 팔짱을 끼고 술 산다며 학교 앞 술집에 갔다. 옥선이는 들떠서 재잘대고 잘 못 마신다던 술도 연거푸 몇 잔 마셨다. 술 몇 잔 마신 후 나는 애인이 있어서 너와 사귈 수 없다 했더니 눈물만 뚝뚝 흘렸다. 놔둔 채 나왔다. 미안했지만 은연이가 있으니 만날 수는 없는 노릇이었다.

이후 군대 제대하고 복학해서 학교 다닐 적에 전철에서 눈에 띄게 하얗고 예쁜 여자를 보았는데 어린애를 안고 있었다. 옥선이었다. 이제 겨우 24살인데…. 서로 계속 바라만 보고 있었다. 옥선이도 나도 눈을 돌리지 않고 보고 있었고 아무 말도 없었다. 그때는 은연이와도 헤어진 때라 만감이 교차했다. 옥선이에게 미안하다는 말을 마음속에서 반복해서 했다.

학교는 술 마시러 가고 강의는 안 들어갔다. 시험도 거의 보지 않았다. 인천에서도 친구들 만나 술 마셨다. 세상에 나를 이해하는 사람은 없는 듯했다. 하기는 머리가 비어 있어서 나도 나를 이해하지 못 했다. 술만이 그냥 친구였다. 공부를 그렇게 안 했어도 인천 친구들은 나를 영웅 대하듯 했고 고등학교 때 쌈 좀 했다는 아이들도 나를 기꺼이 자기들 패거리로 받아들였다. 어떤 면으로는 여전히 자기들 우두머리 취급했다. 어쩌다 대학 친구를 인천에 데려가면 우르르 몰려나와 술대접을 했다.

하루는 조정부 덩치 큰 친구와 인천에서 술 마시다 시비가 붙었다. 이 친구는 인천 제물포고 출신에 덩치만 크고 힘만 세었지 순둥이로 싸움은 전혀 못 했다. 시비 붙은 네 명과 열심히 치고 박는데 이 친구는 말리기만 하다 경찰이 와서 6명이 동인천 경찰서 유치장에 갇혔다. 나는 안 맞고 주로 때렸는데 경찰은 연세대학생 둘을 무직 양아치 네 명이서 폭행했다며 일방적으로 상대방을 꾸짖었다. 통행금지 시간이라 유치장에 갇혀 있는데 나는 당직 순경이 밖에 나가면 일어나 그 넷을 차례로 뺨 때리고 발로 밟고 군밤 주는 등 별짓을 다했다. 그러다 순경 들어오면 얌전히 벽에 기대 무릎 사이로 얼굴을 묻었다. 그 애들이 날 가리키며 순경한테 쟤가 자기네들 때렸다고 하면 순경은 어이없는 표정으로 그들에게 니들 아침에 감방 보낼 테니 얌전하게 굴라며 야단쳤다. 몇 번 반복되자 순경이 밖에 나갈라치면 그들은 자동적으로 무릎 꿇고 나의 폭행을 기다렸다. 아침이 되어 여기저기 속병 든 그네들을 부모님들이 멀쩡한 우리에게 두 손 모아 용서를 빌고 각자 데리고 나갔다. 얼마나 억울했을까 생각하면 그들에게 미안하다.

　학교 등하교 할 때 동암역까지 버스 타고 나가서 전철을 탔다. 영등포역에서 내려 다시 버스 타고 신촌에 내려서 학교까지 걸어갔다. 그런데 삼화고속을 타면 양화대교를 거쳐 신촌 로터리에서 내릴 수 있어서 가끔은 삼화고속을 탔다. 장단점이 있었다. 일단 고속버스는 비싸지만 편했고 전철은 싸지만 시간도 더 걸리고 혼잡했다. 전철의 최대 장점은 거의 무한대로 얻을 수 있는 담배꽁초였다. 당시는 큰 항아리에 모래를 넣은 재떨이가 전철역마다 있었고 담배를 피워 문 승객들이 열차가 도착하면 남은 담배의 길이에 상관없이 모래에다 꽂고 기차를 타야 했다. 그래서 긴 장초들이 재떨이에 수북했다. 모래에 꽂고 가기 때문에 끝이 문드러지지도 않았다. 전철 타고 가다가 큰 역에 잠깐 내려 거의 새것이다시피 한 긴 장초만을 골라도 최고급인 거북선이나 선 담배만으로 신발주머니에 가득 채울 수 있었다. 큰 역 두세 군데에서 내려 열차 멈춘 시간만으로도 충분했다. 전철 타는 날은 꽁초 담으려고 일부러 신발주머니를 가져가기도 했다. 장초라 불리는 긴 꽁초들은 담배피우는 친구들에게 담배를 사지 않아도 충분히 공급될 정도여서 내가 학교에 가서 신발주머니를 부어 놓으면 열댓 명씩 몰려와 담배를 골랐다.

하교 시 삼화고속은 석바위에서 한 번 섰는데 그곳에는 술집이 많았다. 신촌에서 한잔하고 삼화고속 타고 올 때 주머니에 돈 남고 시간 있으면 혼자 석바위 술집에 서 자주 2차를 했다. 하루는 큰 술집에서 술을 먹는데 웬 양아치가 혼자 술을 먹다가 나한테 합석하잔다. 술집 주인도 골치 아픈 사람인지 눈치를 봤다. 그가 술 산대서 좋다 하며 같이 먹는데 자꾸 손으로 머리를 툭툭 치며 말하는 것이었다. 점점 기분이 나빠져 결국 테이블 엎고 싸움이 났다. 역시 양아치들은 기선 제압 말고 숨은 실력이 없다. 신나게 두들겨 패고 있는데 경찰들이 왔다. 석바위 파출소에 갔는데 앉아 있던 파출소장으로 보이는 나이 먹은 경찰이 이 양아치를 바로 알아보았다. "야 이 새끼야, 니 구역인 학익동에서나 사고 치지 왜 여기까지 와서 사고 치고 지랄이야?" 내가 학생증을 내미니 눈 동그랗게 뜨고 연세대 대학생이냐고 되묻고는 돌려줬다. 역시 이 시기는 대학교 학생증이 대단한 사회적 신분으로 통했다. 나더러 잘 팼다고 칭찬하더니 맞은 양아치에게는 "이 새끼 완전히 맛 갔네? 대학생한테 맞고 나 다니고." 하며 놀렸다. 나더러는 공부 잘하라며 집에 보내 주었다. 공부도 안 하고 술만 먹으러 다니는 대학생 대우가 그토록 좋았다.

여름이 되어 어설프게 배운 스킨다이빙을 믿고 오리발, 물안경, 스노클, 수중 작살 등을 사 모아 무전여행을 다녔다. 어차피 캠핑이야 중학생 때부터 익숙했던 터라 여행의 어려움은 없었지만 무일푼으로 다니는 무전여행이라 쏠쏠한 재미가 더했다. 요즘 같으면 각

박해진 민심에 무전여행은 어려운 옛 추억으로 남았지만 돈 들여 다니는 여행보다 더 많은 에피소드를 남겼다. 일단 주머니에 만 원은 있어야 여행이 시작되었다. 동암역 끝의 담장 끝나는 밭길로 걸어가 승강장에 올라가 무임승차로 수원까지 갔다. 다시 전철의 끝에서 내려 철로를 건너 승강장 밖으로 나온다. 부산 가는 특급열차 통일호를 끊고 기차 내에서 파는 도시락이나 천안 혹은 대전역 승강장 옆에서 파는 우동 한 그릇 먹고 부산역 앞 지하도의 다방에서 계란 노른자 넣은 쌍화차 한 잔 먹으면 주머니가 빈털터리가 되었다. 이때부터가 실제로 무전여행이 시작된다.

어찌어찌 충무에 도착했다. 일단 일제강점기에 파놓은 해저 터널을 지나 미륵도로 갔다. 걷고 걸어 조그만 해변 모래밭에 텐트를 치고 먹을 것 찾으러 바다에 들어갔지만 물도 흐리고 아무것도 잡을 수 없어 하루를 굶었다. 저녁 무렵 되어 멀리 떨어진 민가로 가니 외진 농가 울타리 넘어 할머니 혼자 밥공기에 김치 한 사발 올려놓은 작은 상을 마루에 놓고 식사 중이었다. 무작정 들어가 인사하고 지리 공부하러 다니는 대학생이라고 소개했다. 눈 동그라진 할머니가 수저를 든 채 "응? 대학생?" 하고 답하자 능청맞게 마루에 걸터앉아 미륵도 지명과 길 등을 묻는 척했지만 눈은 밥상에서 떼지를 못했다. 뭔가 눈치 챈 할머니가 "밥 못 먹었어? 배고파?" 하자마자 "네. 하루 종일 굶었어요." 하니 보리밥 한 그릇과 수저를 내오셨다. 보리밥과 김치는 내 삶 그 자체 같았다. 이 보리밥을 먹기 위해 인천부터 여기까지 온 것 같았다.

아무 섬이나 가기 위해 충무항으로 나왔지만 돈이 없었다. 부두 한쪽에서 아저씨 아주머니 20여 명이 아침부터 소주잔을 기울이며 기름진 먹거리와 찬 그릇을 깔아 놓고 있었다. 배낭을 메고 교련복을 입은(여행 다닐 때는 주로 교련복을 입었다) 내가 날름 무리 속에 들어가, 고기 그릇 앞에 앉은 한 아주머니한테 그거 조금 얻어먹자 했다. 옆의 아저씨가 소주잔을 든 채 "연세대학교 학생인가 보네. 공짜로는 안 되지. 노래 한 곡 하면 먹게 해 줄게." 했다. 신나는 최신 젊은 곡으로 하나 했더니 춤추고 난리 났다. 고기 한두 점 집어 먹자마자 또 노래시키고, 또 시키고 아저씨 아줌마들의 전축이 되어 10여 곡 이상 부르자 배도 불러졌는데 선장이 왔다.

아저씨 아줌마들이 한려수도 관광을 위해 예약하고 기다리고 있던 배의 선장이었다. 나도 배에 태워 달랬더니 거절했지만 흥이 난 사람들이 우겨서 마지못해 태워줬다. 선상에서 또 술판이 벌어졌다. 배를 몰던 선장이 나더러 운전석으로 들어오라 했다. 다짜고짜 운전대를 잡으라 했다. 기어는 일자 기어였다. 운전대는 자동차 운전대와 똑같이 생겼다. 머리 위에 난 창문으로 기어 올라가 발을 내 머리 양쪽에 대고 자기가 움직이는 대로 운전대를 돌리라 했다. 발로 내 고개를 오른쪽으로 밀면 오른쪽, 왼쪽으로 밀면 왼쪽, 세게 밀면 세게, 약하게 밀면 약하게. 처음에는 약간 어색했지만 시간이 조금 지나자 금방 익숙해졌다. 선장은 손님들이 주는 술이며 안주를 받아먹으며 발로 나를 조정해서 배를 움직였다. 근처로 배가 지나갈 때나 섬에 가까이 가면 발로 귀 방망이를 세게 찼다. 섬에 들를 때 이안과 접안은 선장이 하고 넓은 바다로 나오면 내가 운전대를 잡았다. 한산도, 용초도 등을 들러 비진도에 갔을 때 내려 달라고 하여 내렸다.

비진도는 두 개의 둥그런 남북의 섬이 모래밭과 가늘고 얕은 둔덕으로 이어진 아령 모양의 섬이다. 이어진 통로의 양쪽에 모래사장이 있었지만 서쪽 모래사장이 넓었고 뒤쪽은 좁고 바위가 많은 모래사장이라 놀러 온 피서객들은 주로 서쪽에 텐트를 쳤다. 나도 서쪽에 텐트를 치고 이쪽저쪽 바닷속 구경을 했다. 예쁜 열대어처럼 신기한 물고기들이 보였으나 큰 물고기는 없었고 조개 등도 안 보였다. 동쪽 물속에 들어갔을 때 반은 초록이고 반은 빨간색인 신기한 물고기를 따라 한참 나가니 물속에 배구공 크기의 쇠공들이 굵은 쇠사슬로 연결되어 끝없이 뻗어 있었다. 저거 이순신 장군이 왜군과 싸울 때 설치한 건가 하는 의문을 가지고 텐트로 왔다. 바다에서는 잡은 것이 없어 배에서 집어 온 몇 가지 음식으로 저녁을 때우고 잤다.

다음 날 아침이 되자 배가 고프기 시작했다. 점심이 지나 북섬 쪽으로 가니 바닷가에 굵은 줄이 쳐 있고 '들어가지 마시오' 팻말이 붙어 있었다. 장비를 착용하고 들어가 보니 제법 큰 물고기들이 있었다. 작살로 어렵게 한 마리 잡아 바위틈에 올려놓고 다시 들어갔다. 멀리 바위에 앉은 낚시꾼도 보였다. 한참 지나 간신히 또 한 마리 잡아 물 위로 올라왔는데 경비정이 총을 겨누고 있었다. "너는 포위되었다. 투항하라"는 소리가 들렸고 경비정이 코앞까지 다가왔다.

작살총을 놓치고 경비정에서 내려준 밧줄을 잡았다. 총이 겨눠진 채로 무릎 꿇고 어디론가 갔는데 어느 부대였다. 이때부터 심문이 이어졌다. 집, 대학교, 연락처, 담배 이름과 가격 맞추기, 껌 이름과 가격 맞추기, 시간이 지나 학교나 집에 연락도 다해 봤을 터이고 내가 알려준 내 텐트에서 물건들도 다 조사했겠지만 한 계급 특진과 무공훈장이 아쉬운 군인들은 심지어 고등학교 수학책까지 가져와 나에게 풀어보라 했다. 내가 연세대 물리학과생이므로 그랬을 것이다. 새벽녘이 되어 실망한 군인들이 줄 쳐 놓은 해변으로 들어간 나를 나무라며 라면을 끓여 주었다. 아침이 되자 경비정이 다시 나를 비진도로 데려다 주었다.

이젠 정말 먹을 것이 없었다. 해변가 바위에 붙은 작은 홍합들을 떼어다 끓여 먹었는데 알갱이는 새끼손톱보다 작고 먹을수록 배가 더 고픈데다가 홍합 냄새에 구역질까지 났다. 나는 지금도 홍합 냄새를 싫어한다. 그래서 고픈 배를 참고 텐트에 앉아 주변 텐트에서 먹을 것을 구걸할 작전을 짜고 있는데 저 멀리 바다 부표로 멋지게 수영하는 두 사람이 보였다. 아마 시합하는 것처럼 보였다. 빨랐다. 그러나 그때는

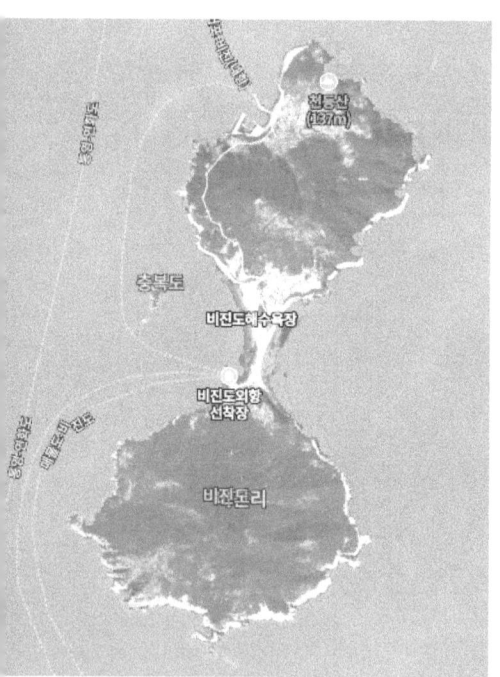

비진도

썰물 시간대였다. 저 인간들 들어올 때 고생 좀 할 거라고 생각하며 보고 있는데 두 사람이 부표에 매달려 들어올 생각이 없는 것처럼 보였다. 잠깐 해안가로 수영하는 듯하다가 다시 부표로 돌아갔다. 작은 드럼통 같은 부표는 기우뚱 기우뚱 하며 두 사람을 가끔 바다에 담그기도 했다. 위험하다는 생각이 들었다. 문득 스킨스쿠버 동호회에서 교육받은 구조 방법이 떠올랐다. 물안경과 오리발, 스노클을 착용하고 물에 들어가 그들에게 다가갔다. 썰물이라 금방 갈 수 있었다.

그들 근처에 가서 살펴보니 다행히 패닉 상태는 아니었다. 왜 그러고 있냐고 물으니 힘이 빠져서 나갈 자신이 없다 했다. 차근차근 설명을 시작했다. "이제 내가 구해줄 테니 정신 차리고 내 말 잘 들어. 너는 왼팔을 내 오른쪽 어깨에 올려 옷을 잡고, 너는 오른팔로 내 왼쪽 어깨 옷을 잡고 고개를 물 위로 든 채 남은 팔과 다리를 살살 움직인다. 한 번 연습해 보고 틀리면 그대로 놓고 돌아간다. 알았나?" 그들은 침착하게 내 말을 따라 했고 연습도 잘했다. 출발하여 무사히 해변으로 돌아왔다. 동호회에서 훈련으로 대성리 물 건넜다 돌아오기, 2km 수영하기, 구조하기 등을 했던 터라 그리 힘들지는 않았다. 핀과 마스크, 스노클은 물에서 정말 진가를 발휘했다.

그들을 모래사장에 눕히자 동료 둘이 물을 떠다 주었다. 나는 텐트로 돌아와 누웠다. 힘들어서가 아니고 너무 배가 고팠다. 조금 지나니 그들이 내 텐트로 왔다. 먹을 것도 가져왔다. 텐트 앞에서 말을 나누니 청주대 3학년들이었다. 지금은 이름들이 생각이 안 난다. 음악 하는 애들이고 대학가요제도 나갔다고 했다. 고맙다고 인사하더니 친구 하잔다. 그들 텐트에 가니 호화판이었다. 먹을 것도 많았고 부잣집 애들이었다. 남해 여행 중이라 했다. 남해도를 갈 예정인데 자기들과 같이 가지 않겠냐고 물었다. 그러기로 했다.

다음날 그들과 충무로 돌아왔다. 다들 부잣집 애들이라 씀씀이가 달랐다. 횟집과 좋은 음식들, 특히 나에게 매우 잘 대해 주었다. 그들과 함께 경전선(경상도와 전라도를 잇는 철로)을 탔을 때 기차에서 어떤 아주머니가 함지박에 복숭아를 수북이 이고 와서 파는 것을 보았다. 다섯 개를 사서 먹었는데 물이 철철 흐르고 너무 맛있었다. 내가 맛있다고 하니 그들이 전부 살 테니 함지박 내려놓으라 하고 기차에 있는 모든 사람들에게 "복숭아 드세요. 공짜에요." 하고 외쳤다. 기차 칸의 모든 사람들이 하나씩 가져갔어도 많이 남을 정도였다. 그들은 가격을 전부 지불하고 나에게 몇 개를 더 건네주었다. 남해에 가서 그들과 며칠 더 놀다가 헤어졌다. 그들은 나중에 학교에도 놀러 오고 인천에도 놀러 왔다. 올 때마다 내 친구들 모아서 그들이 내는 술을 얻어 마셨다.

나는 그들이 준 돈을 밑천으로 진도에 갔다. 진도 가계해수욕장에 텐트를 치고 하루를 잤다. 늦은 아침까지 텐트에 누워 있는데 텐트로 돌멩이가 연속으로 날아왔다. 텐트 틈으로 내다보니 어떤 놈들 셋이 근처 바위에 앉아 돌을 던지고 있었다. 야전삽을 펴들고 밖으로 나갔다. 그중 왕초로 보이는 한 놈이 어디서 왔냐고 물었다. 인천에서 왔다고 하니 갑자기 반색하는 것이었다. 자기는 인천에서 운봉고를 나왔다며 내가 선인고 출신이라 하니 반갑다며 악수까지 청했다. 그들이 사 온 소주에 라면 끓여 먹으며 함께 놀다가 저녁에 자기 집에 가서 자자고 했다. 산 중턱쯤의 담배 밭을 지나 돌과 판자로 지은 그의 집에 가니 아버님 한 분 계셨다.

아버님과 둘이 담배 농사짓는다고 했다. 진도 사람들 대부분의 생업이 농사였다. 담뱃잎 말려 습자지 영어사전 뜯어 말아 피우는 아버님과 김치와 풋고추 반찬에 보리밥을 얻어먹었다. 그 집 변소가 신기했다. 입구에 굵은 나무 몇 개 걸쳐 있는 돌 쌓아 만든 변소인데 돼지가 대여섯 마리 있었다. 알려주는 대로 밖의 긴 막대기와 썰어 놓은 볏짚 한 줌 들고 들어가니 맨바닥에 넓적한 돌 두 개 놓여 있다. 똥 누러 돌 위에 앉으니 돼지들이 내가 들고 있는 막대기가 안 닿을 거리로 둘러섰다. 작은 눈들이 나를 보며 뭔가를 기다리는 것 같았다. 그러다가 지푸라기로 똥 닦고 걸어 나오는 순간 일제히 똥을 향해 달려들었다.

다음날 그 집을 나와 산에 올랐다. 진도에는 4~500m 정도 높이의 산이 3개 있다. 세 산을 돌아 반대편 마을로 내려오는 길에 반쯤 무너진 옛 절간을 보았는데 아직 안 무너진 낡은 방 하나와 약간은 깨끗한 별채를 발견했다. 별채에는 관이 놓여 있고 향도 피워져 있었다. 낡은 방에서 자기로 하고 들어갔더니 먼지가 쌓이고 모기가 많았다. 마을로 내려가 입으로 불어 뿌리는 갈색 병의 인피리스 모기약과 약간의 먹을거리를 사 들고 올라오는데 벌써 날이 저물었다.

무엇인가가 계속 나를 따라오는 것을 느꼈다. 모른 척 걷다가 갑자기 돌아서기를 반복해서 발견한 것은 여우였다. 여우는 경계심 많은 동물이라 위험한 동물이 나타나면 계속 따라다니며 감시하는 습성이 있다. 뚫린 창호문과 벽면에 인피리스를 잔뜩 뿌렸다. 아침에 일어나 바닥을 쓸어내니 모기 사체가 수북이 쌓였다. 아침을 지어 먹고 조금 쉬고 있는데 30대쯤 되어 보이는 어떤 남자가 찾아왔다. 밤에 산 위에서 불빛이 보이기에 올라와 본 것이라 했다.

그곳은 죽은 사람의 관을 수일간 놓아두는 곳으로 진도는 원래 7일장이나 9일장을 지낸다고 했다. 며칠간은 마을에서 장례식을 하다가 땅에 묻기 전 날짜를 채우기 위해 관을 놓아둔다 했다. 진도의 옛 풍습이 현대의 장례식과 혼합되어 변해가는 과정으로 이해되었다. 그분이 본인의 집으로 내려가서 하루 묵어가라 권했다. 그 집은 마을에서 멀리 떨어진 산 중턱의 흙벽 초가집이었고 방 한 칸에 부엌이 달린 작은집이었다. 젊은 부부가 살았는데 오랜만의 손님이라 그런지 매우 살갑게 대했다.

주변 산비탈은 넓은 고추밭이었다. 남편은 마을로 내려가 막소주 됫병 하나와 개나리 담배 한 보루를 사 왔고 아내는 풋고추를 박 바가지에 따오고 된장 한 종지를 내어왔다. 서른 초반의 잘생기고 예쁜 부부였는데 자식은 아직 없고 금실이 좋아 보였다. 여름에 부부가 농사짓고 남편은 겨울에 배를 타서 몇 년간 돈을 모아 도시에 갈 거라며 희망차게 말했다. 큰 사발에 소주를 따라주었는데 안주로 먹는 고추가 너무 매워 소주 맛이 안 느껴질 정도였다.

부부는 도시생활, 학교생활 등을 많이 묻고 관심 기울여 들었다. 형님, 형수님이라고 부르며 늦은 밤까지 많은 이야기를 도란도란 나누었다. 남편은 작은 도시에서 잠깐 일했는데 큰돈이 못되어 부부가 몇 년 고생해서 돈 모으자고 그리 들어온 것이라 했다. 내가 본 어떤 부부보다도 행복해 보이는 부부 옆에서 하루를 잔 후 집을 나서는데 한 갑 빠진 개나리 담배 한 보루를 한사코 넣어 주었다. 나는 드릴 게 없어서 미안한 마음으로 나왔다. 나중에 연락하시면 꼭 찾아뵙겠다며 집주소와 전화번호를 적어 드렸으나 연락은 못 받았다.

진도를 나와 여기저기 기웃거리며 마산까지 도착했을 때 주머니에는 동전 하나 남지 않았다. 벌써 이틀을 굶은 터라 뱃가죽이 등에 붙었다. 이제는 집에 가고 싶었다. 교련복을 뒤집어 입고 신문지 한 장을 주워서 앞에 깔고 배낭도 신문지로 덮은 채 두 손 모으고 마산역 계단 앞에 엎드렸다. 다른 쪽에도 거지가 있었는데 눈치 주는 것 같아 껄끄러웠다. 실눈으로 떨어지는 동전을 세고 있었다. 마산에서 수원역까지 비둘기호가 1,320원이었다. 마침내 마지막 10원이 떨어지며 1,320원이 되자 벌떡 일어섰다. 저쪽 거지 눈치 보여 내심 불편했기 때문이었다. 바로 기차표 끊어 올라탔는데 후회막급이었다. 조금만 더 버티고 빵 사 먹을 돈이라도 더 구걸했어야 했는데….

기차표 값에 홀려 배고픈 걸 잊어버렸다가 기차를 타니 다시금 배에서 신물이 올라오는 듯했다. 그것도 두어 시간 엎드려 있었으니 고통이 더 심했다. 비둘기호 완행은 두 좌석이 서로 마주 보는 형태였다. 몇 역 지나서 수레에 달걀이며 빵 등을 파는 철도 직원이 지나는데 앞의 아저씨가 샌드위치 삼립빵과 아이스케키를 샀다. 땅콩 잼과 빠다크림이 들어 있는 두 쪽의 삼립빵, 그런데 그 아저씨가 빵을 먹다가 더 이상 못 먹고 나를 바라보았다. 내 눈은 그 빵에 넋을 잃고 멈춰 있었다. 아저씨는 몇 번 고개를 돌렸다가 다시 나를 보고 물었다. "빵 먹고 싶어?" 나는 저절로 애원 섞인 눈빛이 되어 고개를 끄덕거렸다. 그 빵은 세상 전부였다. 아저씨가 큰 소리로 수레를 불렀다. 빵과 사이다를 사서 나에게 주었다. 이 세상에 삼립 샌드위치 빵보다 맛있는 건 없었다. 집에 온 후에 며칠간을 그 빵만 먹고 살았다.

그해 1학기는 낙제를 했다. 4.0 만점에 1.0도 안되었다. 술 먹고 당구 치고 놀면서 학교 공부는 전혀 안 했다. 은연이도 가끔은 만났지만 주로 술 마시는 데 시간을 다 보냈다. 술을 마실수록 허무주의가 나를 더 강하게 붙잡았다. 허무주의는 나의 회의론적 사고방식이 그나마 좀 좋은 방향으로 발현되어진 것이다. 자주 염세론과 비관주의를 왔다 갔다 했다. 물론 허무주의도 유물론적 사고방식에서 회의론을 지나온 것이고 허무주의까지는 논리적 체계가 있었지만 그 다음의 염세주의나 비관론은 앞이 보이지 않는 막막함과 풀지 못하는 삶의 문제에 대한 불안감이 증폭된 결과였다.

수학과 과학은 회의론에 그 바탕을 두고 있었고 사람들이 과학적 사고방식의 정의인 양 이야기하는 합리주의는 사실상 사상체계라

기보다는 사회생활의 척도였다. 합리는 양 끝 불합리의 중간쯤에서 좋게도 나쁘게도 쓰였다. 손해를 덜 보는 것까지 포함해서 나와 상대방의 이익을 나누거나 내가 더 많이 가져가야 한다고 주장할 때 합리적이라는 말을 많이 썼다. 심지어는 나와 상대방이 같이 이익을 보되 다른 많은 사람들이 손해를 보는 경우도 합리적이라는 말을 썼다. 합리적이라는 말은 이기심을 감출 때 더 많이 쓰였다. 특히 정치인, 지식인들처럼 사회의 기득권층은 자기들의 이익을 위해서 하층 사람들을 이용할 때 합리주의가 등장했다. 하지만 부모님이 자식한테 합리적이라는 말을 쓰지 않았으며 다 자란 자식들이 남은 재산 없이 늙어 버린 부모를 책임지지 않으려 할 때에 합리적이라는 말을 자주 썼다. 부모의 자식 사랑이나 특수한 경우의 남녀 간 사랑에서 또는 사회봉사를 하는 사람들에게는 합리적이라기보다는 나만 손해 보는 불합리가 더 많았고 결국 이런 불합리를 자발적으로 실행하는 사람들에 의해서 세상의 균형은 그럭저럭 잡혀왔다.

중, 고등학교 때 읽었던 이상과 고은 시인의 허무한 시들이 나에게 더 현실이 되어가는 듯했다. 가끔 무작위로 교회도 나갔다. 신입 교인을 열렬히 환영하는 목사의 기도가 끝나고 나중에 신입 교인만을 남긴 채 입에 침을 튀기며 하느님의 아들이 된 것을 축복하는 목사와 신입 교인들의 입방정은 다음번의 교회를 어디로 갈까를 생각하게 했다. 심지어 여호와의 증인, 말일성도교, 통일교, 천도교도 가 보았다. 깜이 안 되는 열렬 신자와의 논쟁 후에 목사와의 논쟁이 시작되면 결국은 목사가 나를 악마에 물든 자로 선언하면서 끝장나기 마련이었다. 하나님이 천지를 창조하시고 모든 동물들이 평화롭게 살던 창조론이 등장하면 공룡 뼈와 호랑이의 이빨이 주제로 올라오고 고기를 찢어 내는 호랑이 이빨은 창조된 것인가 진화된 것인가를 놓고 모순과 모순의 연속적 논쟁 후에 나는 믿음이 없는 자 혹은 악마에게 속은 자가 되어 교회에 나오는 게 금지되곤 했다.

학교에는 유신 말기의 데모가 많았다. 문 앞에 대기하던 경찰과 학생들이 학교 정문 앞 신촌~문산 간 기찻길 사이 굴다리 위의 자갈을 차지하기 위한 고지 점령전이 무한 반복되었다. 나는 멍하니 구경하다 학생 편이 되어 휩쓸리기도 했지만 저녁에는 다시 술집에 있었다.

12월 12일에 제10대 국회의원 선거가 있었다. 박정희당인 공화당이 국회의원 총 수 154명 중에 68명이 되었다. 무지막지한 탄압과

연대 앞 굴다리. 당시 사진이 없어 1967년 사진으로 대체.

언론의 장난질, 선거 부정 등에도 불구하고 99.9%의 찬성(국민은 아니고 통일주체국민회의 의원)으로 당선된 '박정희당'의 의원이 이 정도밖에 안 된 것으로 봐서 적어도 국민의 70% 이상은 유신정권 반대 입장이었던 것으로 생각된다. 아직까지도 독재정권을 옹호하는 국민은 30% 정도 되는 것 같다. 다음 해 10월에 박정희가 죽는다. 김재규의 총알은 이날 표출되었던 민심으로 만들어진 것이라고 훗날 믿게 되었다. 어쨌든 박정희는 그해 12월 27일에 또 다시 총칼로 지키는 장충체육관에 숨어 대통령에 취임했고 유신정권 2기가 시작되었다.

겨울이 되었다. 또 낙제를 했다. 2학기 연속 낙제이지만 집에서는 몰랐다. 하긴 중학생 때부터 부모님은 나에게 학교 성적 물어본 적이 없었다. 이번에도 무전여행을 계획했다. 일단 만 원을 들고 기차를 탔다. 기차표를 끊을 때 줄 옆에 서 있다가 줄의 끝에 아가씨가 있고 뒤에 또 다른 아가씨가 줄을 서려고 걸어오고 있을 때 그 사이에 끼면 둘 중에 한 아가씨와 같은 자리에 앉게 될 확률이 높아진다. 이때도 이 꾀는 적중해서 옆에 아가씨가 앉게 되었는데 부산 YMCA 예식장에서 근무하는 누님뻘 되는 아가씨였다. 무전여행 가는 중이라고 하니 학교생활, 무전여행 계획 등 여러 가지를 물었다. 계획은 없고 고등학생들 대학 본고사 준비해야 하니 과외 가르칠 학생이나 하나 소개해 달라고 부탁했다. 부산에 내려 그 누나가 사주는 밥을 먹고 저녁에 술까지 얻어먹었다. 고맙게도 여인숙비까지 주며 자기가 학생 섭외되면 그 여인숙으로 연락을 주겠다고 했다.

부산 구경하며 이틀이 지난 후 그 누나에게서 연락이 왔다. 대연동에 큰 부잣집이 있는데 부산에서 유명한 '소주 회사' 사장 집이었다. 그 집에서 과외 선생님을 구하고 있다고 했다. 그 집에 가 보니 으리으리하게 큰 집이었다. 어머님이 거실에서 먹을 것을 주시며 물어보시는데 내가 연세대 물리학과 학생이라 했더니 자기 첫째 아들이 연세대 물리과를 다닌다고 너무 반가워하셨다. 기막힌 우연이었다. 학기 초에 나와 대판 싸우고 친해진 대연이네 집이었다.

대연이는 술을 잘 먹는데 자기 아버님이 소주 회사 사장이라는 말을 한 적이 없었다. —대연이는 후에 삼보컴퓨터에 다니다가 젊은 나이에 과로사로 사무실 책상에 엎드린 채 죽었다.— 동네가 대연동이라 대연이 이름을 그렇게 지었구나 생각했다. 대연이 동생이 3학년인데 동래고의 일짱이었고 부산에서도 유명하다 했다. 밤에 만났는데 형 친구라 하니 일단은 형으로 대접했다. 그런데 말투며 옷이며 완전 전형적인 깡패 스타일이었다.(예전 영화 『친구』 1편에서 나왔던 그 상황 그대로였다.) 어머니와 함께 잘 설득해서 일단은 대학 진학으로 설득되어 하루에 두 시간은 과외를 받기로 했다.

잠은 대연이 방에서 잤다. 대연이는 방학 내내 집에 안 왔다. 동생 대광이는 머리가 좋은 편이었다. 공부는 잘 안 했지만 이해는 빨랐다. 예비고사 점수와 거의 무관하고 좀 들어가기 쉬운 익산의 원광대학교를 목표로 하고 거기에 맞추어 가르쳤다. 인천에서 내 고등학교 때 이야기도 들려주며 담배도 같이 피우고 공부 끝나면 나가서 대광이 친구들을 만나서 같이 술도 먹었다. 그래도 다들 형이라고 불러줬다. 한 번은 남포동에서 파티를 한다 해서 나갔더니 큰 다방을 통째로 빌려서 술판을 벌렸는데 초대받은 고등학생들이 남녀 합하여 백여 명이 족히 넘었다. 다행히 대광이는 원광대 수학과에 들어가서 과외비로 목돈을 받을 수 있었다.

한번은 낮에 남포동에 나갔다가 양아치 네 놈을 만나서 시비가 붙었다. 불리할 것 같아서 제일 센 놈과 일대일로 승부를 겨루자고 엄포를 놨더니 순진한 양아치들이 오케이를 했다. 그중에 대장인지 덩치 큰 놈이 나섰다. 사람들이 둘러선 길 한 가운데서 싸움이 붙었는데 시간이 오래 걸렸다. 마구잡이로 휘두르는 놈이라 나는 거의 한 대도 안 맞았지만 대신 그놈은 나에게 많이 맞아 입술 터지고 코피도 나는데 덩치가 있어 그런지 쓰러지질 않았다. 사람들이 보고 있어 개싸움으로 얽혀지지는 않았다. 잡으면 힘에 밀릴 것 같아 손가락 하나 부러뜨릴 생각하고 있었는데 다행히 잡지는 않았다. 싸우는 중에 그놈이 자기 패거리를 돌아보며 "니 퍼뜩 가서 정지칼 갖고 온나. 내 오늘 이놈 죽이삘란다."라고 소리쳤다. 둘러선 누군가가 "마~ 담배 한 대씩 피고 셨다 해라!" 소리치니 그놈이 "한 대 빨고 하자!" 하는 거였다.

둘이 나란히 앉아 담배 문 채 내가 물었다. "너 아까 싸울 때 정지칼 가지고 나오라고 하던데 빨리 가져와라. 그거 니쁜도냐?" 하니 그놈이 "니쁜도 아니고 정지칼!"이라 한다. "그러니까 정지칼이 어떻게 생긴 건데?" "니 정지! 정지칼 모리나? 정지! 정지! 정지칼!" "그러니까 이 새끼야. 정지칼이 어떻게 생겼냐고?" 이놈이 멍한 표정으로 바라보며 "니 정지 모르나? 밥 짓고 반찬 만드는 곳 정지! 고기 썰고 무 써는 정지칼!" 한다. 나는 한참 생각하다 "야 이 새끼야. 밥 짓고 반찬 만드는 데는 부엌이고 무 써는 칼은 부엌칼이지. 웃기는 새끼네." 그랬더니 이놈이 갸우뚱하더니 무릎을 탁 친다. "아 맞다. 니 서울놈이제. 서울에서는 정지를 부엌이라 칸다드라. 그래! 부엌칼! 부엌칼!" 나는 정지칼이 일본도라고 생각했는데 어이가 없어서 배꼽을 잡고 웃었다. 내가 웃으니 그놈도 따라 웃고 주변도 따라 웃고 싸움판이 일순간에 웃음판이 되고 말았다. 그러니 싸움은 이제 싱거워졌다. 그러자 그놈이 "마 싸움은 됐고 술이나 한잔 하자."하며 일어섰다.

이 패거리를 따라가니 조그만 셋방으로 들어가게 되었다. 네 명이 간신이 누울 수 있는 작은방에 살림살이는 없고 조그만 부엌이 있고 연탄아궁이가 있었다. 연탄을 넣어 놨는지 방은 따듯했다. 나와 싸운 대장이 지시했다. "니는 물 얹어 놓고 소주 사다 놔라. 우리는 안주 가지러 가자!" 나도 안주 가지러 따라나섰다. 골목을 통해 바로 뒤의 용두산 공원에 올라갔다. 세 놈이 팝콘을 사더니 점퍼를 벗어 팔을 낀 채로 앞으로 손 내밀어 옷을 벌리고 그 위에 팝콘을 부었다. 조금 있으니 비둘기들이 옷 위로 바글바글 내려앉았다. 그 순간 옷을 확 접으니 비둘기들이 두세 마리씩 옷 속에 잡혔다. 그대로 감싸들고 셋방으로 돌아왔다. 큰 주전자에 물이 끓고 있고 소주 됫병을 두 개 사다 놓았다. 사실은 사 온 것이 아니고 그놈들이 훔쳐다 놓은 것이었다. 그놈들은 능숙하게 비둘기들을 한 마리씩 주전자에 넣어 털을 벗기고 다시 삶았다. 방바닥 신문지에 올리고 소금 뿌렸다. 비둘기 고기에 소주 됫병 둘 까고 한 병 더 먹었다. 그때는 통행금지가 있었기 때문에 서둘러 대연동으로 돌아왔고 걔네가 또 만나자고 했지만 다시 만나지는 않았다.

과외 끝나고 대광이가 원광대 합격한 것까지 확인한 후 과외비와 두둑이 없어 주는 용돈까지 받아서 YMCA 누님 만나서 밥 먹고 인천에 돌아왔다. 친구들 만나고 은연이도 만났다. 은연이의 머리가 단발머리에서 파마머리로 바뀌어 있었다. 이제 학생은 끝났으니 단발머리에 항상 입던 교복 대신에 긴 치마와 셔츠, 코트를 입었다. 대뜸 은연이가 자기 이제 고등학교 끝났으니 술 사 달라 했다. 대학은 포기했고 취직할 거라 했다. 술 한 잔 같이 먹었지만 은연이는 많이 안 먹었는데 오늘 집에 안 들어가겠다고 했다. 내가 마음의 준비가 안 되었기에 졸업식하고 난 뒤 보자고 했다. 졸업식은 보통 2월 초에 하므로 아직 날짜가 며칠 남은 상태였다. 졸업식에 꽃 사들고 갔다. 은연이가 내일 기념으로 여행가자고 했다. 그러자고 승낙하고 은연이는 친구들과 보낸 후 두근거리는 마음을 진정시키려고 내 친구들 만나 술 마셨다.

다음날 은연이를 만나니 청바지에 청자켓을 입었고 연한 화장도 했다. 영화배우 같았다. 보기 좋게 팔짱을 끼는데 예쁜 은연이 덕분에 지나가는 사람들에게 내가 멋있게 보이는 듯 했다. 은연이는 미리 생각해 놨는지 시외버스 터미널로 가서 수원행 버스를 탔다. 나는 수동적으로 따라다녔다. 수원에 내려 근처의 포장마차에서 술 먹었다. 은연이도 조금 먹었지만 자기가 술 가져왔다며 여관 들어가서 먹자고 했다. 여관에 들어가니 은연이가 들고 온 가방에서 색상 있는 초를 여러 개 꺼내어 방 여기저기 켜 놓고 포도주를 한 병 꺼냈다. 난 포도주를 먹어 본 적이 없는 터라 그 맛이 달게만 느껴졌다.

촛불에 비치는 은연이는 넋을 잃을 정도로 예뻤다. 포도주와 연한 화장품 냄새와 함께 은연이가 깊은 키스를 해 올 때는 내가 나뭇잎이 되어 깊은 심연으로 떨어지고 있었다. 정신 차렸을 때는 이미 은연이가 속옷 차림으로 내 옷을 벗기고 있었다. 나는 거의 정신을 못 차리는 밤을 보냈다. 다음 날 수원 구경을 한 후 기차를 타고 동암역에 내렸을 때는 이른 저녁이었는데 동암역 근처에서 저녁과 술을 먹은 뒤 은연이가 동암역 근처의 낡은 여인숙에서 하루를 더 자고 가자고 했다. 이날 밤은 은연이가 나를 밤새 재우지 않고 온갖 기술을 다 동원했기에 아침까지 자지 못했다. 뭔가 이상한 생각이 들었다. 그렇게 순진하던 은연이가 갑자기 돌변한 것도 나는 이해하기가 힘들었지만 처음 섹스를 하는 나이 어린 은연이에게는 상상하기 힘든 일이었다. 내 상상은 어지럽게 엉켜 버렸다. 하지만 은연이가 만날 때마다 사랑한다고 속삭였고 나는 은연이의 가슴 끓는 사랑을 느끼며 이런 일에 익숙해져 갔다.

페이지와 페이지 사이, 민들레
 - 1979년, 다시 대학교 1학년

　방학이 끝날 무렵 2월 17일에 베트남과 중국 간의 전쟁이 일어났다. 작년 말 1978년 12월에 베트남이 캄보디아를 침공했다. 마오니즘에 경도되어 자국민 수백만 명을 학살한 크메르루즈를 몰아내고 친 베트남 정권을 세운 뒤 석 달만의 일이었다. 중국은 미국과 베트남 전쟁 당시 베트남을 지원했는데 그간 사이가 나빠져서 캄보디아 해방을 기치로 걸고 베트남을 침공했다. 중국은 베트남을 삼국지에 나오는 오나라 손권이 일부 지배하던 옛 중국의 일원으로 여겨왔다. 베트남은 미국과의 전쟁에서 승리한 후 중국의 오랜 지배 야욕을 뿌리치고 오히려 소련과 가까워졌다. 이를 괘씸히 여긴 중국이 다시 복속시키러 베트남을 침공했는데 문화대혁명으로 혼란이 극에 달한 중국 내부 사정으로 베트남전에서 패했다. 이로써 베트남은 프랑스와 미국에 이어 중국에도 승리한 대단한 자주민족의 역사를 갖게 되었다.

　1, 2학기 모두 낙제를 해서 다시 일학년이 되었다. 다시 일학년이

된 낙제생들이 물리학과 40명 중에 십여 명 정도 되었다. 몇 명은 아에 타과로 간 인원도 있고 의대나 다른 대학에 가기 위해 다시 대학 입시 준비하는 학생도 있었다. 물리학 전공 교수들은 뭔가 극단적이었다. A학점 아니면 F이고 B, C, D 학점이 없는 과목도 있었다. 어쩌면 물리학과 자체가 극단적이었을 수 있다. 공부를 매우 열심히 하거나 전혀 안 하는 학과생으로 나누어져 있었다. 나는 극단적으로 공부를 안 하는 학생 중 하나였다. 내 기억으로는 40명 동기생 중 22명이 박사학위를 받았고 16명이 교수가 되었으며 3명이 죽었다. 극단적으로 공부를 안 하던 학생들 중의 한 명이 나였다.

나는 여전히 회의론자이고 허무주의였다. 아직도 삶, 인생, 영혼 등의 단어를 이해하지 못해 괴로웠다. 여전히 술 마시고 싸움질만 하면서 이 세상을 어떻게 살아야 할지 갈피를 못 잡고 있었다. 학교는 어쩌다 술 마시러 갔고 청계천과 용산으로 내기 당구 치러 다녔다. 이 교회 저 교회를 나가 보았고 길거리에서 수틀리면 싸움질했다. 여전히 내가 과대표였지만 공부하는 물리과 애들 데리고 야유회 가거나 고대 등 타 학교와 운동 시합 여는 데 그 직분을 주로 사용했다.

아버님은 여전히 한전에 다니시고 큰누님도 한전에 다녔으며 큰형은 아직도 직업이 불투명했다. 작은형은 홍익대 3학년으로 ROTC였으며 작은누님은 유치원 교사가 되었다. 어머님은 여전히 남편과 자식 뒷바라지하고 음식 잘하는, 동네에서 인기 많은 주부였다.

은연이는 은행원이 되었다. 한번은 은행 사람이라고 같이 나왔는데 곱슬머리에 나이가 삼십대 중반쯤 되어 보였다. 직장 상사라는데 은연이와 함께 나와서 술을 샀다. 은연이가 과장님이라고 부르는 걸 들었다. 왜 상사와 같이 왔는지 의아했다. 상사는 은연이 칭찬을 많이 했다. 하여간 술 얻어먹고 은연이와 여관 갔다. 모든 상황을 알게 된 것은 그로부터 며칠 뒤였다.

집으로 전화가 왔는데 은연이와 고등학교 때부터 같이 다니던, 은연이의 시녀 같던 그 여자애였다. 그 애가 은연이에 대해서 할 말이 있다고 했다. 그 애가 털어놓은 은연이 이야기는 나의 인생을 갑자기 바꾸어 놓을 정도로 나를 경악하게 만들었다. 은연이가 섹스 중독자이며 내가 고등학교 때 보았던 곱상한 수학 선생이 그렇게 만들었다고 했다. 중학생 때부터 은연이는 그 수학 선생과 섹스에 열중했고 지금의 그 유부남 은행원과도 그런 관계라고 했다. 중학교 수학 선생은 쳐 죽일 놈이었지만 그 애의 말에 의하면 언젠가부터 그 수학 선생은 오히려 은연이의 적극적인 섹스 요구를 피하는 입장이 되었다 했다. 은연이는 섹스 없이는 살아갈 수 없는 아이라고도 했다. 자기가 보기에 나는 너무 순진하고 앞날이 창창한 명문대 학생인데 내 인생이 망가질까 가여워서 말해주는 거라 했다. 믿기 어려웠지만 한편으론 그간 일들이 어느 정도 들어맞았기에 나는 사실을 확인해야만 했다. 다음날 은연이를 만나 수학 선생과의 관계, 은행원과의 관계를 캐물었고 은연이는 울면서 시인했다. 나만을 사랑한다고, 다시는 그러지 않겠다고, 울며불며 내 팔을 잡았다. 나는 어지러웠고 팔을 뿌리치고 나와 며칠간 술만 마셨다. 은연이 고등학생 시절 내내 손만 잡고 키스만 하며 순결을 지켜준 바보 같은 과거의 나는 은연이에게 무엇이었을까 하는 의구심이 들었다. 은연이의 사랑은 어쩌면 나보다 더 순수했을지도 모르겠다는 상상은 나만의 노래를 만들게 했다. 내가 작사·작곡하고 내 기타 반주로 나만 불렀던 그 노래에 오랫동안 파묻혔다. 나중에 음정이 외국의 옛 노래와 비슷하다는 사실을 알게 될 때까지 계속되었다.

민들레

하얀 드레스 노란 리본 창백한 소녀
하얀 울타리 너머 손 흔들던 소녀
도시의 학생 되어 고향 찾은 날
녹슨 울타리 안 조그만 무덤 하나

무덤 덮은 노란 민들레 소녀의 미소 짓고
무덤 위 하얀 나비 소녀의 손짓 하네
하얀 민들레 씨 하늘로 날아올라
소녀의 그리움 내게로 보내면

다시 보러 오라 하네
다시 보러 오라 하네

그렇게 은연이를 마음에서 떠나보냈다. 예쁜 여자는 무조건 싫었다. 아니 여자애들은 다 싫었다. 그렇게 삐뚤어진 이성관을 가지게 된 나는 여자들에게 나쁜 남자가 되었다. 자존심 상한 여학생들은 오히려 나를 선망했다. 그저 여자애들은 술을 사거나 섹스 할 때만 필요한 존재였고 믿을 수 없는 존재들이었다. 잘못된 개인 일이지만 오랫동안 여자들을 동등하게 대하지 못했다. 나중에 직장 들어가기 전까지 여자들에게 하는 말이라곤 '술 살 돈 있어?' '여관 갈 돈 있어?' '이제 그만 가라.'가 전부였다. 여자들이 떠드는 말은 그냥 흘려보냈다. 어떤 말도 진지하게 듣지 않았다. 이것이 부당한 일이고 잘못된 생각이라는 것을 알고 있었지만 상당히 오랫동안 지속되었다.

또다시 축제 시기가 되었다. 나는 축제에 찾아온 인천 친구들, 대학생 친구들과 술만 마시며 축제 속을 살았다. 대학생들 가운데는 한 시기 독재 상황에 저항하다가 세상 따위 잊고 그저 먹고 마시고 짝을 찾아 돌아다니는 아주 잠깐의 일탈에 파묻히기도 했다.

축제가 끝나고 더위가 시작될 때 짐을 꾸렸다. 세상이 허무하고 고독해질 때 혼자만 있고 싶은 충동에 빠진다. 많은 군중과 주변의 무리에 내 이질적인 성향이 섞이지 못할 때 어김없이 나는 군중들을 떠나보내야 했다. 내 외로움이나 이질감은 어느 누구와 비교할 수 없도록 주위로부터 내가 격리되는 것이다. 가끔 TV에 등장하는 자연인이나 은둔자들처럼 무리를 겉도는 나에게서 그 무리를 밀어내고 비교를 거부함으로써 고독을 이겨 내려 했다. 어쩌다 찾아오는 사람에게 내가 관심사가 되고 중심이 됨으로써 본인이 군중 속의 외톨이라는 위치를 피해 버리는 것이다. 결국 외로움을 참기 위해 고립의 자리로 가는 것이라 생각한다. 물론 학교 공부나 신청 과목의 출석은 생각지도 않았다. 그동안 가지고 있던 군용 A텐트와 군용 반합, 군용 대검, 가느다란 명주 로프, 쌀 두 됫박, 라면 스프 몇 개와 소금 몇 주먹, 굵은 초 두 개, 장미 담배 5갑(장미 담배는 길고 독해서 한 개비를 가지고 두 번에 나누어 피기가 용이했다)이 준비물의 전부였다.

갈 곳은 정하지 않았다. 서울역에 가서 매표구 위에 붙은 기차역들을 보다가 '남원'이라는 곳이 눈에 보여 일단 남원 가는 기차표를 끊었다. 남원역에 내리니 앞에 조그마한 식당들이 즐비한데 여기저기 '추어탕'이라는 말이 써져 있었다. 그중 한곳에 들어가 추어탕을 시켰는데 예상외로 맛있었다. 나올 때 주인에게 남원 근처에 높은 산이 있느냐고 물으니 동남쪽 방향을 가리키며 '지리산'이라고 대답했다. 우리나라에서 백두산, 한라산 다음으로 세 번째로 높다는 산, 그 지리산이 이 근처라니 신기했다. 내 머릿속의 지리산은 전남과 경남의 사이로 각인되어 있었다. '여기는 전북인데'라고 생각했지만 알고 보니 지리산 꼭대기인 천왕봉은 전북, 전남, 경남의 세 꼭지가 만나는 점이었다. 일단 잘되었다 싶었다. 동남쪽 방향에서 눈에 보이는 제일 높은 산을 올라가기로 마음먹었다. 어차피 제일 높은 산은 지리산일 터였다.

눈에 보이는 산 쪽으로 무작정 걸었다. 그쪽 방향의 길이 있으면 길로 걸었고 길이 그쪽 방향이 아니면 덤불을 헤치고 직선으로 걸었다. 그리 높지 않은 산에 올랐는데 저 멀리 훨씬 더 큰 산이 보였다. 그리로 다시 방향을 틀어 그 산을 향해 일직선으로 산을 내려왔다. 산을 내려와 멀리 민가가 한두 채 보이는 곳에 오니 날이 어두워졌다. 밭두렁 옆 평평한 곳에 텐트를 치고 저녁을 지었다. 일단 두 손으로 감싸 잡을 만한 큰 돌 3개를 고르고 작고 마른 나뭇가지를 두 손 모아 서너 움큼 정도 모았다. 수통(군용수통으로 2리터 정도 된다)에 담은 물로 쌀 세 주먹을 한 번 살짝 씻은 후 불을 피워 반합에 밥을 했다. 밥은 금방 되었다. 예상외로 마른 나뭇가지는 별로 들어가지 않았다. 밥이 다 되면 반합 뚜껑에 덜어 놓고 다시 물을 조금 부어 끓여 눌은밥을 만들었다. 소금을 손끝으로 찍어 먹으며 물까지 다 마셨다. 남은 밥은 소금 뿌려가며 뭉쳐 준비한 라면 봉투에 두 개를 넣고 고무줄로 묶었다. 불 피울 때 사용했던 돌은 텐트 안에 들여놓았다. A형 군 텐트가 매우 작으므로 서너 시간 텐트를 따뜻하게 할 수 있기 때문이었다. 물론 가져온 비닐로 텐트를 덮는 것도 잊지 않았다. 텐트가 이슬에 젖으면 아침에 말리는데 시간도 걸리고 또 무거워지기 때문이다. 여름 초반이라도 산에서는 밤에 온도가 내려가 서너 시간 지나면 다시 춥다. 얇은 모포가 있긴 했지만 추워서 잠이 깨면 돌 위에 양초를 올려놓고 10분쯤 지나면 다시 온기가 돌아왔다. 양초를 끄고 잠을 자면 날이 밝을 때까지 그럭저럭 버틸 수 있었다.

다음날 아침 10분 만에 다시 배낭을 꾸리고 걷다가 배고플 때쯤 소금 뿌린 밥덩이 하나를 먹었다. 그렇게 높은 산을 향해 걷다 보니 마을을 지나게 되었다. 사람들에게 물으니 '산동'이라 했다. 산동을 지나 높은 산 쪽으로 무작정 걷는데 그때부터 험난한 여정이 시작되었다. 덤불을 헤치고 방향을 확인하러 나무에 기어오르고를 두세 시간 하니 정상인 고리봉(1,248m)에 오르긴 했지만 저 남쪽에 더 높은 산이 보였다. 그 산이 노고단(1,502m)이었는데 다시 그 산을 향해 직선으로 내려오니 길이 보였다. 다행히 그 길은 저 앞의 높은 산 방향이라 수월하게 길을 걸어 어느 정도 가는데 그 길이 다른 방향으로 꺾였다. 하는 수없이 다시 덤불 속으로 들어갔다. 해가 쨍쨍한 대낮인데도 산의 북쪽 기슭 우거진 나무와 덤불 속은 어두웠다. 방향을 안 잊어버리려 간혹 높은 나무를 기어올라 방향을 확인했다. 도중에 남은 주먹밥을 먹고 열심히 덤불을 헤치는데 한여름의 덤불은 한겨울의 무릎 이상 눈 속을 걷는 것보다 진행 속도를 더 느리게 만들었다.

그렇게 험한 산중에서 사람을 만났다. 나무 사이 약간의 빈틈에 하얀 광목천 텐트가 쳐져 있고 앞에는 나무와 냄비, 주전자 등이 있었다. 아예 거기서 사는 것 같은 느낌이었다. 나이 사오십 되어 보이는 아저씨가 놀라움 반 반가움 반으로 나를 불렀다. "학생! 등산하나?" 앞에 다가가니 쉬어 가라며 자리를 권했다. 뭔가 싱글벙글하는 모양이 사람 만나니 반가운가 보다 생각했다. 아저씨는 내게 사는 곳, 대학교 등을 묻더니 지신은 심마니라고 소개했다. 귀한 차를 대접하겠다며 조그마한 주전자에 물 조금 넣고 끓이더니 풀 이파리 몇 개를 넣었다. 산삼 이파리라 했다. 운이 좋아서 이번에 산삼 몇 뿌리 캤다 했다. 그러면 그 언저리에 텐트 치고 며칠간 지내면서 그 근처 일대를 산삼 찾아 샅샅이 뒤진다 했다.

심마니를 뒤로하고 다시 덤불을 헤쳐 드디어 높은 산봉우리가 눈앞까지 왔는데 거의 수직 절벽이었다. 작은 나무와 돌들을 잡으며 간신히 올라왔는데 허무했다. 넓은 비포장 도로 길이 나왔다. 맥 빠져서 비포장도로를 걸었다. 군용트럭이 먼지를 일으키며 지나갔다. 걷다 보니 '노고단' 길 안내판이 보였다. 결국 노고단 봉우리를 올라간 후 다시 더 높아 보이는 반야봉 쪽으로 걷기 시작했다. 그 길은 산길 중에서 대로였다. 하지만 가는 중에 날이 저물어 피아골로 내려가는 고개 근처에서 텐트를 치기로 했다. 그런데 물이 없었다. 할 수 없이 물을 구하러 수백 미터를 계곡으로 내려가니 마른 돌들 사이에서 물소리가 들렸다. 돌에 귀를 계속 대면서 물 떨어지는 퐁퐁 소리가 들리는 곳의 돌들을 여러 개 들어내니 밑에 물에 고여 있었다.

반합과 수통에 물을 채우고 돌아오니 내 텐트 근처에 두 개의 텐트가 쳐져 있었다. 어떤 등산객 일행이 이미 밥을 하고 있었다. 좋은 장비와 석유 버너를 사용하고 있었다. 나는 다가가 반갑게 인사하고 대학생이고 혼자 왔다고 미리 밑밥을 깔았다. 나중에 밥 먹는 자리에 끼기 위함이었다. 나도 바쁘게 밥을 했다. 밥을 다하니 아니나 다를까 밥을 같이 먹자고 했다. 고추장에 양파와 고추, 김치와 꽁치 통조림이 있었다. 환장할 노릇이었다. 많이 먹지는 못하고 눈치껏 조금씩 먹었다. 꿀맛이었다. 내가 소금과 쌀만 가지고 다닌다고 하니 조그만 고추장 봉지와 양파 한 개를 건네주었다. 횡재였다. 다음날 아침과 점심은 황제 식단이 될 것이 분명했다.

그분들은 반야봉(1,732m)에 갔다가 뱀사골로 내려갈 것이라 했다. 1박 2일 코스였다. 그러고 보니 그날은 토요일이었다. 그분들은 직장인인데 오후에 출발하여 노고단까지 차타고 와서 다음날 뱀사골로 내려간다 했다. 아침에는 그분들이 이미 새벽에 짐을 꾸려서 밥을 다 먹었기에 나는 주먹밥 한 개 먹고 바로 짐 꾸려 뒤따랐다. 반야봉을 거쳐 비슷한 높이의 중봉이 있었는데 그곳은 군사지역이라 했다. 나도 그냥 그분들과 함께 뱀사골 내려가는 길목에서 헤어지고 토끼봉(1,535m) 쪽으로 방향을 잡았다. 토끼봉을 지나 명성봉에 갔다. 이 길은 그냥 대로였다. 명성봉(1,538m) 올라갈 때만 약간 좁아졌다. 지리산의 노고단 천왕봉 사이의 능선길은 정말 지루했다. 등산길이 아닌 거의 트래킹 코스였다. 반바지 차림으로 아주 작은 배낭을 메고 노고단에서 천왕봉까지 뛰는 사람도 보았다. 뛰면 하루만에 갈 수 있다 했다. 형제봉(1,452m)을 지나고 덕평봉(1,520m)을 지나 영신봉(1,651m)에 오르니 저 밑에 세석평전이 보였다.

세석산장에 도착하니 매우 많은 텐트가 쳐져 있었고 사람들로 북적였다. 이미 날이 저물었으므로 나도 그 틈에 텐트를 쳤다. 물은 세석산장에서 얻을 수 있었다. 전날 얻은 고추장과 양파, 그리고 라면 스프까지 끓여 진수성찬을 차렸다. 밥도 약간 많이 하여 배부르게 먹었다. 아침에 일어나 촛대봉(1,703m)을 오르고 제석봉(1,808m)을 지나 천왕봉(1,915m)에 올랐다. 제석봉과 천왕봉 사이에는 통천

문이라는 것이 있었는데 길이 있을 것 같지 않은 바위 사이에 묘한 틈이 있어 이곳을 지나서 천왕봉에 올라갔다. 거리는 가까워서 천왕봉에 올라가니 아직 점심때도 안 되었다. 사람들이 바글바글했다. 천왕봉에서 사방을 둘러보며 시간을 보내다 등산객들에게 내려가는 방향을 물어보니 법계사 거쳐 사천 쪽으로 내려가는 길, 세석평전으로 거쳐 하동 쪽으로 내려가는 길 등을 알려 주었다. 그런데 북쪽의 칠선계곡 쪽으로는 절대 가지 말라 했다. 우리나라 3대 죽음의 계곡이니 하는 장광설을 늘어놓으며 위험하다 했다. 도중에 1박을 할 생각으로 가야 한다고 했다. 나는 잘되었다 싶어 칠선계곡으로 내려가기로 했다. 나중에 나이 먹어 다시 갔을 때는 길이 좋아서 별거 아니었는데 당시에는 험한 길이 맞았다.

계곡물과 산비탈을 오르락내리락 가다가 비라도 오면 바로 산 능선으로 대피해야 했다. 가파른 길을 내려가는데 두 시간 되지 않아 네 명의 청년을 만났다. 다들 앉아 있었는데 뭔가 문제가 있었다. 한 명은 발목을 삐어서 절뚝였고 나머지는 이미 탈진에 가까운 상태였다. 배낭은 각각 있었는데 부피들이 컸다. 이러지도 저러지도 못하고 있었다. 내가 가니 다시 올라가는 게 좋겠는지 계속 내려가는 게 좋겠는지 물어 보았다. 당시는 휴대폰이나 삐삐도 없을 때라 난감했다. 나는 내려가는 길이 어느 정도 남았는지 모르겠고 올라가서 다시 내려가려면 매우 어려울 거라 말했다. 그들도 내려가겠다고 결정했다. 이야기를 들어보니 그들은 영등포 무술교도관들이었다. 한 명은 태권도, 한 명은 유도, 한 명은 합기도, 한 명은 검도

특기생이었다. 아직 해가 질 때까지는 시간이 많이 남아서 계속 내려가기로 한 후 내가 배낭 두 개를 들고 200~300m 내려가서 놓고 다시 올라와서 배낭 두 개를 들고 갈 테니 기다렸다가 한 명은 배낭 메고 내려오고 두 명은 발목 다친 사람 부축해서 내려오라 했다. 이렇게 십여 차례 반복하니 날이 저물었다.

 적당한 곳에 텐트를 치고 밥을 지었는데 이 사람들 반찬이 무척 호화스러웠다. 무슨 소시지, 햄, 과일, 야채, 김치, 심지어 고등어 통조림도 있었다. 그네들은 산에 파티 하러 온 것 같았다. 하여간 잘 얻어먹고 아침에 일어나니 힘을 차렸는지 네 명 다 활기가 넘쳤다. 전날 발목 삐었던 친구도 발목 붓기가 많이 가라앉았다. 화려한 아침밥을 차려 먹고 담배 한 대 피우며 나도 태권도와 합기도를 꽤 오래 했다고 하니 그 친구들이 반기며 무술 시범을 보여 주겠다 했다. 다들 20대 중반쯤이라 그냥 형들이라고 불렀다. 다른 건 잘 모르겠는데 검도가 무시무시했다. 배낭에서 60cm쯤 되는 박달나무 검을 꺼냈는데 날카로운 장검으로 내려쳐도 안 잘릴만한 굵은 소나무 가지가 박달 검에 잘려나갔다. 사람 맞으면 그냥 목 부러져 죽겠구나 싶었다.

 그럭저럭 반나절쯤 내려오니 조그마한 집이 나타났다. '막걸리'라고 빨간색으로 문에 써져 있었다. 민가를 만난 것도 반가운데 더군다나 막걸리라니. 다들 환호를 지르며 들어섰다. 양철 지붕이 있는 마당에 나무 책상이 두어 개 있었다. 아줌마가 나와서 "막걸리 줘?" 물었다. 모두 합창으로 대답하니 큰 바가지에 막걸리를 담아 오고 작은 표주박을 네 개 줬다. 자르지 않고 만든 열무김치가 나오고 안주는 그게 다라고 했다. 막걸리가 꿀이고 열무김치는 천상의 맛이었다. 큰 바가지로 두 개 정도 먹었는데 아주머니가 열무김치를 수북이 담아서 내왔다. 그 형들이 막걸리 값에 충분한 돈을 더 얹어 아주머니에게 주니 사양하다가 받았다. 길을 물으니 마천 가는 길을 알려주었다. 시간 반 정도 걸릴 거라 했다. 마천에 나가 함양 가는 버스를 탔고 함양에서 서울로 왔다. 그 형들은 그 후에도 내가 영등포에 가서 교도소로 전화하면 반가이 나와서 술 사 주었다. 술 많이 얻어먹었다. 인천에 도착하니 어두운 밤이었다. 영생이 집에

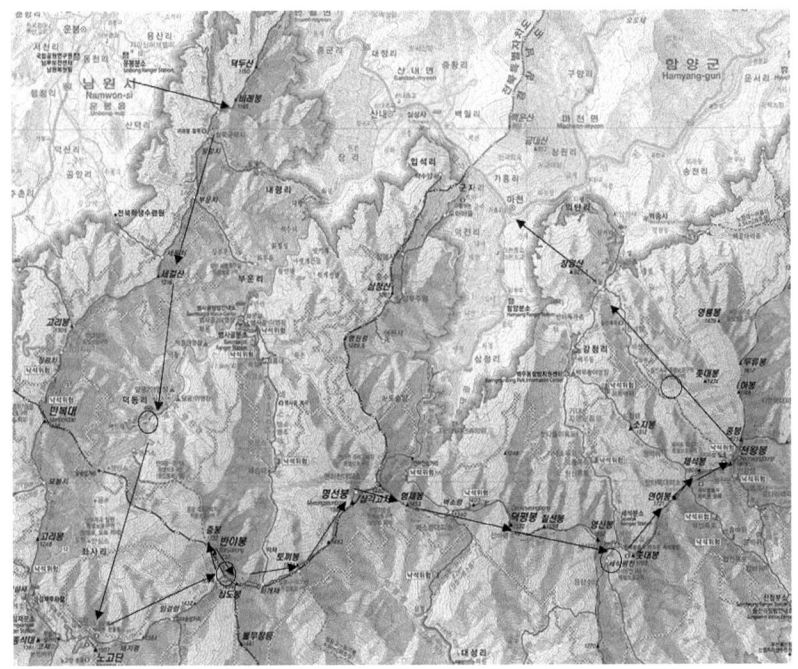

지리산 행로. 동그라미 부분은 야박 위치이다.

가서 술 먹고 잤다. 영생이 동생들은 너절해진 내 모습을 보고 연신 멋있다고 감탄했고 영생이 어머님은 아침밥도 거하게 차려 주어서 잘 먹고 집에 갔다.

데모는 계속 있었고 대간첩 작전을 한다며 만들어진 전경은 학생 두드려 패는 일에 주로 동원되었다. 그들은 제대하면 다시 학생이 되었다. 데모하다 끌려간 학생들은 병신이 되기도 했고 군대에 끌려가기도 했다. 그렇게 박정희의 유신독재는 박정희를 증오하는 국민들과 특히 거센 학생 저항으로 인해 종말로 가고 있었다. 이때 데모의 선봉장에 섰던 학생들 중에 일부는 지금의 중년이 될 때까지도 감옥을 드나들며 민주화의 선봉에 서 있고 일부는 동료를 배신한 후 독재자나 친일파의 앞잡이로 변신하여 같은 시기의 동료들을 밀고하고 빨갱이로 모략하는 짓으로 정치권력과 부를 축적하고 있다.

나는 또다시 낙제할 위기였고 3번 연속 낙제하면 퇴학 처분을 당할 터였다. 미리 자퇴한 과 동기들을 빼면 나와 같은 처지의 학생이 과에서 8명이었다. 이들이 모여 군대로 내빼기로 했다. 대부분은 재수나 삼수생이라서 군대 입대가 가능했지만 나는 나이가 안 되어 지원해야만 했다. 당시에 58년, 59년, 개·돼지띠들이 넘쳐나 군대에 조금만 흠집이 있어도 방위나 면제가 많았다. 형제 없는 독자도 군 면제 대상이었다. 나처럼 눈이 나빠 안경만 써도 면제 대상이고 손가락 하나만 이상해도 면제였다. 나는 손도 병신이고 눈도 나빠 군대 가기 어려운 데다가 나이도 안 되어서 머리를 써야 했다. 마침 스킨스쿠버 동호회 선배들이 거의 다 해병대 출신이고 해병대는 지원하는 곳이라서 해병대 지원 원서를 냈다. 시력검사를 대비하여 시력검사표 밑줄들을 외웠다. 신체검사에 가서 시력검사 시 검사관이 시력표를 가리킬 때 "가장 밑줄은 xxxxxxxx입니다."를 외치자 시력 2.0으로 기재되어 통과되었다. 사지 검사 때는 손가락 하나씩 굽혀 보라는 검사원의 말에 손가락을 한꺼번에 흔들며 "이상 없습니다."를 외치자 정상으로 이 역시 무사히 통과되었다. 그러나 무엇 때문인지는 모르겠지만 해병대에는 불합격으로 못 가고 논산으로 가게 되었다. 8월 13일 청량리 기차역에 모이라는 통보를 받았다.

학교에는 군 입대로 인한 휴학 신청을 했다. 우리 8명은 이로써 우리의 잔꾀가 통한 줄 알았는데 나중에 알고 보니 강의 날짜가 많이 지나 우리의 성적이 또다시 낙제로 나온 것을 군 제대하고야 알았다. 휴학하려면 다음 학교 등록금을 예치해야 했다. 30만 원 가까운 돈이었다. 친하게 지내던 과 친구 윤석이에게 이야기하고 돈 좀 빌려 달라 했다. 윤석이는 부모가 충남에서 큰 병원을 운영했는데 덩치 큰 윤석이는 순둥이였다. 럭비부를 하기도 했는데 동생과 우이동에서 가정부를 놓고 살고 있었다. 한번은 윤석이 어머님을 만났었는데 나에게 큰돈을 주며 윤석이 어디 데려가서 총각 딱지 좀 떼 주라 했다. 윤석이를 데리고 청량리를 가서 술 먹고 아가씨를 붙여서 방에 들여보냈는데 바로 튀어나와서 실패했다. 어머님이 상당한 인텔리였다. 어쩌다가는 윤석이 집에 가서 양주와 용돈도 얻어온 일이 있었다. 윤석이는 돈 빌려달라는 내 부탁을 흔쾌히 수락하고 집에 가서 금고를 열어 돈뭉치를 꺼내 주었다. 그것도 충분한 양을 주고 갚지 않아도 된다 했다. 다시 양주 두 병과 돈을 받아 휴학 예치금을 내었다. 윤석이는 후에 자퇴하고 다시 의대에 입학하여 의사가 되었고 본인 병원을 운영하고 있다.

이미 자식 하나를 둔 한의원 집 아들 상천이와 인하전문대 다니는 오연이가 대천으로 놀러 가자고 했다. 내가 군대 가기 전에 한 번 거하게 놀자는 거였다. 상천이든 오연이든 부잣집 아들들이라 돈이 많았다. 상천이가 대학생 여자애들 셋을 데려왔다. 성찬이는 고등학교 때 말숙이 사이에서 아들을 낳은 뒤 아버지가 소나 기르라고 인천 주변에 목장과 소를 사 주었는데 그 땅이 아파트 단지로 개발되어 돈방석에 앉았다. 그는 여전히 놀러 다니며 여자들을 만나고 다녔다. 데려온 여자 중 한 명을 내 파트너라고 지명했는데 무슨 대학교 3학년이고 몇 주 뒤에 미국으로 유학 간다고 했다. 난 관심이 없었지만 여자는 항상 내 옆에 붙어 있었다. 난 은연이가 겹쳐 보여서 괴롭기만 했다.

저녁에 민박집 근처 해변에서 술을 마셨는데 코펠에 술 한 되짜리 한 병을 부은 후 오렌지 환타를 조금 섞었다. 김치 한 조각 집어 먹은 후 입 안 떼고 한숨에 전부 목구멍에 부어 넘겼다. 이후 정신을 잃었는데 정신이 돌아오니 민박집 방에 누워 있었다. 주변에 여자 남자 한 쌍씩 누워 있었다. 눈은 떴지만 말이 나오지 않았다. 간신히 손가락 까닥거려 옆에 있던 내 파트너 여자애를 건드렸는데 다행히 여자애가 잠이 깨어 불 켜고 다른 애들을 모두 깨웠다. 여자애가 계란국을 끓여 숟가락으로 한 입씩 입에 흘려주었다. 한참을 지난 뒤 간신히 일어나 그간 상황을 물어보니 지금 새벽 두 시라 했고 내가 술 먹고 쓰러진 후 방에 들여와 눕혔는데 하루가 더 지난 28시간 뒤였다. 결국 2박 3일의 여행은 소주 한 됫박이 시작이자 끝이었다. 아침 기차로 인천에 왔다.

군대 가기 전 어머님이 군대 가는 나를 위하여 생일상을 거하게 차려 주었다. 어머님이 내 생일을 기억하고 거하게 생일상을 차려 주신 것은 그때가 처음이었다. 그간 내 생일은 우리 식구 아무도 기억하지 못하는 줄 알았다. 큰형이 나보다 생일이 5일 빨라서 가끔은 큰형 생일날 미역국을 끓였을 때 너 생일도 며칠 뒤니 오늘 미역국으로 내 생일도 대신한다는 말을 가끔 들은 것 같기도 했다. 친구들을 집으로 데려와 배갈을 마셨는데 나는 뭘 잘못 먹었는지 식중독이 걸려 드러누웠다. 친구들은 밤새워 먹고 장롱 속에 오줌까지 싸 놓고 갔다. 누군가 장판에 배갈을 엎어서 내가 아이디어를 내어 냄새 없애고 치우려면 불붙이라 했는데 엎질러진 주위의 장판이 까맣게 탔고 장판은 쭈글쭈글해졌다. 다행히 화재는 나지 않았다. 오연이가 밤중에 자다가 술에 취해 이불장을 열고 오줌을 누었다. 아침에 지린내가 진동했다. 어머님이 다음날 들어와 장판 탄 것과 이불장 속 오줌 눈 것을 아시고는 "이참에 장판 갈고 이불 세탁 좀 해야겠네. 잘됐다." 하시고는 아무런 꾸중 없이 식중독으로 누워 있는 내게 물 젖은 수건을 머리에 덮어 놓고 상을 치웠다. 어머니는 속 깊고 참을성 많지만 자식 지키는 데는 세계 최강 특공 요원보다 강했다.

며칠을 술만 먹다가 입대 날이 되어 머리 빡빡 깎고 청량리 입영 열차를 타러 갔다. 친구들과 작은누님과 지금 매형이 된 남자친구가 왔는데 은연이도 왔다. 그동안 안 만났는데 사정을 모르는 친구들이 연락해서 같이 왔다고 했다. 나는 거들떠보지도 않는데 은연이가 하도 서럽게 울어서 누님도 따라 울었다. 나는 시큰둥하게 입영 열차를 타서 정해진 자리에 앉으니 호송병들이 군기를 잡기 시작했다. 악다구니를 지르라고도 하고 노래를 한 구절씩 따라 부르라고도 했다. "사나이로 태어나서…." 기차가 덜컹 움직이자 다들 창문을 열고 '어머니, 영숙아, 친구야'를 불러대며 울고 악쓰고 지랄들이었다. 난 맨송맨송하게 그 꼴들을 멍하니 구경했다.

박정희 유신독재
　- 1979년, 군대 이등병

　　논산에서 기차를 내려 훈련소로 들어갔다. 내무반을 배정받고 군용품이 지급되었다. 잠시 후 병사 한 명이 내무반에 들어와 내 이름을 부르며 따라오라 했다. 병사를 따라서 훈련소장실로 가니 신병 네 명이 와 있었다. 훈련소장이 각각을 호명했다. 한 명은 당시의 유명한 야구선수, 한 명은 해군 사령관(참모총장?) 아들, 다른 한 명은 외무고시와 사법고시를 동시에 합격한 사람이었다. 나에 대해서는 잘 모르는 모양이었다. 나에게 아버님이 뭐하시는 분이냐고 물었다. 그냥 한전 직원이라 하니 고개를 갸우뚱거렸다. 학교, 특기 등을 묻고 내 기록부를 보면서 계속 갸우뚱거리기만 했다. 결국 세 명을 보내고 나만 남아 면담을 이어갔다. 결국 특이한 점을 못 알아내자 점잖게 고개를 끄덕이며 말했다. "나에게 알려주지 못하는 부분이 있다면 말하지 않아도 되네. 다만 필요한 부분이 있거나 불편한 점이 있으면 언제든지 나에게 와서 말해 주게." 그렇게 면담을 끝내고 돌아오니 군복이 지급되어 있었다. 앞선 신병들이 입었던 헌 옷이었다. 그 바지 주머니에 물품 교환권이 한 뭉치 들어 있었다. 종이 버스표같이 생긴 것이었는데 일인당 2만 원어치 이하만 구입할 수 있었고 나머지 가지고 온 돈과 사제 물품은 모두 집으로 돌려보내졌다. 그 표로 PX에서 빵, 음료, 과자 등을 사 먹을 수 있었다. 내 주머니에 뭉쳐져 들어 있던 표는 대략 10만 원 어치가 되었다. 내무반장에게 보여 주니 나에게 운이 좋다 했다. 그러면서 앞의 훈련병이 넣어 놓고 간 것 같다며 너에게 지급된 물품에 들어 있었으니 그냥 가지라고 했다. 의아했지만 그때는 그냥 운이 좋다고만 생각했다. 결국 훈련소를 나올 때까지도 다 쓰지 못했다.

　4주 동안 기본 군사훈련을 마치고 다들 자대에 배치되어 떠났는데 나만 자대 배치가 안 되었다. 다시 소장실에 불려가니 소장이 가고 싶은 데를 말하라 했다. 소장은 다들 선호하던 카투사나 훈련소에 남아 훈련소 공관 사병을 제안했지만 나는 최전방으로 보내 달라고 우겼다. 소장이 난처해하며 당분간 PX에서 지내고 아무거나 먹고 싶은 대로 먹고 자유롭게 돌아다니며 생각해 본 후 다시 면담하자 했다. 약 2주간을 빈둥거리는 동안 면담할 때마다 최전방에 가겠다고 계속 말했다. 결국 헌병 지프차가 와서 나만 달랑 싣고 긴 시간을 달렸다. 도착한 곳이 강원도 담홍리 15사 사단장실이었다. 당시 사단장이 나중에 합참의장을 했던 이기백 사단장이라고 기억되는데 정확한지는 모르겠다. 사단장은 부사관에게 라면을 끓여 오라 시키더니 과자와 맥주를 내왔다. 나에게 훈련소 소장처럼 이것저것 물으며 여기가 최전방이니 사단장실에서 근무하라 했다. 나는 최전방 철책으로 보내 달라고 또 우겼다. 결국 한숨을 내쉬던 사단장이 다시 지프차를 내어 데려간 곳은 전방의 포병부대였다.

다시 대대장과 보안대장의 면담이 있었다. 여기에 와서야 훈련소장이며 사단장의 행동 등 나에게 벌어진 특수 상황을 이해했다. 군 기록부라는 A4 용지 크기의 두껍고 노란 종이에 작은 글씨로 각종 개인 자료가 적혀 있었는데 보안대장이 내 것을 보여 주었다. 이름, 가족, 직업, 신체, 등등이 적혀 있는 작은 칸마다 번호가 있었다. 그 번호에 작고 동그란 도장이 여러 군데 찍혀 있었다. 군 암호 같은 것이었다. 보안대장이 설명하기를 어디에 도장이 찍히면 군장성 아들 혹은 정치인 아들, 운동선수, 외무고시 합격자 등등을 의미한다 했다. 내 기록부는 여기저기 많이 찍혀 있어 알 수가 없으니 나에게 좀 알려 달라 했다.

나는 집히는 것은 있었다. 이건 필시 군과 정치계의 최 정점에 있었던 백인엽 장군의 지시였을 것이다. 나를 양아들 삼는다 했으니 나도 모르게 손을 썼을 수도 있겠구나 싶었다. 그러나 나는 끝까지 함구했다. 결국 보안대장이 재벌의 아들로 사단장에게 보고할 테니 나에게 끝까지 함구해 달라고 부탁했다. 누가 물어보더라도 비밀을 지켜 달라 했다. 그러마고 대답하고 대신 모든 사람들에게 이 일을 알리지 말고 다른 사람과 똑같이 대해 달라고 부탁했다. 서로 약속을 하고 돌아갔지만 보안대장은 간간이 나를 찾아와 대대장실에서 맥주나 소주를 사며 잘 지내는지 물었다. 그리고 필요한 게 있으면 언제든지 말해 달라 했다. 대대장실로 데려갈 때는 대대장도 못 들어오게 하고 주변에 아무도 얼쩡거리지 못하게 경비도 세웠다.

내무반에 배치되어 가니 포반에 다시 배치되었다. 한 포대에는 포반이 6개가 있고 수송반과 행정반이 있었다. 총 60여 명이었는데 각 포반이 6명씩이고 수송반이 14명, 행정반이 2명, 통신반이 6명 정도였다. 나와 같은 날 입대한 동기가 한 명 있었는데 나보다 자대에 2주 전에 왔다. 나는 이등병 최말단이었다. 이등병만 20여 명이 되었는데 수송반이 8명으로 제일 많았다. 수송반 애들은 대부분 덩치가 컸고 5월 군번이 많았다. 나머지 포대는 7월 군번이 많았다. 나는 8월 13일 군번이다. 이등병 최고참은 수송부 영두였는데 4월 군번이었다. 그 밑으로 5, 6, 7월 군번이 모두 합쳐 20여 명이었다. 대한민국의 애매한 개·돼지들은 학교에 이어서 군대에도 숫자가 많았다.

저녁에 영두가 창고로 이등병 집합을 시켰다. 늘어선 줄이 꽤 길었다. 나는 끄트머리에 섰다. 순간적으로 군 생활 내내 졸병 노릇 해야 한다는 생각이 스쳤고 이걸 어떻게 뒤집어야 하나 머리를 굴렸다. 영두는 머리가 좀 모자라 보였는데 이게 신병 신고식인지 4월 군번이 몽둥이로 이등병 전체를 한 대씩 때리면 5월 군번들이 6월 군번을 한 대씩 또 6월이 7월을, 7월이 8월을 한 대씩 때리는 식이었다. 같은 달은 동기로 하고 달이 틀리면 고참이었다. 이렇게 되면 나는 18대를 맞게 되는 셈이었다. 머리에 답이 나왔다. 지금 이걸 못 깨면 3년 동안 이런 꼴 당한다.

나는 바로 대들었다. "야! 영두! 같은 이등병끼리 고참이고 나발이고가 어딨어? 깝치지 마라." 모든 시선이 나에게 돌아왔다. 눈이 휘둥그레진 영두가 몽둥이를 들고 나에게 와 휘두를 때 내가 주먹으로 영두 면상을 한방 갈겼다. 나가떨어진 영두가 "저 새끼 잡아"를 외치자 수송부 덩치들이 달려들었다. 수송부의 군기가 세다는 건 앞서 들은 바 있었다. 창고 문을 열고 산으로 튀었다. 캄캄한 산에서 게릴라전을 벌였다. 나무 뒤에 숨었다가 한 놈 다가오면 냅다 갈기고 튀고 또 갈기고 튀고를 반복하자 한참 후 다들 내려가서 나더러 산에서 내려오라고 합창을 했다.

어슬렁거리며 내려가니 포대원 전부 내무반 앞마당에 나와 있었다. 병장 최고 고참은 5포대에 있었는데 이 고참이 포대원들 전부를 세워 놓고 8월 군번 두 명 앞으로 나오라 했다. 또 수송부 이등병들 전부 나오라 해서 서로 마주 보게 했다. 8명이었다. "이제부터 맞장 뜬다. 마당에서 벗어나면 안 되고 붙잡으면 안 되고 얼굴 때리면 안 된다. 내가 그만하라고 할 때까지 한다. 시작!" 수송부 8명이 우르르 달려들고 나는 신이 났다. 동기인 종복이는 힘이 장사였다. 나는 달려드는 수송부의 급소, 급소를 가격하며 뛰어다니고 종복이는 우직하게 한 명씩 때려눕혔다. 결국 수송부 몇 명이 바닥에서 못 일어나고 몇 명이 남아 뒷걸음 칠 때야 최고참이 '그만'을 외쳤다. 포반 고참들은 기특하다는 표정으로 들어가라 했다. 얼굴 씻고 내무반에 들어가니 밖에서 수송부 고참들에게 이등병들이 맞는 소리가 한참 동안 들렸다. 수송반과 포반 사이에는 보이지 않는 알력이 있다는 걸 알았다. 동기인 종복이와는 지금도 친하게 지내며 같은 회사에

근무하고 있다.

다음날 악명 높은 어떤 병장(이름이 기억나지 않는다)에게 불려 나갔다. 포반으로 데려가더니 군대 맛을 보여 주겠다 하며 TA—OOO라고 불리는 야전 유선 전화기의 단말기 단자를 입에 물라고 했다. 그래서 입에 물고 있으니 옆에 붙은 신호용 손잡이를 빠르게 돌려 버렸다. 이건 소형 발전기였다. 전압이 높아지니 머리에 전기 쇼크가 오면서 온몸이 경직되기 시작했다. 전기 고문이란 게 바로 이런 것이었다. 아니 이건 군대 맛이 아니라 남산 정보부 맛이었다.(정보부는 후에 안기부로 바뀌었다가 지금의 국정원이 되었다.) 몇 번 반복하자 근육이 다 경직되며 몸이 굳어졌다.

군용 유선 전화기

그놈은 사이코패스인지 고문을 하면서 오르가즘을 느끼는 것처럼 자기 몸을 떨고 킥킥거리며 즐거워했다. 한참을 전기 고문을 하다가 살던 곳, 다닌 학교를 물어보았다. 당시에 전방 우리 대대에 내가 유일한 대학생 입대자라 했다. 옆의 비누를 가리키며 영어로 저게 뭐냐고 물어봤다. '소프'라고 대답하니 잘난 척 말라며 군홧발로 정강이를 찼다. 군대에서는 유식한 것들이 제일 먼저 죽는단다. 본인은 중학교만 나왔다고 했다. 다시 호랑이가 영어로 뭐냐고 물어봤다. 이번에는 모른다고 대답했더니 그건 '타이거'라며 자기도 아는데 너희같이 공부 안 하고 여대생이나 꼬드기러 다니는 놈들 지켜주려고 자기가 전방에서 고생하고 있다며 또 때렸다. 한참을 괴롭히더니 밖으로 뛰어나가 벌을 잡아 오라 했다. 나는 모자를 벗어들고 벌을 잡으러 뛰었다. 잡아 오면 풀어 주고 다시 잡아 오면 풀어 주기를 반복하더니 몇 번 만에 '합격'을 외치고 그 벌을 등에 넣으라 했다. 도시 놈인 나는 벌 종류를 구별하지 못했다. 그건 '땅벌'이라 불리는 벌이었다. 등에 넣으니 간지럽게 버둥거리는데 병장이 등을 모자로 톡톡 치자 갑자기 격렬한 통증과 함께 벌이 침을 내 등에 박았다. 배를 잡고 깔깔거리는 병장이 그제야 앞으로 고참에게 대들지 말라며 보내줬다. 나중에 내무반에 오니 등에 손바닥 반 크기의 혹이 솟아 있었다.

대대 본부에 PX가 있었다. 사제담배와 술, 과자 등을 팔았다. PX에 물건이 들어오면 며칠 안 가서 소주, 맥주 등은 동이 났다. 워낙 쌌기 때문에 장교들과 하사관들이 대부분 사가기 때문이었다. 고참들은 PX에 졸병들을 심부름 보내기도 했는데 PX에 이등병이 심부름을 가면 PX 하사관이 일단 푸쉬업, 쪼그려 뛰기 등을 시킨 후 물건을 주었다. 고참들은 100원 동전 하나를 주면서 300원짜리(당시 인기 있던 거북선과 썬 담배가 200원에서 300원으로 올랐다) 담배 심부름을 시키곤 했다. 물론 200원은 졸병 돈을 보태서 사와야 했다. 당시에 군대에서는 매달 화랑 담배가 1인당 15갑씩 지급되었는데 종이필터가 달린 짧은 담배였다. 일병 이상 대부분은 PX에서 사제담배를 사

군용담배와 사제담배

다 피우고 화랑은 내무반 한 편에 쌓여 있어서 사제담배가 없을 때나 피웠다.

나쁜 고참만 있었던 건 아니었다. 우리 포반장은 작고 코미디언 같이 잘 웃기고 사람 좋은 병장이었다. 밑에 키 크고 몸 좋은 부반장 상병이 있었다. 전국체육대회에 태권도 선수로 참여하기도 했단다. 나에게 친절하게 대해 주고 내가 3포반에 배정된 것을 매우 흡족하게 여겼다. 내가 사고 칠 때마다 은근슬쩍 무마하려고도 했다. 또 대대 본부 소속이지만 아무 일도 안 하고 회초리 하나 손에 들고 어슬렁거리는 '왕병장'이라고 불리는 나이 먹은 병장이 있었다. 한쪽 눈이 허옇고 한쪽 다리를 약간 절룩거렸다. 군대에서 사고로 다쳤다 했다. 부모 형제도 없으며 군에 말뚝 박아서 제대도 안 하고 아무도 건들지 않는다 했다. 그런데 히죽거리고 다니면서 부하들 괴롭히는 병장이나 상병만 골라 회초리로 때렸다. 우리 내무반에도 갑자기 들어와 히죽거리다가 나를 괴롭힌 병장을 회초리로 때렸다. 아무 말도 없이 히죽히죽 웃으며 회초리로 때리는데, 공포가 느껴질 정도였다. 머리 감싸 쥐고 얻어맞는 병장을 뒤로하고 나가는 도중에 왕병장은 처음 보는 나를 성한 한쪽 눈으로 갸웃거리며 이리저리 보더니 아무 말 없이 나갔다. 이후로 수송부 이등병들과 몇 번의 싸움이 더 있었다.

'자이언트'라고 별명 붙여진 9월 군번 이등병이 수송부에 배정되어 왔다. 산 같은 덩치에 팔뚝이 내 허벅지만큼 두꺼운 덕산이었다. 내가 처음으로 맞는 내 밑 군번이었다. 원래 논산훈련소 군번은 12…로 시작되는 8자리의 군번에 따라 고참과 신참을 구별한다. 나는 12의 마지막 군번이었고 덕산이는 13군번이었다. 백만 단위의 군번이 79년 9월부터 바뀌었다 했다. 따라서 나까지는 알리(화투 '섯다'의 12를 뜻하며 '땡' 다음에는 가장 높은 족보) 군번이라 하며 79년 9월 군번은 그냥 족보가 없었다. 또한 알리 군번은 유신군대의 군번을 뜻하기도 했다. 덕산이는 결혼도 했고 나이도 먹었다. 자식도 있다 했다. 농사짓는다고 했다. 20대 후반의 나이라 병장들 나이보다도 많았다.

그런데 덕산이가 온 후 수송반 분위기가 달라졌다. 덕산이를 수송반 교육시킨다고 내무반에서는 거의 못 보았는데 덕산이 온 후 일주일 지난 즈음에 수송반 이등병 중의 하나가 대뜸 나에게 "너 이 새끼 오늘 죽었어." 하더니 덕산이가 성큼성큼 걸어와 허리에 손을 떡 올리고 나를 내려 보며 "너 나랑 붙자" 했다. 순간 수송반 애들의 의도를 알아차렸다. 나는 순간적으로 머리를 굴렸다. "13군번 덕산아. 너랑 1:1로 붙자는 거냐?" "그래" "알았다. 저 새끼들이 시킨 거지? 저 새끼들 못 끼어들게 창고로 가자." 모든 포대원들이 따라 나왔다. 나는 앞장서서 수송반 창고로 들어가서 문에 걸쇠를 걸었다.

이건 힘으로 하는 싸움이 아니었다. 수송반 창고에는 차량 수리용 도구들이 많았다. "덕산아 좋은 걸로 하나 집어 들어라. 너와 나 둘 중에 하나는 죽어서 나간다." 나는 천천히 긴 드라이버 하나를 집어 들고 다가갔다. "덕산아 너도 집어라. 넌 살아서 나가야 마누라도 애도 돌볼 꺼 아니냐? 살아 나가야지." 순간 덕산이 몸이 굳었다. 그렇게 스르르 무너지더니 무릎 꿇고 절을 하듯이 바닥에 머리를 대며 흐느꼈다. "살려주세요. 전 정말 싸울 생각 없어요. 고참들이 시킨 거예요. 제발 살려주세요. 전 아이도 있어요. 살려주세요." 나는 입에 손가락을 대고 덕산이 머리 앞에 가부좌를 틀고 앉았다. "조용히 하고 머리 들어. 살려줄 거야. 이야기만 좀 하자."

덕산이는 소리도 못 내고 흐느끼는데 눈물 콧물을 떨구며 덜덜 떨면서 땀까지 흘렸다. "너는 군 생활 잘 버텨서 제대할 때까지 다치지 말고 앞으로 어렵고 힘든 일이 생기면 몰래라도 나에게 이야기하면 너 피해 안 가도록 최선을 다해 돕겠다"고 하며 이제부터 연극을 좀 하자고 했다. "내가 이 옆의 흙 포대 자루를 때리면 너는 바닥을 뒹굴면서 아이고 소리만 질러라. 내가 문을 열면 기어서 나가라. 그래야 네가 수송부 고참들에게 안 맞는다. 알았냐?" 덕산이는 고개를 끄덕이며 연신 눈물을 쏟았다.

한참을 흙 포대를 두드리고 덕산이는 돼지 멱따는 소리로 아이고를 외치고 뒹굴었다. 기름기 많은 흙에 군홧발을 문질러 덕산이 옷

여기저기 도장 찍듯 지긋이 자국도 남겼다. 덕산이 옷이 바닥의 기름 먹은 흙으로 엉망이 된 후에 문을 열자 덕산이가 높은 포복 자세로 엉엉 울면서 기어나갔다. 마당에서 결과를 기다리던 포대원들이 멍한 눈으로 덕산이를 보는 상황에서 나는 창고에서 나와 수송반 이등병들 앞에 멈춰 섰다. "야 이 비겁한 새끼들아. 직접 싸우긴 자신 없고 죄 없는 쫄따구만 저 꼴을 만들어? 전쟁 나면 쫄따구 내보내고 도망칠 새끼들아. 니들은 군인도 아니고 양아치 새끼들이야. 니들 중에 군인 같은 놈 있으면 나랑 창고로 들어가자." 모두가 말없이 멍하니 있는 틈에 "덕산이 일어서!" 하니 벌떡 일어나 차렷 자세로 내 앞에 섰다. "내가 너한테 사과한다. 넌 잘못이 없다. 병신 같은 고참들 만난 죄다. 씻고 옷 갈아입어라." 하니 덕산이는 경례를 올려붙이고 뛰어갔다.

그날 밤 태권도 상병이 이등병들을 창고에 집합시켰다. "이건 병장, 상병들이 회의해서 결정한 것이다. 앞으로 4월 군번부터 8월 군번까지는 동기다. 알았나?" 그 후로 나는 이등병들로부터는 자유로워졌다. 이등병들 모두를 '야'로 호칭했으며 수송반 이등병들과도 악수한 후 친하게 지냈다. 한 달 뒤 영두가 일등병으로 진급한 뒤에도 '영두야' 또는 '권 일병'으로 지칭했다. 이렇게 긴 군 생활의 만년 졸병 탈출은 성공하는 듯 했으나 이 후에도 몇 번의 위기는 더 있었다.

당시 육군은 무장 구보(군장을 메고 철모와 총을 든 채 10km를 달리는 것)가 유행이었다. 각각 부대별로 몇 명씩 출전하여 개별 달리기를 하는데 배낭에는 신문지 구겨 넣어 무게는 거의 없었다. 철모는 알 철모(플라스틱 내피만 빼내어 위장 천을 씌운 것)에 M16 소총은 내부를 빼내어 껍데기뿐이므로 이 또한 가벼웠다. 다들 그렇게 하기 때문에 당연시되었다. 나는 부대에서 무장 구보를 월등히 잘했으므로 시합에 뽑혀서 연습을 시작했다. 3km 될 때까지는 숨이 점점 가빠왔지만 어느 지점이 넘으면 가슴이 확 트이면서 아무리 빨리 달려도 숨이 가빠지지 않았다. 사람마다 좀 다르긴 하지만 나는 3km가 고비였다. 하지만 숨이 터지는 순간을 알고 있었으므로 답답함을 참고 빠르게 달렸다. 그 지점이 지나면 내가 초인이 된 것처럼 100m 달리듯이 달렸다. 기분도 매우 상쾌하고 머리가 맑아졌다.

처음 사단 시합에 나갔는데 GP특공대를 포함해서 많은 부대가 왔다. 각 부대당 2명씩 40명 정도 되어 보였다. 부대원들이 하는 말이 항상 특공대가 우승하고 우리 대대는 한 번도 등수에 든 적이 없다고 했다. 나도 기대를 안 했다. 3km 지점이 될 때까지는 중간쯤이었고 저 앞의 선두는 까마득히 멀었다. 3km 지나자 숨이 터졌다. 100m 달리듯이 달렸고 발이 땅에 닿지 않고 나가는 것처럼 상쾌했다. 3~4km쯤 달리자 내 앞에 아무도 없었다. 그래도 달리는 기분이 상쾌하여 계속 달렸다.

연병장에 대기하던 대대장 이하 각 부대당 20여 명의 사열대가 환호했다. 나는 힘이 남아서 총검술 동작을 힘차게 했다. 원래는 결승점을 통과하면 총검 19개 동작을 하게 되어 있었지만 다들 지쳐서 하는 사람은 없었다. 내가 총검술 제식 동작을 다 마칠 때까지도

2등이 도착 못했다. 나중에 기록을 들었다. 52분이라고 했다. 그 후 내가 군 생활 동안 가장 빠르게 달린 기록은 48분이었다.

이등병 달고 무장 구보 우승을 한 후 상병까지 항상 우승했다. 단체전도 가짜 소위 계급장 달고 지휘관으로 참가했다. 첫 번째 우승을 하고 부대 앞에 도열하니 사단장이 사열대에 올라 표창장을 주었다. 동시에 5일간의 포상 휴가가 주어졌다. 특공대원들은 사단장이 내려간 후 연병장에서 전원 엎드려뻗쳐 자세로 특공대 부대장의 군홧발을 허벅지에 맞고 있었다. 내가 부대로 돌아오니 일등병을 달아 놓은 군복이 빳빳하게 다려져 있었다. 이등병은 휴가를 못 가게 되어 있어 가짜(마이가리 일병이라 함) 일병 계급장을 붙이고 입대한 지 두 달도 안 되어 첫 휴가를 나갔다.

5일간의 휴가는 가는 데 꼬박 하루 걸리고 오는 데 하루 걸렸기 때문에 그리 길지는 않았다. 대성산 입구 말고개를 오르면 거기부터 사창리까지 8km 정도여서 두 시간 걸어야 했다. 어쩌다 같은 방향 보급차라도 만나게 되면 그 차를 타고 금방 갈 수 있는 거리였지만 그때는 보급차도 못 만났다. 아침 8시에 출발하여 9시 30분에 사창리 검문소를 지나 동네에 들어서니 10시였고 거기서 화천 가는 버스를 타야 했다. 버스는 절벽 근처를 아슬아슬하게 지나고 개울 속으로 건너기도 했다. 집 몇 채 있는 곳마다 멈추는 노선이었기 때문에 산길을 돌아 돌아, 거의 두 시간이나 걸렸다. 중간 중간에 헌병 검문소가 있으면 헌병들이 버스에 올라타 군인들의 휴가증을 검사하기도 했다. 지금은 10~20분 만에 갈 만큼 길이 좋지만 당시에는 그랬다. 화천에서 춘천행 버스를 탔다. 춘천 내리면 거의 12시였다. 거기서 점심을 먹고 서울 도착하면 오후 5시. 인천 도착하면 저녁 무렵이었다.

집에 도착하여 부모님을 뵙고 저녁을 먹었는데 반가움보다는 낯선 곳에 다시 온 느낌이었다. 동기인 종복이가 준 돈 3만 원이 있었기에 부모님이 주시는 용돈 만 원은 거절했다. 종복이는 상업은행 다니다가 군에 왔는데 당시 급여가 꽤 높아서 군대에 있는 동안에도 급여의 50%가 지급되었다. 그중의 일부(5만 원)가 매달 봉투에 담겨 부대에 왔다. 당시 이등병 월 급여가 3,000원 정도이고 병장이 5,000원 조금 못 되었다. 선이나 거북선 최고급 담배는 PX에서 300원, 맥주 80원, 소주 120원이었으므로 군 생활에서의 5만 원은 매우 큰돈이었다. 종복이는 돈이 오면 동기인 나에게 매달 2만 원씩 나눠 주었으므로 PX에서 뭐든 살 수 있었다.

군복 입고 나와서 친구들을 만났다. 대부분 삼수생이고 일부는 전문학교에 다녔다. 이들이 왜 이렇게 어려 보이는지 술을 마셔도 별 재미가 없었다. 은연이에 대한 소식도 그들이 전했는데 난 흥미가 없었다. 그들은 이전과 같았지만 나는 좀 더 어른이 된 것 같았다. 군대에서는 외로움을 못 느꼈는데 사회에 나오니 다시 외로워졌다. 다음날 부모님께 부대 복귀한다고 인사드리고 나왔다.

정말 조기 복귀하려고 마음먹었는데 신촌의 학교에 들르니 데모 함성 속에 최루탄 냄새가 매캐했다. 친구들이 당시 시국에 대하여 열변을 토하는 것을 들으며 내가 오히려 사회에서 뒤처지고 있다는 생각이 들었다. 친구들과 만나 우정집에서 술 먹고 안집 대청마루에서 잠들었다. 다음날도 학교 동아리에 들렀다가 술 먹고 잠들고 다음 날도 술 먹었다. 여자애들도 술을 사 주었고 부잣집 친구들이 술을 사주어서 3일 연속 마셔댔다. 그들과 내가 다른 세상에서 다른 생각을 하며 살고 있다는 것을 절실히 느꼈다. 사실은 그렇지도 않았을 텐데 나는 그렇게 느꼈다.

한번은 술 먹고 종로를 걸어가다가 대부분의 사람들이 나와 반대 방향으로 걷고 있고 마주 오는 내가 그들에게는 귀찮은 방해물이라는 생각이 들자 너무 슬퍼져서 연신 눈물을 흘리며 걸었다. 그럴 때의 나는 아직 사춘기가 안 끝난 풋내기 군인이었다. 그렇게 서울에서 사흘을 보내고 부대로 복귀했다. 복귀하면서 국수 큰 묶음 몇 개와 멸치, 설탕 한 봉지를 샀다. 전방 군인들은 국수가 귀해서 휴가자들이 사오는 국수를 기다렸다. 사창리 검문소에 들러 우리 포대에 귀가 신고를 하고 걸어오는데 다행히 부식 보급차를 만나 수월하게 들어왔다. 푸짐한 국수를 본 부대원들이 좋아했다. 그날 밤 양은 세숫대야에서 끓인 국수를 병장, 상병, 계급 순으로 먹었다. 일부는 내가 사간 멸치 국물에 먹고 일부 병사들은 설탕물에 말아 먹었다.

부대에 복귀하니 훈련 준비가 시작되었다. 전방 민통선 안으로 들어가 휴전선 울타리 가까운 곳에서 북쪽으로 포를 쏘는 연습인데 1박 2일이었다. 이때는 직접 포사격은 없고 방사(포를 GP 참호에서 통신병이 보내온 적군의 좌표로 정렬시키는 것)와 경계태세 및 참호 만들기를 했다. 당시의 군 생활은 34개월인데 입대 6개월이 지나면 일병이고 다시 12개월이 지나면 상병이고 12개월이 또 지나면 병장이 되었다. 그래서 원래 병장은 4개월밖에 못하는데 태권도, 포 훈련, 운동 등 여러 포상이 있어 1~2개월 일찍 승급하는 경우가 많아 보통 병장은 5~6개월 정도 했으며 제대 명령서를 받으면 '말년병장'이라 하여 모든 업무, 훈련에서 제외되었다. 말년병장은 약 1개월 정도였다.

나는 이등병이라 놀고 있는 상병과 병장들 대신에 그들의 훈련 장비를 준비해야 했다. 이를테면 수통을 씻어 물을 채우는 것도 그 중 하나였다. 내가 병장들 수통을 채우려고 물통을 모아서 가지고 나갔는데 몇 개의 수통에 담긴 물이 썩었는지 곰팡이 냄새가 심했다. 여러 번 헹구어 새 물을 담아 놓았다. 그런데 이 때문에 훈련을 나가서 큰 소동이 일었다.

훈련 장소는 민통선 마을 근처라 멀지 않았고 이미 준비된 야전 포상에서 방사와 사격 시늉을 낸 뒤 바로 새로운 진지 구축에 들어갔다. 포를 사격하면 '탄흔 분석'을 통해 포를 사격한 상대방의 진지 위치를 알게 된다. 그러므로 사격 후 일정 시간이 지나면 포를 수백 미터에서 1km 정도 떨어진 곳으로 옮기고 재 방사해야 한다. 이때 참호도 파야하는데 깊이 1.2m 이상, 넓이 5m 이상, 폭 2m 이상으로 파야 한다. 당시 땅 표면에 눈이 있고 땅은 얼어 있었지만 곡괭이로 5cm 정도만 깨어 내면 밑의 땅은 파기가 수월했다. 아마도 고참 상사들은 미리 파기 좋은 곳을 정해 놓았을 것이었다. 그렇게 파

들어 가면 밑은 질척거렸다. 들어가는 입구 계단을 내고 준비해 온 싸리나무 발을 얹었다. 그 위에 나뭇가지와 준비한 볏 집을 올렸다. 바닥에는 판초를 먼저 깔고 그 위에 모포를 깔았다. 모포는 인당 두 장씩 지급되므로 두 명씩 짝을 지어 두 장은 밑에 깔고 두 장은 같이 덮었는데 훈련 준비 시 이미 굵은 실로 두 장씩 붙여 놓았었다. 배낭, 총 등 장비를 들여놓으면 제법 아늑했다. 플래시로 조명까지 만들면 그럴듯하기까지 했다. 따라온 부식차에서 저녁 배급을 받고 나니 깜깜한 밤이 되었다.

병장과 고참 상병들이 정해진 참호로 모였는데 그때 난리가 났었다. 훈련 때 먹으려고 묵혀둔 더덕주를 고참들 수통에 담아 놓았는데 이게 전부 물로 바뀐 것이었다. 수통에 물 채운 놈을 찾아 나서고 내가 불려갔다. 고참들 눈에는 분노의 불길이 일었다. 훈련 끝나고 내일 돌아가면 넌 군대 생활 끝나는 거라고 협박하며 으르렁댔다. 난감했다. 종복이를 불러 돈이 있냐니까 만 원이 있다 했다. 아까 선임하사관들이 민가 마을에 저녁 먹으러 간다는 말을 들었기 때문에 아마 술도 있을 것이라 짐작했다.

민통선 마을 아이들은 매일 버스를 타고 사창리나 담홍리 학교에 다닌다. 이 시기에 소주는 지역별로 판매가 제한되어 있었다. 진로(서울과 경기도), 경월(강원도), 보해(전라도), 금복주(경북), 대선(부산과 경남) 등이었다. 그러나 진로는 타 지역에 불법 유통 되었고 더 비쌌다. 경월(지금의 '처음처럼') 소주는 횟가루 냄새가 났는데 진로는 깨끗한 맛이었다. 민통선 학생들은 학교 갔다 돌아오는 길에 진로 소주를 사서 가방에 넣고 왔는데 이것은 민통선 마을에서 군인들에게 인기가 좋았다.

나는 배낭을 챙겨들고 진지를 기어 나왔다. 진지 탈영은 위험한 일이었다. 걸리면 큰 벌을 받기 때문이었다. 마을에 가니 아니나 다를까 그중 한 집에 군화들이 보였다. 아마도 우리 하사관들일 것이 분명했다. 약간 커 보이는 불 켜진 집 방문을 두드리니 아저씨가 나왔다. 군인들이 익숙한지 놀라지도 않고 왜 왔냐고 물었다. "아저씨 소주 살 곳이 있어요?" 하니 당연한 듯이 "따라와!" 하며 나왔다. 어느 집에 가서 문을 두드리고 "얘들이 소주 사러 왔대." 말했다. 만 원에 4홉들이 진로 소주 5병을 살 수 있었다. 물론 당시에는 엄청 비싼 값이었지만 그럴만한 가치가 충분했다. 다시 경계병에게 안 걸리고 기어 들어와 우리 포반 사람 좋은 병장에게 귓속말을 전했다. "술 구해왔습니다. 고참들과 같이 드십시오." 하니 무척 놀란 얼굴로 다시 물었다. "무슨 술?" "진로 소주입니다." 화색이 돈 병장이 포반 단원들을 내보내 각 포반 고참들을 불렀다. 내가 있는 것을 본 몇몇 고참들은 인상을 쓰며 "이 새끼 오늘 죽여 버리게?" 했다. 나는 배낭에서 번쩍거리는 4홉들이 진로 소주 5병을 꺼냈다. 갑자기 욕이 환호로 바뀌며 역적에서 개선장군으로 위치가 바뀌었다. "이놈 이거 인물이야, 인물." "너도 앉아라. 같이 먹자." 건빵과 별사탕이 나오고 수통 뚜껑이 소주잔으로 돌면서 고참들은 연신 나를 가리키며 "크게 될 놈이야!"를 남발했다. 이렇게 첫 번째 동계훈련과 더덕주 사건은 해피엔딩으로 끝났다.

나는 모든 운동에 천재처럼 각인되어 축구, 격구, 봉 넘어뜨리기, 기마전 등 모든 운동에 불려 나갔지만 실상은 달리기와 족구 외에는 잘 하는 게 없었다. 당시에 격구도 유행이었다. 연병장에 각 팀 20명씩 투입하고 공 두 개 준 뒤 그 공을 차든 던지든 안고 들어가든 상관없이 상대 골 안에 넣으면 1점씩 올라가는 것이었다. 겁먹은 사람들은 차거나 던지지만 깡다구 좋은 사람들은 품에 안고 달렸다. 발차기와 태클이 난무했지만 결국은 안고 달리는 사람이 많은 편이 거의 이겼다. 사실 럭비와 더 흡사해 보였다. 다만 발차기와 손으로 가격이 더해졌지만 얼굴을 때리는 건 금지되어 있었고 얼굴 가격 시 퇴장당하기도 했다. 격구, 무장 구보, 봉 넘어뜨리기, 기마전이 사단 내 부대들이 하는 공식 시합이었다. 가끔 사단 연병장에서 시합도 했다. 하지만 대부분 특공대가 우승했다. 무장 구보는 항상 내가 이끄는 우리 팀이 우승했다.

지금까지 말한 것이 공식 시합이었다면 포대는 오히려 포상 권투라는 것이 유행이었다. 어차피 포상은 흙담과 나무판자로 둘러막힌 사각형 모양이고 입구만 포탄 박스로 막으면 거의 권투 링만 했다. 여기에 방한 장갑 두 개씩을 겹쳐 끼고 들어가 권투를 하는데 내가 워낙 강하다고 소문이 나서 나는 몇 번 안 했다. 몇 번 하긴 했지만 상대방이 겁에 질리는 경우가 많았다. 나는 권투 시합이 너무 재미있어서 어퍼컷, 스트레이트 등을 자유롭게 날렸다. 상대가 다운되면 포상에 둘러선 병사들이 열까지를 합창했다. 열까지 못 일어나면 내가 이긴 것이었다. 몸무게가 64kg이었지만 체중과는 관계없이 도전자가 있거나 포반끼리 내기를 할 때 가끔 했다. 한번은 다른 포대에서 상사가 덩치 큰 병사를 데려와 도전했다. 그 친구가 얼어 붙어서 거의 일방적으로 맞고 졌기 때문에 화가 난 상사가 직접 포상으로 일어나지 못하고 있던 그 친구를 군홧발로 마구 걷어차고 짓밟는 것도 보았다. 아마도 저쪽 부대 상사와 우리 부대 상사가 내기를 건 게 분명했다.

어느 날 6월 군번 우봉이가 우리 부대로 왔는데 헌병대에 있다가 사고를 쳐서 부대 이전을 명령받았다고 했다. 이 친구는 당시 세계 챔피언을 계속한 권투선수 유제두 도장에서 권투를 했다고 했는데 체중은 70kg이 넘고 주먹이 내 두 배는 되어 보였다. 6포반에 소속되었다. 우봉이는 4월 군번부터 8월 군번까지가 동기라는 말을 듣고 격분했다. 이깟 놈에게 잡혀 사냐며 나를 당장 포상으로 오라 했다. 포상 권투가 벌어졌다. 포상을 부대원들이 둘러섰는데 자신만만한 우봉이가 나를 두드리기 시작했다. 옆구리를 맞으면 숨이 끊어질 듯 아프고 머리를 맞으면 세상이 빙빙 돌았다. 아예 넘어지지도 못하게 포상 벽에 붙여놓고 때리는데 이러다가 죽을 것 같았다. 너무나 창피하고 두려워서 그냥 이대로 죽고 싶을 정도였다. 너무나 두려운 나머지 우봉이를 껴안고 머리로 면상을 받았다. 어차피 포상 권투는 정해진 룰이 없다.

우봉이는 권투에 너무 충실한 것이 약점이었다. 우봉이가 얼굴을 감싸고 물러서자 나는 두려움에 휩싸여 상대방을 죽이지 않으면 내가 죽는다고 생각했다. 팔꿈치로 머리를 가격하고 감싸 쥔 얼굴에 그대로 다시 머리를 들이받고 이놈이 일어서면 내가 죽는다는 무서움에 아무것도 보이지 않았다. 머리를 감싸고 쓰러진 우봉이를 올라타서 후두부, 옆구리, 귀 등을 미친 듯이 강타했다. 내가 정신을 차렸을 때 우봉이는 머리를 감싸고 포상 바닥에 엎드려 '살려주세요'를 외치고 있었다. 내가 일어서고 난 후에도 우봉이는 부들부들 떨며 '살려주세요'를 주문처럼 중얼거리며 눈물, 콧물을 쏟아내고 있었다. 바지에 오줌까지 싼 것 같았다. 다행히 내가 두려움에 미쳤었다는 것을 부대원들은 눈치 채지 못한 것 같았고 정신 차린 나는 안도의 한숨을 내쉬었다. 나는 중요한 사실을 깨달았다. 가장 두려움이 많은 자가 가장 잔인한 자라는 것을. 이후로 우봉이는 나에게 절대적으로 충성하는 동기가 되었다. 항상 내 옷과 구두를 헌병대 식으로 주름잡아 다려놓고 군화는 물 광택, 불 광택을 올려 번쩍이게 해 놓았다. 내가 좀 쉴라치면 사람들이 나를 방해하지 못하게 호위병을 자처했다.

우리 포대가 위치한 대성산은 남한에서 가장 추운 곳이었다. 10월이 되어 나뭇잎이 물들면 갑자기 눈이 와서 낙엽이 붙은 채로 나무가 눈에 싸였다. 봄에 새싹이 생기면 그제야 지난가을 낙엽이 떨어졌다. 5월에도 가끔 눈이 와서 겨울이 6개월이고 나머지 6개월에 봄, 여름, 가을이 있었다. 그래서 9월 말부터 10월 눈 내리기 전에 월동 준비를 해야 했다. 겨울에 내무반의 난방용으로 쓸 나무를 잘라다가 페치카 옆에 쌓았다. 상급 부대에서 배급하는 겨울용 석탄을 받아오고 싸리나무를 잘라다가 개인당 10개의 싸리비를 만들어

석탄 창고에 넣어두었다. 비무장지대에서 농사 지원을 한 후 얻어 온 볏짚으로 새끼를 꼬아 포상 위에 줄을 치고 갈대를 엮어 포상 지붕을 만들어야 했다.

총과 포, 그리고 손이 닿을 수 있는 금속 면에는 하얀 천으로 감아 두었다. 겨울 위장과 동상 방지를 위해서였다. 김장 담을 준비로 가로세로 3m, 깊이 7~8m쯤 되는 시멘트 김장 구덩이를 깨끗이 청소하는 등 분주했다. 월동 준비가 끝난 10월의 어느 날 목욕일이 되었다. 목욕탕은 본부대대 지역 밑에 있었다. 물론 여름에는 목욕을 냇가에서 주로 하지만 날이 추워지면 한 달에 한 번(가끔 건너뛸 때도 많다) 목욕일이 생겼다.

눈 내린 10월 어느 날 자대에 배치된 후 첫 번째 눈이 오고 준비해 둔 싸리비로 눈 내리는 내내 눈을 쓸었다. 눈이 멈추자 목욕 준비를 해서 목욕탕으로 집합하라는 명령이 떨어졌다. 뜨겁게 데워진 목욕탕에서 병장과 상병이 먼저 씻은 후 일병, 이등병이 씻고 있는데 갑자기 미친개 상사가(어느 학교든 군대든 신기하게 미친개는 꼭 있다) 들어와 '목욕탕 지붕으로 집합'을 외쳤다. 목욕탕 지붕은 5~6m 높이로 바깥쪽 좁은 계단으로 올라가게 되어 있는 평평한 콘크리트 지붕이었다. 급하게 옷을 꿰어 입고 지붕에 도열

포상

하니 미친개 상사가 저쪽 언덕 위에서 호령을 했다. "내가 지시하면 이 자리까지 선착순으로 뛰어 온다. 1등을 제외한 나머지는 다시 지붕으로 올라간다." "선착순 뛰어!" 좁은 계단으로 병장, 상병 순으로 서둘러 내려갔다.

이등병인 우리들은 나중에 내려가게 되어 결국 쫄따구는 계속 뛸 수밖에 없었다. 이런 일은 전에도 미친개 상사에게 여러 번 당했다. 나는 목욕탕 밑에 눈을 쓸어 모아 놓은 눈 무더기를 발견하곤 눈 위로 뛰어내렸다. 다행히 눈 무더기는 미친개 상사 쪽이었고 계단은 뒤쪽이었기에 나는 1등으로 미친개 앞에 도착할 수 있었으나 10여 m를 남겨 놓고 병장들을 기다렸다. 고참 병장들은 숙달되어 있어서 옆으로 나란히 서서 동시 1등을 기대하며 뛰어 올라왔다. 나는 기다렸다가 병장들 옆에 붙어서 동시 1등을 했다. 첫 줄을 남기고 나머지는 모두 돌아가서 다시 뛰기를 반복했다. 나처럼 눈 무더기 위로 뛰어내리는 사람은 아무도 없었다.

그렇게 선착순의 끝이 나자 미친개가 나더러 혼자 남으라 하고 다들 내무반으로 돌려보냈다. 나에게 건너편 산을 향해 고함을 지르라 하더니 '하나, 둘, 삼. 넷. 오, 여섯, 칠. 팔, 아홉, 공'을 최대로 목소리를 높여 10번 하라 했다. 다 마치니 흡족한 표정으로 씩 웃으며 "이 자식 쓸 만하네. 들어가!" 했다. 영문도 모르고 내무반에 돌아왔는데 몇몇 고참이 미친개가 뭐라 했는지 물었다. 미친개가 시킨 걸 말하니 고참들이 "얘 FDC 가겠네." 했다. FDC란 Fire Direction Center로 사격 지휘소다. 비문 해석과 사격 지시, 통신병의 연락으로 타격 지점과 사격 지점의 거리, 포의 사각(포를 위쪽으로 겨냥하는 각도), 편각(포를 옆 방향으로 겨냥하는 각도), 장약(포탄에 들어가는 화약 주머니로 이들의 조합에 의해 포탄의 발사속도가 달라짐) 계산 등을 하며 측각(측각기로 방향 거리등을 맞추어 포를 정렬시키고 사격 명령을 내림)을 담당한다. 며칠 뒤에 정말 나는 FDC로 소속이 바뀌며 미친개한테 1:1로 훈련을 받게 되었다. 위에 열거한 내용 외에도 포 분해, 포탄 분해, 탄흔 조사 등 여러 훈련을 받았다. 군대 비문을 해석하는 비밀취급인가증도 받았다.

포반에서 FDC로 근무가 바뀌고 적응되고 있던 어느 날 밤에 갑자기 비상 사이렌이 울렸다. 장전된 총과 탄약을 들고 정해진 참호 위치로 뛰었다. 가끔 있는 비상 훈련인데 그날따라 달랐다. 대대 스피커에서 "박정희 대통령이 시해되었습니다. 실제 상황입니다."라는 말이 계속 나왔다. 10월 26일이었다. 지금 생각해 보니 '시해'라는 말은 왕이 죽었을 때나 쓰는 말인데 내 기억으로는 '시해'라는 단어를 사용한 것으로 기억된다.

사람들은 참호에 있고 밥은 각 참호로 배달되었으며 모든 병사는 참호 속에서 나올 수 없었다. 나는 FDC로 오라는 전령이 와서 전화기 앞에서 대기했다. 곧 전쟁이 날 거라는 하사관들의 말들 때문에 신경은 곤두서 있었다. 그날 저녁 7시 40분에 심수봉 가수를 불러 놓고 채홍사(왕에게 예쁜 여자들을 골라다 바치는 관리)들이 골라온 여대생(?)을 끼고 양주를 마시던 박정희가 김재규 정보부장이 쏜 총에 맞아 살해된 것이었다. 유신독재를 반대하는 국민들 3만 명쯤 탱크로 깔아 버리자던 간신배 차지철도 김재규의 총에 맞아 먼저 죽었다.

군에 있을 때는 몰랐지만 이미 10월 16일에 부마민주항쟁이 일어났었다. 당시 야당이었던 신민당 총재 김영삼은 고은, 문동환 등 민주인사의 설득으로 YH 노조 여성 노동자들 2백여 명이 신민당사에서 농성할 수 있도록 결단했다. 이에 불안을 느낀 박정희는 김영삼이 국회의원에서 제명될 수 있도록 지령을 내렸고 결국 김영삼의 의원제명안이 국회에서 변칙 통과되고 말았다. 이후 김영삼의 정치적 고향인 부산, 마산 시민이 궐기하게 된 것이었다. 이때 이문영, 고은 등이 YH 사건 배후조종혐의로 투옥되었고 18일에는 부산에 비상계엄령이 발동되었다. 20일에는 마산에 위수령이 발동되었다. 두 번째 권력이던 경호실장 차지철이 민주세력 인사 수백만 명쯤 죽여 버리면 간단하다는 식의 강경책을 건의했고 골치 아프던 박정희에게 술과 여자를 끼고 놀게 하며 권세를 부리던 때에 김재규의 총알에 의해 유신독재 체제는 박정희와 차지철의 죽음을 끝으로 종말을 맞이한 것이었다. 이때 전 대통령 윤보선은 고은을 '은보다 비싼 금이다라는 뜻'으로 '고금'으로 호칭하기도 했다. 그런데 이때다 하고 보안사와 안기부를 장악한 보안사의 전두환 일당이 일으킨 쿠데타로 제2의 군부독재가 민주 국민을 누르게 되었다.

10월 26일부터 군에 있던 모든 군인에게 세상 돌아가는 소식은 끊어졌다. 눈 덮인 참호 속에, 추위 속에, 동상을 막으려는 움직임 외에는 침묵이 흐르고 제대를 앞둔 고참들에게는 모든 제대가 중지되었다는 비보가 전해졌다. 이때 가장 재수 없는 전역자들은 2달 이상 전역이 연기되었다. 이 여파로 일 년 이상 병사들의 전역이 한두 달씩 늦어졌다.

10월 27일 국무총리이던 최규하가 전두환의 앞잡이로 대통령 권한대행이 되었다. 육군참모총장 정승화 대장이 허울뿐인 계엄사령관이 되었다. 10·26 사건을 조사하기 위한 수사단장에 국가 권력을 거머쥔 육군소장 전두환이 임명되었다. 10월 27일에는 제주도를 제외한 전국에 계엄령이 선포되었다. 사실 이 계엄령은 박정희가 죽기 전 부산에서 '유신독재 반대'를 외치는 시위가 확대되자 10월 16일 부산에만 국한하는 계엄령으로 선포했고 시위가 마산 창원까지 퍼지자 마산, 창원 지역에는 10월 20일 위수령을 선포했다.

계엄령은 전시나 사변에 준하는 국가 비상사태 시 헌법상의 국민 권리인 시위, 집회, 결사의 자유를 제한한다. 언론과 출판을 검열하며 영장 없이 체포, 구금, 처벌을 할 수 있다는 대통령 선포령이며 헌법상 국회의 동의가 있어야 하며 국회의원 과반수 찬성으로 계엄령을 해제할 수 있다. 위수령은 대통령이 국회의 동의 없이 군부대를 치안 유지를 위해 투입할 수 있도록 하는 내용인데 결국 반정부 시위를 막기 위해 사용되었다. 이 위수령은 2018년도에 폐지되었다.

여기서 영남과 호남이 지금 갈등하고 있는 상황을 볼 필요가 있겠다. 1979년 10월16일에 시작되어 10월 20일까지 지속된 부마항쟁은 부산대학교 학생들이 시작하고 시민들이 호응해서 일어난 '유신독재 타도'를 내건 위대한 민주화 운동이었다. 이를 막기 위해 박정희 독재 정부가 계엄령과 위수령을 꺼내든 것은 박정희를 대통령으로 밀어주었고 박정희가 최후의 향토 발판이라 여기는 영남에서조차 '독재 타도'를 외치자 매우 당황했다. 이제 막다른 길에 몰렸음을 느낀 것이라고 생각된다. 이것은 김재규와 같은 많은 정부 요인들조차 유신독재의 끝이 다가왔음을 감지한 신호탄이었을 것이다. 경상도 출신 하나회 왕초 전두환 신군부 반란군이 광주 시민들을 학살하고 그 무수한 생명의 희생을 발판삼아 대한민국의 권력을 독점했을 때 무자비한 총칼과 탱크에 목숨 던져 저항했던 위대한 호남과 박정희를 죽음으로 몰아간 영남 국민들이 어찌 다른 사람들일 수 있겠는가.

　영·호남은 독재에 대항하는 거대한 호랑이의 기백을 가진 똑같은 우리 국민들이다. 박정희의 유신정권으로 심화된 영·호남의 갈등은 기본적으로 정치인들이 자기의 권력 기본을 만들고자 각 지역 국민을 적대적으로 갈라치기하는 망국 행위로 인해 조장된 것이다. 특히 박정희가 유신정권 이전의 두 번째 대선에서 부정선거로 야당 후보 김대중을 가까스로 이긴 후에는 호남의 배척과 소외 전략이 더해졌다. 군사반란으로 정권을 잡은 박정희는 일제 강점기의 일본인 장교였다. 6·25 사변 이전 그는 남로당 공산당원이었다. 박정희가 1971년 집권 연장을 꿈꾸었을 때, 민주주의를 갈망하는 국민들이 전남 신안군의 섬 출신이던 김대중을 민주화의 선봉장으로 삼아 대통령이 되도록 지지하던 때, 군사반란을 주도했던 김종필, 이후락 등이 기획하여 '전라도는 빨갱이 집단'이고 이의 우두머리가 김대중이라는 유언비어를 경상도 쪽에 배포한 일로 시작되었다고 보는 것이 내가 바라보는 시각이다. 물론 이에 반발하여 '경상도 독재정권'이라는 대항 구호를 만들어 낸 김대중 전 대통령도 2차 책임에서 완전히 자유로울 수 없다고 생각한다.

영·호남 갈등론에는 여러 이론과 가정들이 존재한다. 삼국시대 유래설, 조선시대 유래설이 있지만 이는 수많은 역사적 기록 중 영·호남의 좋지 않은 상대방 평가를 추려낸 일부이다. 전체적으로는 오히려 남쪽과 북쪽이 더 많은 갈등이 있었다고 보는 것이 타당할 것이다. 근세의 봉건시대 여러 시기에 한양과 평양, 개성 등의 권력층과 양식을 만들어 공납해야 하는 경상, 전라의 평민과 농민이 권력자의 횡포로 삶이 피폐해지면 같이 힘을 합하여 들고 일어났던 사례들도 그러하다. 예를 들면 삼남 민란, 진주민란, 동학 농민 운동 등 한두 번이 아니다. 가난한 국민들을 지탱시켜 왔던 미륵사상도 영·호남의 남쪽을 기반으로 활발했다.

윤보선과 박정희가 대통령 후보이던 6대 대통령 선거 때 충청도 북쪽은 윤보선, 영·호남은 박정희를 지지했던 것을 보더라도 후보들이 그 지역에 가서 자기 고향임을 알리는 정도의 지역 기반에 대한 호소이지 적극적인 지역 갈라치기가 심각한 것은 아니었다. 그래서 김종필과 이후락의 위와 같은 공작과 관권선거, 부정선거들을 총동원하여 90만 표 차이로 다시 박정희의 독재가 연장되었다. 그럼에도 아직 지역감정이 본격화했다고 볼 수는 없다. 부마항쟁과 광주항쟁으로 영호남은 독재에 대항하는 같은 성향의 국민임을 확인할 수 있다. 지역감정은 선거 때마다 지역 갈라치기를 시도하는 간악한 한 줌의 정치인들이 만들어내는 구도이다. 심지어 21세기의 선진화된 대한민국 현재에도 지역 갈라치기로도 모자라 젠더 갈라치기, 노소 갈라치기, 빈부 갈라치기, 극우 극좌 갈라치기로 국민들의 갈등을 만들어 자기 정치기반으로 삼으려는 망국적 정치인들이 활개를 치고 있다. 제발 그들이 개돼지라 부르는 우리 국민들은 이들의 사악함에 놀아나지 말아야 하겠다.

최규하가 통일주체국민회의에서 허울뿐인 정식 대통령이 되었다. 12월 7일에 취임하고 박정희 독재의 기반이었던 유신헌법의 긴급조치 9호를 해제하겠다는 대국민 성명을 발표했다. 긴급조치 9호란 유신헌법에 대한 모든 비판과 반대를 금지하는 법안이었고 박정희에 대한 비판은 곧 빨갱이와 같은 말이 되었으며 수많은 학생들과 언론인, 지식인, 농민들을 가두었다. 일반인이 술집에서 술에 취해 '박정희 대통령 각하께서'가 아닌 '박정희가'라는 말만 해도 잡아가두고 폭행하는 이유가 되었던 법이었다.

이에 전두환이 군인 내에서 하나회라는 사적 모임 하던 자들을 규합하여 군부 쿠데타를 일으킬 모의를 하고 12월 12일 일개 수사단장이 제 위의 참모총장인 계엄사령관을 무력 강제 연행하는 일을 벌였다. 이후 대통령을 협박하고 서울 주변 부대를 동원해 서울로 진입하여 최규하 정부의 유신헌법 폐지와 민주헌법 개정을 막는 군사반란을 일으켰다. 또한 김대중과 문익환, 이문영, 고은 등을 내란음모죄로 군사재판으로 육군교도소에 투옥시켰다. 지금의 특수부 검사 반란과 당시의 군 수사본부의 반란은 매우 유사하지만 군은 총칼로, 검사는 억지 기소권으로 정치인을 제거한다는 것이 다른 부분이며 두 사례 모두 수사권을 사용하고 대다수 언론이 반란에 동참하여 국민을 속이는 데 앞장섰다는 것이 동일한 부분이다.

난 정치가도 아니고 평범한 일반 국민이지만 군인, 검찰, 경찰, 언론사들에 종사했던 사람들이 국민의 직접 선택을 거치지 않고 권력자의 선택에 의해 정치나 정부에 입문하는 것은 미래 세대들에 대한 참혹한 미래를 앞당긴다고 생각한다. 그들이 현역에 있을 때 불이익을 받는 것 이상으로 그들을 선출된 권력이나 정부에서 직접 지목하여 데려가는 것은 결과적으로 그들이 옳지 않은 권력에 아부하여 국민을 배반하는 사회적 악순환을 야기하기 때문이다. 현역의 불이익보다 어쩌면 더 나쁜 것일 수도 있다. 현역의 불이익은 저항을 불러올 수 있겠으나 선택 지목을 받는다는 것은 선택받지 못한 사람들에게도 선택 기대를 주어 자발적으로 권력에 대한 아부, 기생, 국민에 대한 배신과 정의롭지 못한 공권력과 언론의 권력 지향을 불러오기 때문이다. 어찌했든 당시의 나는 이 일이 장차 우리 부모님과 우리 가족 더 나아가 이웃과 친척들에게도 평생 지속될 큰 고난의 시작인 것을 몰랐다.

12월 12일 수사단장인 소장 전두환을 중심으로 한 군부 사적 모임인 하나회 군인들이 군사반란을 일으켰다. 군인들이 국가를 지키라고 준 무기를 들고, 국가 권력을 자신들이 소유하려고, 권력이 집

중된 서울로 몰려들었다. 중동부 휴전선 지역에 있던 우리 부대에도 진격 명령이 떨어졌다. FDC에서 상황 근무를 하던 나에게 상급 부대의 전화기가 울렸다. 상황 근무일 때는 교환대 앞에서 근무했는데 전화가 오면 먼저 받고 전달해야 하는 곳에 연결 단자를 꼽아 먼저 전화 온 곳을 말해주고 연결시켜주는 일도 했다. 사단에서의 전화에 다급한 명령이 떨어졌다. '전 부대 진격 명령 하달한다. 시간 즉시! 진격 목표 이화여대 연병장!' 이 말을 복창한 후 전 포대에 연결하는 단자 스위치를 올렸다. '사단 명령! 지금 즉시 진격한다! 진격 목표! 이화여대 연병장!' 각 포대에서 복창을 확인한 후 나의 뇌는 멍하니 정지 상태였지만 손발은 정해진 수순에 따라 움직이고 있었다.

나는 총과 측각기를 메고 지휘 차량에 올라가면 되었지만 ─FDC 지휘차량에는 군장과 지휘도구들이 항상 설치되어 있는 상태다─ 출발하는 그 순간까지 상황 보고를 받기 위해 교환기 앞에 대기했다. 진격 준비가 끝난 곳부터 보고가 왔다. 3포 준비 완료. 2포 준비 완료…. 이렇게 모든 준비가 되고 상급부대에 진격 준비 완료를 보고했다. '브라보 2포대 진격 준비 완료. 진격 명령 대기 중!' 모든 포가 차량에 연결되고 전 포병이 차량에 올라 장전된 총을 사방 경계 자세로 겨눈 채 명령을 기다리고 있었다. 그들의 머리에는 어떤 생각들이었을까? 아마도 덕산이는 색시와 어린 자식을 떠올렸을 것이다. 어머니 말만 나오면 눈물부터 흘리는 6월 군번 창준이는 어머니 얼굴을 떠올렸을 것이다. 나는 다만 '비어 있는 휴전선은 어쩌라고?'가 머릿속을 어지럽게 돌아다니고 있었다.

　모든 소리가 사라지고 낙엽을 떨구지 못하고 얼어 버린 나무들이 바람에 부스럭거리는 소리만 점점 더 커지는 시간이 몇 분 흘렀다. 간간히 '현 상태 대기!' 명령이 떨어지고 얼마인지 모를 긴장된 시간이 지난 후 '진격 명령 해제! 원상태 복귀!'라는 상급부대의 명령을 전달한 후에야 비로소 이게 무슨 상황인지 파악해 내려고 내 머리는 부지런히 동작을 했지만 기껏해야 서울 쪽으로 북한군의 포격이나 일부 서부 휴전선의 남침 정보가 있었는데 상황이 끝난 것인가 하는 너무나 상투적인 결론 밖에 낼 수가 없었다. 다만 5분 내 돌격할 수 있는 준 예비 상태는 계속 유지되었다.

　포는 포상으로 갔지만 여전히 트럭에 매달린 채였다. 총과 군장은 개인이 풀지 않고 소지했다. 나는 이것이 군부 반란 쿠데타의 추악한 모습 중 하나이고 실제로 일부 군인들은 휴전선에서 적으로부터 등을 돌린 채 국민들이 준 총을 국민에게 겨누고 돌진하는 미친 짓을 자행한 것이다. 후에 전두환은 '혁명'이라 했지만 어느 방향에서 보더라도 '반역'이고 '반란'이다. 2023년에 개봉된 영화『서울의 봄』은 전두환의 군사반란을 어느 정도 이해할 수 있을 정도로 제작되었으므로 이를 참고하거나 더 잘 알고 싶다면 인터넷에 '12·12 군사반란'이라고 검색만 해도 상세하게 설명될 것이다. 그럼에도 아직 친일파나 독재를 찬양하는 자들은 전두환을 기념하며 '구국의 영웅'이라고 치켜세우기도 한다. 이것은 '전두환 군사반란'이나 '5·18 광주 민주화항쟁'에 대해 전혀 모르는 무지한 일부 국민을 개돼지로 취급하며 눈을 가리려 드는 파렴치하고도 매국적인 정치인과 스스로 개돼지가 된 짐승 이하의 언론인들이 손바닥으로 하늘을 가리는 일이다.

전두환 반란군의 서울 진격 작전이 지난 후 시간이 흘러 전두환이 반란에 성공하자 우리에게 '국난 극복 기장'이라는 진짜 훈장인지 건빵인지 모르는 구리 도금 기장이 주어졌다. 뒷날 나도 내가 모르는 반란에 반란군으로 가담되었을지 모른다는 생각을 했다. 이 '국난 극복 기장'은 후에 우리가 사회에서 범죄를 저질렀을 때 한 번은 사면해 준다는 허무맹랑한 말을 사실처럼 달고 퍼졌다. 나는 전역소(제대할 때 군 보안, 애국심, 사회생활 적응 훈련 등을 하는 며칠간의 마지막 교육대) 정문을 나서면서 가슴에서 떼어 앞개울에 던져 버렸다. 이것이 전역 후 내 첫 번째 행동이었다.

비상조치는 계속 이어졌다. 많은 부대원들이 참호에 들어가 추위에 떨며 날라다 주는 식은 밥으로 지냈다. 동상 걸리는 것이 제일 큰 문제라서 참호 속에서도 계속 발을 구르고 손끝을 문지르고 귀를 비비고 때때로 군화를 벗어 발에 열이 날 때까지 비비고 주물렀다. 실제로 동상에 걸린 군인들이 속출했다. 다른 부대에서는 신참이 음경에 동상이 걸려 헬기 타고 후송 갔다는 이야기가 들려왔다. 참호 밖에 나가 오줌 누는 일이 힘든 일이었다. 껴입은 옷 밖으로 꺼내는 것부터가 어려웠다. 오줌을 누고 난 후 물기를 완전히 털어 내고 한참을 비빈 후 넣어야 했다. 소변 줄기는 눈에 닿아 얼어가면서 불룩해져 올라오곤 했다. 이때 11월 군번이 들어왔는데 딱 한 명이었다. 나를 괴롭히던 그 못된 병장이 신병에게 포 맛을 보라며 포신에 입을 대보라 했다. 그 신병의 입술이 포신에 달라붙어 껍질이 떨어져 나갔다.

전두환이 부하 장병을 매우 아끼며 리더십이 있다는 몇몇 하사관과 장교들 이야기가 있었다. 하나의 권력의지 용인술일 수 있다. 그러나 분명코 전두환은 역적이다. 그리고 사리사욕으로 나라를 말아먹는 놈으로밖에 생각이 안 된다. 부하 군인이고, 국민이고, 심지어 상관까지도 자기 권력과 부를 위한 희생물로밖에 생각 안 하는 놈이다. 휴전선의 군대를 빼내어 서울로 진격이라니. 이런 놈이 구국의 결단이니 '정의'니 '민족 부흥'이니를 외쳐댔다. 일부 국민이 이에

전두환과 쿠데타 일당들

동조해서 부패한 권력자와 그 권력자가 싸는 똥이나 받아먹는 언론인과 정치인이 대한민국 국민을 개, 돼지라 부르는 것도 이상하지는 않는 것 같다.

크리스마스가 되었다. 이날은 군인들이 가장 기다리는 날이기도 하다. 서울에는 눈이 내렸는지 연대와 다른 학교 여대생들로부터 온 수십 장의 카드가 타 병사들에게 온 카드와 함께 내무반 벽에 걸려 부러움의 대상이 되었다. 나는 크리스마스 며칠 전부터 부대장 지시로 카드를 그려서 팔았다. 주로 그리기 쉬운 대나무와 난, 일부 눈 내리는 교회를 그렸다. 카드는 장당 100원씩에 팔았는데 거의 전 부대원이 몇 장씩 사서 유용한 크리스마스 회식비가 되었다. 그림은 별거 없었지만 제대로 된 카드를 구할 수 없는 부대원들에게는 그나마 요긴했고 이것을 자기가 직접 그린 거라고 뻥치는 글과 함께 가족과 연인, 친구들에게 보내졌다. 1인당 소주 한 병씩과 장병용 과자 세트가 나누어졌다. 공식적으로 내무반에서 과자 파티에 소주 한 병을 마실 수 있는 특권이 있었다.

며칠 뒤 연말이 되었다. 포대에는 연말에 치르는 특별한 의식이 있었다. 지금은 매우 잔인하고 잘못된 의식으로 생각하지만 당시는 당연하게 생각했다. 포대는 무거운 가신과 무거운 포탄을 나르고 곡괭이로 가신 묻기를 자주 했기에 허리 아픈 사람이 많았다. 그래서 새해에는 고양이 고기를 먹어야 한다는 의식을 치렀다. 나도 직접 해 보았다. 석탄 창고를 조금 열어 두어 고양이들이 들어가게 했다. 산고양이는 집고양이보다 머리가 크고 몸도 더 컸다. 삐삐선은 야전 유선 전화를 연결하는 전화선으로 지름이 3mm 정도 되고 껍질을 벗기면 2mm 정도의 강선 꼬인 것이 나오는데 이를 감아 놓은 것을 방차통이라 한다. 훈련 시나 전쟁 시 방차병 1명이 방차통을 등에 메고 뛰고 다른 한 명이 풀어서 나무에 고정시키면서 부대끼리 유선으로 연결하는 전화선이다. 그 삐삐선을 까서 부대원 수만큼 들고 플래시와 몽둥이를 들고 들어가 문을 닫는다. 이미 석탄 창고 벽면에는 큰 못들을 박아서 구부려 두었다. 창고에 들어가는 사람은 두툼한 방한복에 방한 장갑을 끼고 고양이의 공격에 대비해야 했다. 창고에는 매우 많은 고양이가 갇혀 있었다. 몽둥이를 휘둘러 고양이를 때린 후 군홧발이나 방한 장갑 낀 손으로 눌러 삐삐선 고리에 목을 걸고 다른 쪽 고리를 미리 구부려 놓았던 못에 걸었다. 이렇게 포대원 수만큼 잡으면 끌고 나와 내무반 밖 지붕 나무에 박아 놓은 대목에 쭉 걸었다. 고양이는 발버둥을 치고 포대원들은 밖으로 나와 자기 몫의 고양이 앞에 일렬로 선다. 그런 다음 일할 때 끼는 목장갑을 끼고 웃통은 벗은 채 마주 서서 고양이가 죽을 때까지 권투 하듯 주먹으로 쳤다. 고양이가 발버둥 치므로 할퀴지 않게 조심해야 했다. 다 끝날 때쯤 되면 온몸이 땀에 젖었다. 죽은 고양이는 면도칼로 목을 따서 껍질을 벗겼다. 가끔 구역질 하는 병사가 있으면 잘려진 고양이의 머리를 놓고 그 위에 머리를 맞대고 원산폭격을 시켰다. 원산폭격은 철모나 맨 바닥에 머리를 대고 뒷짐을 진 채 발을 뒤로 빼내는 '엎드려뻗쳐'의 변형된 체벌이다. 이렇게 껍질과 내장이 제거된 고양이를 통째로 양은 세숫대야의 물에 담근 후 소금을 넣고 페치카 불에 얹어 끓여내었다. 이것을 내무반에 앉아 신문지를 깔고 소금 한 주먹씩을 받아 통닭 뜯어 먹듯이 먹는 것이었다. 양은 고양이 한 마리가 통닭 두 마리 정도 되었다. 가끔 고참들은 수통에 담아 놓은 소주와 함께 먹기도 했다. 당시 군대 배식에 고기는 허옇게 떠다니는 돼지고기 비계 몇 덩이 있는 무국이 고작이었다. 닭고기 구경도 거의 못 했다. 수개월 중에 한 번쯤은 양고기가 제법 푸짐하게 나왔다. 모두가 먹는다면 양이 모자라지만 안 먹는 사람이 많아서 양고기를 잘 먹는 나는 제법 고기를 섭취할 기회가 있었다. 이런 실정이라 약간의 노린내가 나는 고양이 고기도 소금과 같이 먹으면 대충 먹을 만했고 의무적으로 무조건 먹어야 했기에 대부분의 병사들이 자기 분량을 먹어 치웠다. 잘 못 먹는 병사가 있어도 주변에서 조금씩 도와서 결국 남는 고기는 없었다.

이때는 12·12 군사반란으로 전두환이 실세 권력을 장악하고 대통령 최규하는 식물 대통령이 되어 있었다. 전방 군인들은 순번 경계(인원을 1/4로 나누어 경계초소에 순번대로 투입하는 것)와 5분대기조(유사시 5분 안에 전투에 투입할 수 있도록 준비하고 있는 것)를 운영 중이었다. 보급량이 턱없이 부족해 석탄을 아끼려고 산에서 나무를 잘라와야 했다. 근처의 나무는 모두 없어져 손목 굵기 이상 되는 나무를 구하려면 멀리 나가야 했다. 겨울에는 실탄 사격 훈련을 취소한 상태였다. 사격 훈련 후 정해진 양의 탄피를 반납해야 하므로 이 남아도는 실탄으로 나무를 하러 나갔다.

나는 총 쏘는 걸 매우 좋아했다. 남들이 싫어하는 땔감 구하기를 항상 자진해서 나갔다. 탄창 박스에 실탄을 다 채우면 720발이 들어가고 무거웠다. 당시 박스 하나에 몇 개의 탄창이 들어가는지 기억은 잘 안 나지만 720발이 들어간 것은 기억난다. 첫발 장전 불량이 많아 탄창에 20발을 안 채우고 18발을 채웠다면 40개의 탄창이 들어갔을 것으로 추정된다. 이 탄창 박스 4개를 양어깨에 줄로 매어 짊어지고 총은 두 자루를 챙겨 나무가 있는 지역으로 향했다. 총이 가끔 고장 나는 경우도 있어서 예비적으로 하나를 더 챙겨야 했다. 심할 경우는 산 능선 두 개를 넘어갈 때도 있었다. 멀리 갈수록 굵은 나무가 있었으므로 가능한 멀리 가서 하는 것이 좋다.

나는 항상 종아리 굵기 이상 되는 소나무나 참나무 지역으로 가서 나무하기를 좋아했다. 이때 점사(방아쇠를 당길 때 1발씩 나가는 것), 3점사(방아쇠를 당길 때 3발씩 나가는 것), 연사(방아쇠를 당기고 있으면 탄창의 모든 총알이 다 나가는 것)를 바꿔가며 총을 실컷 쏠 수 있었다. 더군다나 나 혼자였으므로 그 자유가 너무 좋았다. 땔감이 될 만한 나무 군락지를 만나면 총 옆에 탄피 수거대(흩어지는 탄피를 모으기 쉽도록 철사를 이용해 천으로 주머니를 만들어 탄피가 튀어나오는 곳에 거는 것. 이렇게 하면 탄피가 모두 주머니로 들어간다)를 단 후 3점사 혹은 연사로 나무 밑동을 갈겼다. 총구를 10~20cm 정도로 나무 가까이 대고 쏘았다. 총은 꼭 옆으로 들어 총의 탄창 쪽 방향이 자르려는 시작점이 되도록 했다. 총알이 나가면서 총이 가늠좌 쪽 상부 방향으로 움직이기 때문이다. 탄창 2~4개 정도면 나무 하나를 쓰러뜨릴 수 있었다. 밑동이 너덜해진 나무를 밀거나 발로 차면 쓰러졌다. 이렇게 해 놓으면 운반조가 와서 톱으로 자를 때 훨씬 수월하며 톱으로만 밑동을 자르는 건 매우 힘들어서 일단 총으로 쓰러뜨려 놓는 것이었다. 가끔 달궈진 총구를 식히기 위해 총구를 눈으로 덮어 놓고 총을 바꿨다.

이렇게 한 후 부대로 돌아오면 초소근무자만 제외한 거의 전원이 톱 몇 자루 들고 다시 그 위치로 갔다. 물론 나도 길 안내하러 같이 가야 했다. 나무는 톱으로 2m 길이 정도로 자르고 손목보다 작은 굵기의 가지는 잘라 냈다. 굵은 나무는 한 사람당 양 겨드랑이에 끼고 2개씩 날랐다. 가는 나무는 4개씩 나르기도 했다. 이렇게 하는 이유는 포대 쪽으로 내리막이 많아서 산을 내려올 때 몸을 뒤로 젖혀 나무에 의지한 채 발을 앞으로 뻗어 미끄러져 내려오기 쉽기 때문이었다. 이렇게 한 번 땔감 작전을 하면 석탄과 함께 쓰면서 2주일가량 버틸 수 있었다. 나무는 주로 낮에 쓰고 밤에는 석탄과 흙을 물에 개어 숯이 된 나무 위에 쌓으면 아침까지 온기가 유지되었다. 낮에는 말년병장이 근무를 안 나가고 페치카를 담당하는데 가끔 나가서 페치카에 나무 한 두 개씩 던져 넣는 것이 유일한 임무였고 페치카 앞에 앉아 별사탕 넣고 건빵 끓여 먹기, 라면 끓여 먹기, 캐어 둔 더덕 구워 먹기 등이 일과였다.

전두환 쿠데타와 5·18 광주 민주화 운동
—1980년, 군대 일등병

일병이 되었다. 수송부 이등병들은 이미 모두가 일병이었고 이제 이등병은 9월 군번 1명, 10월 군번 2명, 11월 군번 1명이 다였다. 일병이 득실거렸다. 사회에서의 정보는 완전 차단된 상태였다. 대학교 다니다 온 사병은 나와 10월 군번 1명, 모두 2명이었는데 대학 4학년을 마치고 온 10월 군번 이등병은 나보다 3살 많았고 9월 군번 덕산이는 나보다 5살이 더 많았다. 나는 아직도 내무반에서 가장 나이가 어렸다. 군대에서의 유일한 신문은 『전우신문』(후에 『국방일보』로 바뀜)인데 이 신문에 의하면 어지럽던 세상은 빠르게 바로잡혀 아무 일도 없이 평온하게 잘 돌아가고 있었다. 전두환은 박정희의 암살 배후를 잘 잡아내고 있었고 남한에서 활약하는 간첩들도 조용했다. 우리 부대도 평온한 일상으로 돌아갔다.

행정반에는 거의 있는 듯 마는 듯 잘 안 보이지만 미친개 상사 등 무서운 하사관들이 절절매는 조그마한 준위(상사가 끝나고 노란 소위 계급장을 단, 정년퇴직이 얼마 남지 않은 하사관 중 가장 높은 계급이며 병사들은 뒤에서 '똥위'하고 불렀다)가 있었는데 바둑을 좋아했다. 내가 바둑을 잘 둔다는 것을 알고 야간 취침 당번 저녁에 가끔 바둑을 두러 왔었다. 본인 말로는 이 부대 근처에서 나 말고는 자기 상대가 없다고 했다. 심지어 사창리에도 자기가 최고수라고 했다. 나에게는 4점은 차이 나는 실력이었는데 매번 맞두자고 했다. 다만 항상 흑돌을 잡았고 나를 고수 대접하기는 했다. 그 준위는 엉터리 포석과 엉터리 꼼수가 실력의 주를 이루었다. 가끔 바둑 둘 때 내무반에 과자나 거북선 담배를 가지고 들어와 "먹어! 피워!" 하면서 고수 대접을 했다. 일반 기원 실력으로 보면 4~5급 정도였다. 바둑을 두면 바둑판에 몰두하는데 자기가 이길 때까지 했다. 취침 시간이 10시여서 몇 판이기며 시간을 끌다가 9시쯤에는 슬슬 져줄 준비를 해야 했다. 꼼수에 당하는 척하며 몇 집 져 주면 "요건 몰랐지? 요걸 몰랐지?" 낄낄대며 구경하는 병장들에게 자랑스러워했다. 그리고는 흡족하게 일어나 내무반에 '취침 준비'를 외쳤다. 내무반 병사들은 내가 언제 져줄 건지를 항상 궁금해 했다.

구정(지금은 설날이라고 부르지만 당시에는 양력 1월 1일을 신정이라 부르고 음력 1월 1일을 구정이라고 불렀다)이 되었다. 공식적으로 군에서 지급하는 물품은 없지만 장교와 하사관 부인들이 군대 쌀로 만든 떡과 학생들의 위문편지와 함께 도착하는 과자, 빵 등이 각 포대에 지급되었다. 윷놀이와 장기 시합도 진행되었다. 장기 시합에 출전했는데 전 부대에서 30명이 참여했다. 나는 전승으로 우승했다. 포상으로 거북선 한 보루를 받았다. 학생들의 위문편지는 전체적으로 나누어 답장 쓰기를 했다. 위문편지의 나이순으로 고참들에게 배정되었다. 고2 이상은 병장, 중3부터 고1까지는 상병, 중1·2는 일병, 초등학생 편지는 이등병이 답장을 썼다. 군대는 유치함이 찬란하다.

설날에는 북쪽에서 대남 선전 확성기를 얼마나 크게 트는지 생생히 들려왔다. 방송원이 여자였는데 목소리가 요들송처럼 멀리 들려왔다. "남조선 군인 동무들~ 오늘은 설날입니다. 아침밥들은 잡쉈습니까? 아직도 배고픈 국군 동지들 힘드시지요? 우리는 소고기 국에 잘 익은 김치와 나물을 곁들여 쌀로 빚은 떡국을 배불리 먹었습니다. 김일성 어버이께서 낙엽으로 배추를 만들고 모래알로 쌀을 만드시어 풍족히 보내주셨습니다. 아! 그리고 이번에 새로 부임해 오신 OO부대 OOO 소위님과 XX 부대 XXX 중위님! 반갑습니다." 부대에 새로 전임해 온 우리 쪽 장교들 이름을 거명하며 너스레를 떨 때는 등골이 오싹하기까지 했다. 감청인지 모르겠지만 정말 우리나라에 간첩이 많은가 보다고 생각 들기도 했다. 우리 측의 확성기에서는 최신 유행 가요와 「호텔 캘리포니아」 등 팝송이 울려 퍼지곤 했다. 사실 서로 간에 자기네 편 들으라고 하는 방송이거나 상대편 방송을 못 듣게 하려는 의도였을 것이다.

전방의 겨울은 비교적 한가한 편이었다. 월동 준비만 끝내면 작업도 별로 없고 훈련도 2박 3일 동계훈련과 40km 동계행진 한 번이면 끝났다. 다만 눈이 오는 날은 빗자루로 하염없이 계속 눈을 쓸어야 했다. 월동 준비에 싸리나무 튼튼한 놈으로 1인당 열 개씩의 빗자루를 만들었지만 그것도 모자라 결국 닳고 터진 헌 빗자루들을 모았다가 다시 묶어 사용해야 했다. 네 명 정도가 나란히 서서 500m 정도씩 길을 나누어 맡았다. 이걸 한 번 쓸고 나서 돌아보면 다시 하얀 눈 위에 아무런 자국도 없었다. 새벽부터 점심까지 점심 먹고 저녁까지 계속 쓸고 또 쓸었다. 눈은 시시포스의 바위 같았다. 그런데 모든 포와 포상 등은 흰색 위장막으로 눈 속에서 눈에 안 보이게 가려 놓고 주변 길은 눈을 쓸어서 잘 보이게 하는 건 아이러니였다. 상급자들은 그냥 어떻게든 겨울에 병사들이 내무반에서 편히 노는 꼴을 못 본다.

사회에서는 전두환 군사반란 수괴와 군사 사조직인 '하나회'가 정보부와 검찰, 경찰의 정보력을 장악하고 정치인의 뒷조사 파일과 압수한 돈을 다시 부패한 정치인들에게 돌리며 정권을 장악해 갔다. 그러나 사회의 소식과는 완전히 격리된 전방 군대는 다시 평온을 찾아가고 있었다.

3월이 지나가면서 겉에 껴입던 두툼한 방한복을 벗었지만 산에는 아직도 눈이 두껍게 쌓여 있었다. 냇물은 얼어붙었다. 그러나 얼음 밑으로 물이 졸졸 흐르는 것이 보이기도 했다. 군대 생활에 익숙해져 가던 나는 또다시 내면의 혼란에 휩싸이기 시작했다. 생존이 우선이던 말단 병사에게 다가온 권력에 눈먼 별 두 개짜리 장군의 난동이 한풀 조용해지자 삶에 대한 회의감과 세상사 부질없음이 나를 다시 소환하기 시작했다.

이즈음에 또 한 번 사고를 터트렸다. 행정반에서는 준위가 행정반장이고 그 밑에 행정 담당 병사가 한 명 있었다. 일반 작업은 열외였는데 그 병사가 이상민 병장으로 이제 막 병장을 달았다. 얼굴은 하얗고 길쭉했다. 어느 회사에서 경리를 하다 왔다고 했다. 생김새부터가 얄밉게 생겼는데 배급 때나 물품 지급 때 알량한 권세를 엄청 부렸다. 물품 지급은 이 병장 고유 권한이었다. 꼭 자기 돈으로 물건 사 주는 것처럼 갑질을 부려서 더럽지만 다들 참고 있었다. 그 뒤에는 아무도 건들지 못하는 준위도 있었으니까. 나도 매우 아니꼬웠지만 어쩔 수 없었는데 어느 날 준위가 아끼던 어떤 물건이 없어졌다. 준위가 노발대발했다. 전부 집합 명령을 내렸다. 미친개 상사까지도 뛰어왔다.

준위가 전 부대원들을 대상으로 탐문을 하는데 갑자기 행정 병장 이상민이가 나를 지목했다. "저놈이 행정반에 들어온 걸 봤어요." 나는 어안이 벙벙하여 들어간 적 없다고 했다. 이상민 병장은 분명히 봤다고 우겼다. 준위는 모두 들여보내고 나를 데리고 FDC 벙커로 갔다. 하사관 셋째 서열인 이삼용 중사와 지금은 내 사수인 미친개 상사도 따라왔다. 나는 절대 아니라고 항변했다. 중사와 상사가 "얘가 그럴 리 없다."고 편들어 준 덕분에 "가져갔으면 내일이라도 조용히 와서 말하면 용서하겠다."는 준위의 말을 듣고 내무반으로 돌아왔.

억울하고 분해서 잠이 안 왔다. 모두가 잠든 뒤 행정반 야전 침대에서 자는 이상민 병장을 찾아갔다. "드릴 말씀이 있습니다. 제가 행정반에 안 들어간 걸 아실 텐데 왜 그러십니까?" 하니 "군대는 안 되는 것도 되는 곳이야. 꼬우면 제대하든가?" 하며 실실댔다. 순간 머리가 돌면서 이 병장 얼굴에 주먹을 날리고 쓰러진 놈의 옆구리며 얼굴에 사커킥을 날렸다. 이 병장은 얼굴을 감싸 쥐며 "일병이 병장 죽이네!"를 돼지 멱따는 소리로 질러댔다. 곧이어 행정반 문이 열리며 내무반 인원들이 뛰어 들어와 나를 떼어놓았다.

병장들이 나를 포상으로 데리고 갔다. "네가 억울하더라도 일병이 병장을 때린 건 하극상이다. 이제부터 모든 병장에게 10대씩 맞는다. 알았나?" "맞겠습니다." 둘러선 병장은 10여 명이었고 가신 자루(포 다리를 옮길 때와 고정할 때 쓰는 지름 7cm, 길이 1m쯤 되는 쇠파이프)와 곡괭이 자루를 가지고 왔다. 바닥에 배를 깐 채로 엎드려 맞았는데 30대쯤 맞으니 맞는 소리가 '퍽퍽'에서 '철퍽철퍽'으로 바뀌고 통증은 사라졌다. '윽' 소리 한 번 내지 않았다. 누군가가 몽둥이로 물을 내리치는 느낌이었다. 그렇게 백 대를 맞았다. 유일하게 태권도 했던 갓 진급한 병장이 마지막에 몽둥이를 내던지고 "일어나!" 하면서 때리는 걸 포기했다. 나는 일어나면서 둘러선 병장들 하나하나 눈을 마주치며 "더 때리실 분 계시면 맞겠습니다." 했다. 침묵이 흐르고 "없으시면 이제 돌아가겠습니다." 하며 경례를 올려붙이고 내무반에 돌아왔다.

바지는 빨갛지도 않은 노란 핏물로 완전히 젖어 있었다. 내무반원들이 바지를 벗기려 했지만 이미 달라붙어 벗길 수가 없었다. 의무대에 연락한 후 대대 의무대로 가니 자다 깬 의무병들이 가위로 바지와 팬티를 조각조각 내고 핀셋으로 살에 붙은 군복 실오라기들을 제거했다. 종아리부터 엉덩이까지 소독제를 뿌리고 맨살 채로 엎어 놓았다. 그렇게 밤이 지나면서 통증은 점점 심해졌다. 아침이 되자 준위와 미친개 상사, 중사가 찾아왔다. 그들은 "억울해도 참아라. 건강하게 제대해서 집에 돌아가야지."가 모두의 공통된 말이었다. 그들은 무식해 보여도 오랜 군 경험으로 지혜가 많아져서 현실 대처에 현명했다. 무엇이 참이고 거짓인지 판별하는 능력이 탁월했다.

일주일쯤 지나자 전체를 덮었던 딱지가 하나둘씩 떨어졌고 의무대에서 나올 수 있었다. 이상민 병장은 한 달쯤 뒤에 행정반에서 나와서 포반으로 돌아갔다. 내무반에서 미운털이 박혀서 6개월 뒤 제대할 때까지 개고생하며 울기 일쑤였다. 행정반에는 다른 상병이 배치되었다. 나도 총기류를 포함해 군용 무기류를 관리하는 겸직 행정 병사로 임명되었다. 또 하나 좋게 된 점은 그 이후로 고참들이 나를 한 번도 때리지 않았다. 군 생활이 완전히 풀렸다.

봄이 되자 미친개 상사가 몸보신하러 간다며 병사 몇 명을 데리고 근처의 깊은 산골짜기 작은 개울로 갔다. 그곳에는 가느다란 물이 흐르고 있었는데 살짝 얼은 물밑을 들여다보면 도롱뇽이 많았다. 지금은 보호종으로 포획이 금지되어 있지만 당시에는 흔히 볼 수 있을 정도로 많았다. 도롱뇽은 별 큰 움직임이 없어서 잡기가 쉬웠다. 우리들이 도롱뇽을 잡아 미친개에게 주면 씹지도 않고 꿀꺽꿀꺽 삼켰다. 미친개가 좋아하는 게 송충이와 도롱뇽이었다. 여름에는 소나무 숲을 지나면서 손가락으로 굵은 송충이를 공중으로 탁

탁 쳐서 입으로 받아먹었다. 송충이는 어금니로 한 번씩 깨물어서 터트려 먹는데 터지는 식감과 향이 좋다고 했다. 하지만 나는 한 번도 못 먹어 봤다. 미친개는 특이하게도 술을 안 마셨다.

미친개 상사가 나에게 들려준 이야기로는 어려서 나무꾼(158쪽에 나무꾼 설명이 나옴)이 되었는데 나이 먹고서 일반 군대로 배치되었다 했다. 총 분해, 포탄 분해, 대포 분해 등 군에 대해 모든 것에 통달했고 심지어 대검 던지기, 총에 대검 꽂은 채로 총 던지기 등을 믿지 못할 실력으로 던져 댔다. 심지어 손목보다 가는 굵기의 나무에 던져도 나무를 정확히 관통할 정도였다. 나를 매우 좋아해서 힘든 작업 때에는 일부러 쉬운 작업을 만들어 나를 공통 작업에서 빼 주거나 심지어는 내무반에서 공부하라며 열외 시켜 주는 게 다반사였다. 나에게 웬만한 모든 군 기술을 전수했다. 105mm 포 완전 분해와 포탄 분해 등은 사단 내에서 미친개와 나밖에 할 줄 몰랐다. 다른 포대에서 포가 고장 나면 멀리 있는 수원 병기창으로 보내지 않고도 우리 부대에 끌고 와서 고쳐 가곤 했다. 하여간 미친개 상사는 나를 가르칠 때만큼은 매우 진지했다. 나도 배우는 게 재미있어서 한 번 배운 것은 날이 깜깜해질 때까지 반복 연습했다. 미친개는 병사들을 미친 듯이 패다가도 내 차례만 오면 "들어가서 공부해!"를 외치며 열외 시켜 주었다. 덕분에 군대 제대할 때까지 미친개 상사에게 단 한 번도 맞아보지 않았다.

미친개 상사는 나를 애칭으로 '호랑이 새끼'라고 불렀으며 대놓고 편애했다. 한번은 야간에 숙소로 불러 가족들, 학교생활 등을 물어보며 "나도 부모님 밑에서 정상으로 자랐으면 너처럼 될 수 있었을까?" 하는데 평상시의 장난기 넘치는 말투 속에 서글프고 어두운 감정이 느껴져 가슴이 시려왔다. 지금도 미친개 상사를 생각하면 그의 이상한 또라이 짓이 이해되기도 하고 먹먹한 느낌도 든다.

그는 비단 복주머니를 혁대에 달고 다녔는데 그 안에는 개의 수컷 성기 뼈(음경골이라 하며 6~7cm 길이이며 작은 칼처럼 생겼고 양면이 날카롭다)와 고무줄로 묶은 털 한 뭉치가 들어 있었다. 미친개 상사가 내무반에 들어와 갑자기 비단 주머니를 열면 내무반은 그야말로 난리가 났었다. 그 안에서 털 하나를 뽑아 내무반에 훅~ 불면서 "찾아와! 못 찾는 놈은 귀를 자른다. 실시!" 말하면 모든 병사들이 침상 밑으로 기어들어 가서는 여기저기서 "찾았습니다!"를 외쳤다. 침상 밑에서 자신의 음모를 하나씩 뽑아 나오는 것이었는데 미친개 상사는 그 털을 들여다보며 '합격! 불합격!'을 외쳤다. 그러고는 불합격을 맞은 병사의 귀를 음경골로 썰었다. 어떤 때는 핏방울이 뚝뚝 떨어지기도 했다. 불합격을 골라내는 기준은 모르겠다. 아마도 낮에 훈련이나 작업할 때 농땡이 치거나 태도가 불량한 병사들을 골라내는 것 같았다. 끝나면 합격된 털을 기존 털 뭉치와 함께 고무줄로 감아 주머니에 넣고 사라졌다. 귀가 썰린 병사들은 며칠 동안 쓰리다고 했다. 그의 말이 내게 다시 돌아왔다. "내게 부모님이 안 계셨다면 미친개 상사처럼 되었을까?"

포 사격 시합이 있었다. 군단의 모든 포대가 1개 포반씩을 내보내 포사격 시합을 하는 것이었다. 먼저 차량에 매달은 포를 끌고 일정 속도로 연병장 혹은 정해진 길을 따라 달린다. 사격 명령이 떨어지고 좌표가 주어지면 즉시 포를 방열시킨다. 목표지점을 조준하여 첫발을 사격하는데 명령부터 사격까지 걸린 시간을 잰다. 방열 방향이 1밀 이상 벗어나면 아웃된다. ―포에서의 방위는 '360도'가 아니고 '6,400밀'이며 1밀을 1/10로 나눈 것을 '초'라 한다.― 포병은 숫자를 읽을 때도 하나, 둘, 삼, 넷, 오, 여섯, 칠, 팔, 구, 공으로 읽는다. 이는 숫자를 잘못 듣는 것을 방지하기 위함이다.

나는 선수로 뽑혀 시합에 나가 지휘도 맡았다. 미친개 상사가 계속 연습시켜서 보통은 1분 정도에 사격 명령을 내리는데 나는 30초 대에 사격을 내리고 방열도 정확하여 첫 시합에서 우승을 했다. 이 포사격 시합에는 가상 사격과 진짜 사격을 하는 두 종류가 있었다. 가상 사격 시합은 수시로 있었으며 실사격 시합은 일 년에 단 한 번 열렸다. 실사격일 때는 사격 준비 완료를 알리면 심판관이 와서 다시 방열이 잘 되었는지 재확인한 뒤 사격 허가를 내렸는데 첫 포탄이 8km 떨어진 15m 지름의 과녁에 명중하면 사격 완료 시간을 인정받는 거였다. 과녁을 벗어나면 세 번의 보정 사격을 하게 되고 보정 시간만큼 점수가 차감되었다. 나는 첫 시합 우승으로 제대할 때까지 시합에 나갔다. 한 번을 제외한 전 시합에서 우승을 했다. 그 단 한 번의 실수는 지금도 잊히지 않는다. 당연히 우승할 것으로 기대하던 대대장, 포대장, 미친개 상사의 실망하는 표정이 아직껏 선하다. 더하기 빼기의 단순 실수로 탈락한 일이었다. 지금 생각해도 민망하다. 이러한 사격 시합은 포대장의 진급에도 매우 중요한 요인이라 했다.

　4월에 햇볕이 제법 따뜻해지자 제식 시합이 열렸다. 25명으로 구성된 제식단이 분열, 집합, 총검술 등을 하는 의장대 행진 시합 같은 것이었다. 흰색과 분홍색 나일론 끈을 풀어서 군복과 총에 치장을 하고 제식 동작을 선보이는 시합이이었는데 좀 유치하기는 하지만 사열 대형을 잘 짜면 나름 멋있어 보였다. 역시 미친개가 나섰고 나더러 사열 대형을 만들라 했다. 나는 바둑판을 이용해서 전체 정해진 발걸음 수에 맞추어 제식 동작과 분열, 집합 순서를 짰다. 바둑판 한 칸은 한 걸음이었고 검은 돌은 분홍색 실을 맨 12명, 흰 돌은 흰색 실을 맨 12명, 장기 알의 졸 하나는 지휘자 1명이었다. 가장 괜찮아 보이는 제식 순서를 정하고 25명의 병사로 각 동작과 분열 집합을 한 걸음씩 구분하여 보여 주었더니 미친개 상사가 매우 흡족해 했다. 이후로 선발된 25명의 반복 연습이 일주일 이상 이어졌다. 이 제식 시합 또한 우리 대대가 우승했다. 나는 단체 무장 구보 시합에서도 20명의 병사를 데리고 가짜 소위 계급을 달고 출전했는데 지휘자로 나가서 지친 병사들의 총 4자루를 멘 채 떠밀고 이끌어 우승했다. 이어서 개인전도 우승했기 때문에 미친개 상사와 포대장은 나를 아끼는 보물 취급했다. 눈만 마주치면 엄지 척을 해 보였다.

　이때의 포대장은 후에 국방부 장관이 된 김태영 대위였다. 내가 병장 달 시기에 소령을 달고 서독으로 유학을 갔다. 김태영 포대장은 온화한 인품에 논리적인 사고방식을 가지고 있었고 명석하고 강직한 성품이었다. 특히 나를 좋아하여 내가 일병을 단 후 첫 휴가가 나오자 본인 휴가와 맞추어 같이 가자는 제안을 했다. 그래서 같이 군용 지프차를 타고 편하게 춘천 버스정류소까지 갈 수 있었다. 서울에 내리니 김태영 포대장이 자기 집에서 하루 자고 가라고 했다.

포대장 집은 영등포 문래동 고가다리 근처 단칸 셋방이었다. 밖에서 술 한 잔하고 들어가자는 포대장을 따라 술집을 두 차례 돌았는데 포대장이 그렇게 술을 잘 먹는지 처음 알았다. 술 마시고 둘이 어깨동무로 다녔다. 집에 들어가서 놀랐다. 부인이 키 크고(포대장은 약간 작은 편이다) 예뻤다. 휴가 왔는데 일병과 어깨동무를 하고 술 취해 들어온 남편이었는데도 공손하기가 예사롭지 않았다. 술상 봐 오라는 포대장 말에 둥그런 상에 어묵탕과 번데기, 두부김치 등을 소주와 함께 차려왔다. 우리가 먹고 마시는 동안에도 무릎을 꿇은 채 방 한쪽에 대기하다가 김치, 물 등을 주문하는 포대장의 말에 즉각 반응했다. 말이 거의 없어서 나는 일본 여자인가 하고 의심했는데 한국인이 맞았다. 술 마시다가 포대장과 나란히 누워 잠들었는데 아침에 일어나니 군복이 빳빳이 다려져 있었고 워커를 빤작거리게 닦아 놓았다.

정갈하게 차려놓은 아침을 먹은 후 나올 때 포대장이 차비 2만 원을 주었다. 후에 포대장이 포 방열과 작전에 관한 논문을 썼는데 가끔 포대장 관저에 가서 논문 내용을 보고 수식 검산 및 수정 작업 등을 도왔다. 특히 야간 작전에 사용 가능한 별의 각도와 시간 등을 계산했던 기억이 있다. 후에 김태영 포대장은 포병 장교 출신으로는 유일하게 4성 장군이 되었고 이명박 정부에서 국방부 장관이 되었지만 천안함 피격 사건이 일어났고 북한군 소행이라는 발표를 한 후 장관에서 물러나 한민고등학교 이사장을 한 후 2025년 2월 말에 별세했다. 그가 이명박에 떠밀려 천안함 사건 발표를 하고서 장관직을 사임하는 장면이 아쉬운 기억으로 남는다.

사이코 병장이 비상사태로 인해 2달을 늦게 제대했다. 내무반에서의 생활은 완전히 풀렸다. 6월 군번 우봉이의 빨래, 정리정돈 등 극진한 내무반 보조로 인해 그야말로 편안하고 따뜻한 봄 날씨 같은 군 생활이었다. 게다가 동기인 종복이가 나누어 주는 적잖은 돈도 있었으니 풍족하기까지 했다.

군대 울타리 넘어 사회에서는 박정희의 유신독재가 끝나고 '서울의 봄'으로 일컫는 민주화 요구가 거세지자 전두환은 식물 대통령 최규하를 사실상 청와대에 가두어 놓고 전국으로 비상계엄령을 확대했다. 그리고 김대중, 문익환, 고은 등을 내란음모죄로, 김종필, 이후락 등은 부정부패로 계엄합동수사본부가 구속하자 광주 일대의 저항은 더욱 치열한 상태가 되었다. 이때 광주에서는 대학생들의 주도로 시민들까지 합세한 대규모 민주화 운동으로 발전했고 전두환 반란군들은 총기로 무고한 우리 국민이자 의로운 광주 시민을 총기로 사살하고 잔인한 불법 처형, 성폭행, 암매장 등 세계사에 등장할 만한 만행을 자행했다. 김대중과 그 당시 민주화 운동의 본진인 문익환, 고은 등을 광주 민주화 운동의 배후로 조작해서 군법회의에 회부하여 내란음모죄로 사형 등 중형을 선고했다.

민주시민의 너무나 처참하고 숭고한 희생으로 이 나라에 민주주의가 깊은 뿌리를 박을 수 있었는데 당시의 전두환 반란군들은 철저히 총칼로 국가 권력을 찬탈했다. 아직도 광주 민주화 항쟁에 나섰던 시민들을 '빨갱이들'이라 부르는 전두환의 개돼지, 매국노들인 일부 정치인과 언론인들이 돌에 맞아 죽지 않고 살아 있다. 이러한 현실은 독재자의 총칼에 찢어진 국민의 상처가 아물지 않고 그 살 속에 전두환을 찬양하는 구더기가 득실거리게 만들었다.

　참으로 안타까운 바는 '국민이 주인인 민주국가 대한민국'의 현재이다. 총칼을 휘둘렀던 젊은 군인들이에게 5·18 민주화 항쟁의 주역들인 내 누이, 내 동생의 젖가슴이 잘리고 내 친구가 철사에 묶여 끌려가서 암매장을 당하는 걸 보며 죽음으로 결사 저항했던 광주 시민들이 오랫동안 살아남아 이 일을 증언해 오고 있다. 이 피의 세대 이후 태어난 사람들은 꼭 5·18을 찾아 자세히 알아보길 바란다. 너무나 아픈 민족사이기에 이 책의 전부를 전두환과 광주로 채워도 부족하겠지만 내가 알게 된 사실만을 위주로 이 글을 써나가므로 후대들이 이 비극의 연대기를 다시 한 번 찾아보기 바란다. 이에 관한 영화로는 『화려한 휴가』『택시 운전사』『꽃잎』『26년』 등이 있으니 영화를 보아도 좋겠고 '유네스코 세계기록 유산'에도 등재되어 있으니 그러한 기록 유산을 찾아 보아도 좋겠다. 또한 여기에 더하여 영화 『서울의 봄』을 통해서 전두환 일당이 국가 권력을 송두리째 유린한 사실도 현대사 의식에 도움이 될 것이다.

　그 당시는 군대에 있는 누구도, 나도, 알지 못했다. 군대 사조직

'하나회'가 철저히 대한민국의 주권자 '국민'을 짓밟고 대한민국을 세계적인 민주 후진국으로 전락시키고 있는 사실 말이다. 이런 시기 전방 부대에는 새싹이 돋으면서 지난해의 마른 잎새를 밀어내고 있었다. 전방 추운 곳에는 4~5월에 낙엽이 진다. 그런 무심한 5월이 지나 6월을 향하고 있었다.

전두환은 5·18의 배후로 눈엣가시였던 김대중을 지목하고 광주 일대의 무고한 사람들을 고문하여 '김대중 내란 음모 사건'에 연결시키고 광주의 정동년을 고문하여 김대중이 북한의 사주를 받았다는 자백서를 쓰게 한 후 이를 근거로 김대중에게 사형선고를 내렸다. 정동년은 자책감으로 철제 숟가락을 갈아 손 동맥을 끊고 배를 찔러 자살을 기도했는데 훗날 아버님과 광주교도소의 같은 방에서 생활할 때가 있었다. 김대중과 함께 독재에 저항했던 사회 인사들도 엮어 중형을 선고한 후 육군교도소 특별 감방에 가두었는데 문익환, 고은, 이문영, 예춘호였다. 그리고 서대문구치소에는 함승헌, 한완상 등이 수감되었다. 또한 많은 지식인들이 가혹한 고문을 당했다. 결국 로널드 레이건 미국 대통령과 일본까지 나서서 김대중의 사형을 막고 석방시킬 것을 요구하자 결국 몇 년 뒤 김대중을 미국이 데려가는 것을 수용했다. 그래서 김대중은 미국으로 망명하여 1985년에야 미국연방의원과 저명한 미국 인사들에 둘러싸여 김포공항으로 입국했다.

봄에 병사들은 배가 고프다. 조금 이른 봄에는 달래를 캐어 된장에 비벼 먹는 일도 있지만 역시 배고픈 젊은이에겐 고기가 최고다.

토끼나 뱀을 잡아먹는 일도 많았다. 배부르게 고기를 먹기에는 꿩이나 멧비둘기, 까마귀가 최고였다. 꿩은 사격할 때 화약 냄새를 좋아해서 사격장에 잘 나타났다. 꿩이 오면 다들 사격을 멈추고 손짓으로 사격수 딱 한 명을 정했다. 정해진 사격수는 꿩의 배 아랫부분을 겨냥했는데 25m 거리에서는 꿩 배의 끝부분을, 그 이상 거리에서는 조금씩 윗부분을 겨냥했다. M16 소총의 특성상 총알은 25m 지점에서 조준점의 가장 아래쪽으로 내려왔다가 다시 올라가며 200m 지점이 지나서야 다시 조준점 아래로 떨어지므로 꿩이 가까이 있을 때 몸통 중앙을 꿰뚫어 아까운 고기를 낭비하지 않기 위함이었다. 꿩은 맛이 좋고 연속으로 잡기 힘들어 거의 상급자에게 돌아가고 멧비둘기도 드물게 잡았지만 하급 병사에게는 까마귀만큼 좋은 먹거리가 없었다.

전방에는 까마귀가 흔했다. 일단 반합과 물, 된장 한 주먹, 소금 한 주먹을 가지고 까마귀가 많이 있는 곳으로 간다. 여기서 반합에 된장을 조금 넣고 불을 피워 물을 끓인다. 까마귀 한 마리 조준하여 잡으면 껍질을 벗기고 내장을 벗긴 후 20~30m 떨어진 곳에 던져 두고 반합에 넣어 익힌다. 까마귀는 껍질을 벗겨 놓으면 삼계탕에 넣는 약병아리만 하고 육체미 선수처럼 상체가 우람하다. 까마귀 고기가 삶아지는 동안 버려진 까마귀 껍질과 내장에 까마귀들이 새까맣게 모인다. 다시 한 마리 잡아 삶아진 까마귀를 꺼내고 넣는다. 고기를 소금 찍어 먹는 동안 다시 까마귀가 몰리고 이러한 과정은 모인 병사들의 배가 불러질 때까지 무한 반복되었다. 까마귀 고기는 약간의 노린내가 나는 쌉쌀한 맛이었지만 그리 질리지 않아 많이 먹을 수 있는 맛이었다. 숨겨 놓은 소주 몇 병 있다면 최상의 안줏감이 되었다.

6월에서 7월 사이에는 유격훈련과 하계훈련이 있었다. 휴가는 세 번이었다. 12개월 차 일병 때, 24개월 차 상병 때, 그리고 병장 달고 제대 2개월 남기고 사회 적응 준비 휴가다. 각각 10일씩이므로 포상 휴가를 제외한 정식 휴가는 총 30일이 되는 셈이었다.

나에게도 유격훈련 차례가 돌아왔다. 휴가를 가려면 유격훈련을 한 번이라도 받아야 했다. 태권도로는 검은 띠 승급을 해야 상병 계급 달 자격이 주어졌다. 유격장에 가니 붉은 모자를 쓴 유격훈련 교관들이 군기를 잡았다. 레펠 타기를 했다. 높은 절벽 위에서 저지대로, 비스듬하게 외줄을 걸어 놓고 와이어 고리를 걸어 하강하는 훈련이었다. 이어서 절벽 수직 하강, 밧줄에 매달려 물 건너기, 화생방 훈련 등이 주 훈련이었다. 물론 정신력 강화를 위한 유격체조는 매 시간마다 반복되었다. 레펠 타기도 재미있었지만 수직 하강은 너무 재미있는 놀이였다. 허리에 찬 고리에 밧줄을 꿰어 잡고 40m 정도의 절벽에서 2~3m 정도씩 몇 번 점프하면서 내려오다가 10m 정도를 남기고는 한 번에 점프하여 땅에 착지하면 됐다. 그런데 겁을 먹고 밧줄 쥐는 힘을 조절하지 못한 채 꽉 붙들기만 해서 오히려 절벽에 부딪혀 사고가 나는 경우도 있었다. 그때 밑에서 교관이 밧줄을 쥐고 있다가 절벽에 부딪힐 상황이 되면 밧줄을 잡아당겨 사고를 방지하는 역할을 했다. 나는 마지막 지점에서 밧줄 잡은 교관의 머리를 노리고 힘차게 점프했는데 교관은 다이빙으로 피했고 나는 멋지게 착지했다. 얼굴이 벌게진 교관은 나에게 푸쉬업과 유격체조도 많이 시켰지만 재미있었다.

밧줄에 나무토막 하나 매어 놓고 매달려 물 건너가기가 있었는데 잘 건너가도 교관이 밀어뜨려 흙탕물 속으로 밀어 넣었다. 나는 밀어서 빠뜨리려는 교관을 잡아채어 물속에 넣었는데 이를 본 여러 교관들이 달려들어 물속에서 여러 교관들을 물 먹이고 나도 포박당해 방독면 없이 화생방실에 감금되었다. 처음에는 눈도 따갑고 숨쉬기가 어려웠다. 어느 정도 지나자 요령이 생겼다. 화생방실 어둠에 눈도 익숙해지고 구석 각진 곳에 코를 박으니 중앙에서 피우는 최루탄 가스도 코로 안 들어왔다. 문에는 허리 높이의 나무가 걸려 있었다. 화생방 시간에는 문이 닫혔고 문이 열리면 튀어 나가려는 병사들이 나무에 걸려 넘어지며 아수라장이 되었다. 병사들은 눈물 콧물 범벅이 되어 쿨럭거렸다. 나는 그것을 구경했다. 한 시간쯤 지나자 교관들이 온몸을 밧줄로 묶은 나를 끄집어냈다. 나는 일부러 침을 질질 흘리며 캑캑대고 까무러치는 시늉을 했다. 교관이 주는 물을 먹고서야 연기를 마쳤다. 재미있는 경험이었다.

드디어 8월 1일 휴가를 명받았다. 김태영 포대장(후에 국방부 장관이 됨)과 함께 나가서 영등포에서 같이 술 마신 후 포대장 집에 가서 하루를 자고 인천에 갔다. 부모님께 인사드리고 인천 친구들과 술 마시며 놀다가 학교에 갔는데 학생회관에서 5·18 기록영화 상영을 한다는 귓속말을 전해왔다. 학생회관에서 녹화 상영된 독일 방송은

저것이 몇 달 전 우리나라에서 일어난 사실이라는 것을 적나라하게 보여 주었다. 그것은 나의 머릿속을 하얗게 만들었다. 대성통곡하는 학생들 사이에서 나도 목 놓아 울었다. 아니 울었다기보다 울부짖었다. 가슴이 터져 나올 것 같았다. 지금도 그 장면들을 떠올리면 목구멍에 치미는 숨을 삼키며 흐르는 눈물을 막을 길이 없다. 이토록 엄청난 사실을, 이토록 악독한 사태를 숨겨 온 것을 국민에게 알리려는 언론인 한 명이 우리나라에 없단 말인가. 5·18부터 우리의 언론은 죽었다. 언론이 사악한 군인과 독재자의 개로 변했고 아직도 사람 흉내 내는 언론인들이 국민들을 위협하려, 속이려, 짖기도 하며 권력의 피 묻은 뼈다귀를 빨아 먹고 있던 것이다.

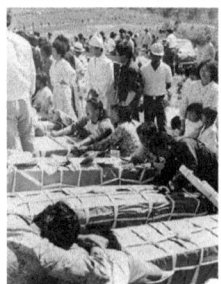

군인에 의해 철사로 묶이고 죽임을 당한 광주 시민들

우리의 군인이, 국민을 위해 목숨을 바치자던, 내가 속한 대한민국의 군인이, 아직도 대다수가 대한민국의 청년들로 이루어진 군인이, 국민들이 적으로부터 지켜달라고 쥐어 준 그 총검으로 국민들을 살해하고, 난도질 하고 철사로 묶어서 폭행하고, 파묻었다. 한두 명이 아닌 그 많은 시민을 말이다. 단지 별 두 개짜리 군인이 별 두 개 더 단 후에 청와대를 점령하겠다는 권력 욕심으로. 항상 진실이 어쩌구, 정의가 어쩌구 하는 비겁한 대한민국의 언론인들이 '나는 못 보았노라, 나는 몰랐노라'를 자기 최면인 양 걸고 외면하던 그 장면들이었다. 이런 사실을 독일의 진짜 언론인이 세계로 내보낸 것이었다. 이제야 그것을 나도 볼 수 있었다. 그 이래 지금까지도 일부 잔당들은 죽은 시민들이 빨갱이이고 북한 공산당의 침투 내란이라는 허위 조작을 지속하고 있다. 이들은 열 번, 백 번 사형시켜야 한다. 시민 집단 살해를 모의한 자들을 사형시켜 들판의 까마귀밥을 만들어야 한다. 국민을 죽인 군인은 일반 살인자보다 더한 형벌을 받아야 한다. 명령에 따라서 발포한 강제 입대 병사 군인들은 만 쪽의 반성문을 쓰고 숨죽이고 살아야 한다. 저항 없는 시민들을 폭행하고 능욕한 군인들은 그들이 명령에 따른 것이라 항변해도 무기징역으로 사회에서 완전히 격리해야 한다.

우리나라의 정의가 없어진 그 이후로 정의를 없앤 전두환은 정의를 자기 정치 구호로 내세우며 권력의 쾌락을 즐기고 있었다. 그리하여 나는 사회의 선한 영향과 악한 영향, 그리고 우리 사회와 인류가 가야 할 방향에 내가 해야 할 몫에 대해 생각하게 되었다. 나는 이전의 나와 달라졌다. 나는 사회에서 떨어진 다른 내가 아니라 사회 안에서 사회의 한 세포 같은 나였다. 나는 독립된 생명체가 아니다. 인간이라는 종족의 하나인 생명체였다. 어쩌면 그보다 큰 지구 전체가 하나인 생명체 공간이었다. 그뿐 아니라 사회가 역할로 준 권력보다 더 큰 권력욕과 사회가 적당하게 준 물질보다 더 큰 물욕에 감염된 사회의 암세포들이 등장하는 사실도 알게 되었다. '나'는 우리와 다른 내가 아니라 우리 중에서 주어진 역할 하나를 구별하는 것이었다. 나는 변했다. 변할 수밖에 없었다. 이러한 거대 사회악을 보게 되면 누구나 변한다.

'5·18 민주항쟁'은 내가 살아오면서 있었던 사건 중 짧고 좁은 이 책에 서술할 만한 사건을 훨씬 많이 뛰어넘는 크기다. 나는 단언한다. 모든 역사적 사건은 사건의 크기를 지나간 시간으로 나누는 것이 지금의 시각에서 중요한 순서이므로 한국의 역사를 알고 싶은 마음이 생기면 임진왜란, 병자호란, 고구려를 알기 전에 가장 먼저 알아야 하는 것이 '5·18 민주항쟁'이라고 생각된다.

침울하게 변한 내가 부대에 복귀했을 때 내 눈에 보이는 모든 군인들이 그저 아무것도 모르는 멍청한 사람들로 보였다. 그중에 못된 놈이라 생각했던 고참들도 순진한 군인 중 하나였다. 그들이 만약 5·18 광주 항쟁에 투입되었다면 어떻게 변했을 지를 생각하면 오싹하기도 했다.

휴가에서 돌아온 후 여전히 내 머릿속에는 5·18의 잔인한 영상이 또렷한데 전두환은 최규하 대통령을 강제 하야시킨 후 8월 27일

서울특별시 장충체육관에서 제11대 대통령 선거를 치렀다. 전두환이 유일한 후보였다. 직접 투표가 아닌 간접투표였는데 투표 대의원을 전두환 신군부가 선정한 것도 모자라 총을 든 계엄군들이 지켜보는 가운데 총 2,540명의 대의원 중에 2,525명이 출석했으며 전두환 2,524표, 무효 1표로 99.4%의 득표율을 차지한 전두환이 스스로 대통령이 되었다. 북한의 김일성 부럽지 않은 압도적 찬성이었다. 불참 3명은 사고나, 죽음 등의 개인 사유가 있었다. 그리고 형식적인 반항을 했던 한 명은 어찌 되었는지 아무도 모를 것이다. 제11대 대통령의 명목상의 임기는 박정희의 잔임 기간인 1984년 12월 26일까지였는데 전두환은 8차 개헌을 하여 대통령을 7년 6개월 동안 했다.

민통선 안 우리가 동계훈련 나갔던 벌판의 작은 부대 막사가 비워지고 굵은 철조망이 몇 겹 둘러쳐진 후 삼청교육대(삼청대)가 들어섰다. 전국 군부대 근처에 수많은 삼청교육대가 들어섰고 우리 부대는 가까운 삼청교육대에 보초병을 보내야 했다. 3개 조로 운영되며 8시간씩 보초를 서고 차량으로 귀대했다. 나도 1주일간 보초 서러 갔었다. 허허벌판의 교육대에 가면 가시철조망이 가로세로 50m쯤 둘러쳐진 사각형 모서리의 높이 4m쯤 되는 초소에 총을 들고 올라가 맞거나 기합 받는 교육생들에게 실탄 장전된 총을 겨누고 있어야 했다. 교육생들은 머리를 빡빡 밀고 군복 하의에 흰 런닝구(하얀 속옷 윗도리)를 입혔고 흰 고무신을 신었다. 막사에서 자고 동트면 연병대에 사열하여 '수련생 규칙'을 복창했다.

하나. 나는 주면 주는 대로 먹겠다.

하나. 나는 때리면 때리는 대로 맞겠다.

하나. 나는 교육 대원에게 절대로 복종하겠다.

하나……

하나……

하나……

'수련생 규칙'을 복창한 다음에는 기합 받기가 시작되었고 기합 받으면서도 조교들의 몽둥이 구타를 당했다. 똑바로 안 한다고 때리고, 신음소리 낸다고 때리고, 엉덩이 실룩거린다고 때리고, 때리고, 때리고…. 밥 먹으러 뛰어갔다 와서 또 맞았다. 한번은 내가 보초 서는 도중에 담배를 물고 있었는데 기합 받던 한 교육생과 눈이 마주쳤다. 순식간에 텔레파시가 통했다. '담배 한 모금만….' 나는 갓 피워 문 담배를 비벼 꺼 초소 밑으로 툭 던졌다. 눈 마주친 교육생이 '어이쿠'하며 넘어지자 조교의 몽둥이가 사정없이 그 교육생을 때렸다. 그는 데굴데굴 구르며 수십 대의 몽둥이를 전신에 맞으며 초소 근처까지 왔다가 매 맞으며 기어서 다시 제자리로 돌아갔다. 내가 피우다 만 담배꽁초는 사라졌다.

작업이 있는 날은 매를 덜 맞는 날이었다. 작업은 주로 군부대 근처의 산에 비포장도로를 만드는 것이 많았다. 작업 나갈 때는 트럭에 10명씩 탄 후 바깥에서부터 몸을 딱 붙이고 한 손은 앞사람 어깨를 잡고 한 손은 트럭의 의자 상단부를 잡았다. 보초병은 실탄 장전한 총으로 교육생 등을 겨눈 채 트럭 양쪽 의자의 앞쪽 끝에 앉았다. 실탄 한 방에 일렬 다섯 명을 꿰뚫을 수 있는 모양새였다. 조교는 앞칸 운전석 조수 자리에 탔다. 교육생 10명당 낡아빠진 삽 두 개만 주어졌다. 작업 위치에 도착하면 교육생은 주어진 삽으로 적당한 나무를 잘라서 곡괭이처럼 만든 후 나머지 8명에게 줬다. 이들은 이것으로 일렬로 서서 삽을 가진 사람은 나무를 찍어내고 나무 곡괭이를 가진 사람은 땅의 돌이나 풀을 제거했다. 작업의 능률이 아니라 그냥 교육생을 괴롭히려는 짓으로 보였다.

작업할 때 조교와 보초가 작업자들 뒤에 나란히 앉아 담배 피우며 이야기할 기회가 생겼다. 조교의 말을 빌리면 조교들도 하루하루가 무섭다고 했다. 교육생에게 잠시라도 틈을 주면 무슨 짓을 당할지 몰라 항상 긴장해 있었다. 두려우면 잔인해진다는 생각이 다시 들었다. 교육생 중에는 전과자도 있고 학교 선생님도 있고, 대학생도 있고, 자기들 생각에도 왜 잡혀 왔는지 모를 억울한 사람들이 많다고 했다. 조교가 나무숲에 오줌 누려고 들어가는 순간을 교육생 한 명이 귀신같이 알고 돌아보며 나에게 비굴하고 불쌍한 미소를 보냈다. 징그럽게 느껴지기도 하고 착잡한 마음이 드는 미소였다. 얼른 담배 몇 개비 뽑아 풀숲에 던졌다.

삼청교육대는 핫바지 최규하 대통령 시기인 1980년 8월 4일에 국가보위비상대책위원회(국보위) 위원장이었던 전두환이 '계엄포고 제13호'를 발동하여 만들어졌다. '삼청'이란 이름도 국보위가 서울 종로구 삼청동에 위치하여 붙여진 것이었다. 삼청교육대는 12·12 군사반란을 일으키고 5·18 민주화 항쟁을 잔인하게 진압한 신군부

세력이 '사회에 존재하는 범죄자 및 인간 말종을 교화시켜 대한민국의 치안을 개선한다.'라는 명목상 목적을 내세웠다. 하지만 사실은 공포 분위기를 조성하여 국민의 저항 의지를 억누르고 정치 보복을 원활히 하기 위해 만든 것이었다. 잡아들이라는 대상자들이 표면적으로는 깡패나 도둑, 강도 등이었지만 한 꺼풀 벗겨 보면 전두환 비방자, 허위사실 유포자, 5·18 유언비어 유포자였다. 따라서 실제 체포자는 부랑자, 전과자들과 함께 5·18 광주 민주화 항쟁 시민군 포로, 데모에 참여한 대학생, 노동 운동가, 노조원, 신군부 반대 세력, 재야 민주화 세력, 민주당 지지자, 진보정당 지지자 등이 체포 대상이었던 것이다. 게다가 파출소당 몇 명 검거라는 지침이 내려지고 검거자 제출 마감 시간에 쫓긴 경찰들이 지나가는 시민에게 괜스레 시비 걸어 차에 태우는 일도 많았다. 이로 인해 당연히 억울한 사람들이 수도 없이 생겨났다. 흉악 범죄자들은 오히려 신날 정도였다. 2년, 5년 징역에 갈 범죄자들이 몇 주만 개고생하고 나오면 죄가 없어졌기 때문이었다. 사실 삼청교육대가 끝난 후에 강력 범죄율은 그 이전에 비해 매우 높아졌다는 일부 통계도 있다.

  삼청교육대 목적이 '인간 말종 교화'라고 했는데 삼청교육대는 오히려 보통의 인간을 말종으로 만드는 곳이었다. 이런 삼청교육대를 갔다 온 많은 사람들이 매우 잔인해지거나 정신질환에 걸려서 사회에서 강력범죄를 저지르는 일이 많았다. 예를 들면 최근에 출소한 조두순을 들 수 있다. 절도 등을 저질러 삼청교육대에 끌려갔던 조두순은 돌아온 뒤 아동 성폭행, 상해 치사 등 강력 범죄를 많이 저

삼청교육대의 가혹행위와 삼청교육대로 잡혀가는 시민

질렸는데 삼청교육대에 앙심 품고 전두환을 찬양하던 노숙자를 때려죽인 일도 있었다.

정부의 공식 발표에 의하면 삼청교육대에 끌려간 사람은 4만 347명이고 이로 인한 사망자는 337명, 신체장애자가 된 사람이 2,700여명이었지만 사실 출소한 사람의 명단이나 기록은 없다. 사고가 많았고 저항하는 교육생에게 죽은 조교도 많았다. 심지어 교육 후 풀려난 교육생과 휴가 나온 조교가 사회에서 마주쳐 조교가 심하게 폭행당하는 일도 일어나 조교들의 휴가가 금지되기도 했다.

나는 다시 성경을 읽기 시작했다. 내무반에 비치된 작은 성경책을 다 읽은 후 휴가병에게 부탁하여 영문 성경책을 구해다 읽었다. 한글 성경책은 중국어로 번역된 것을 다시 번역했던 것이라 '하노라' '이니라'로 끝나고 뜻이 명확하지 않은 이상한 단어들로 이루어져 있었다. 영문 성경은 그보다 훨씬 명확하고 단정적이었다. 성경의 예수는 매우 반항적이며 사회를 선하게 바꾸기 위해 거대 권력에 도전하는 혁명가로 생각되었다.

　곧 가을이 왔다. 산에는 머루와 다래, 더덕 수확 철이 되었다. 고참들은 더덕을 캐러 나갔다. 졸병들도 더블백을 들고 다래와 머루를 따러 나갔다. 다래는 높은 나무에 큰 파라솔처럼 줄기를 사방으로 펼쳐 잘 익은 다래들을 주렁주렁 매달고 있었는데 가운데 나무를 톱으로 베어 눕히고 다래를 땄다. 큰 나무 하나 베면 더블백 두 개가 다래로 꽉 채워질 정도였다. 머루는 좀 시간이 걸렸다. 한두 시간 모으면 더블백 반 정도 채울 수 있었다. 이것들을 그동안 모아 놓은 빈 소주 됫병에 채우고 소주를 부어서 포상 안 포탄 박스 밑을 파고 묻었다. 이 술들은 훈련 나갈 때나 고참들 생일이 되면 차례차례 몇 병씩 꺼내 먹는, 일 년의 술 저장고 역할을 했다. 가끔 라면을 묻기도 했는데 쥐들이 땅굴을 파서 라면 봉지를 뚫고 파먹는 경우도 많았다.

　타 부대에서 더덕을 캐다가 지뢰가 터져 다리가 잘렸다는 소식도 전해졌는데 더덕은 길을 잘 아는 고참들만 캘 수 있었다. 홍더덕 중에서 굵고 속에 물 찬 것은 산삼보다 더 좋은 보약이라 한다. 이것들을 모아 사단장 등 높은 상관들에게 진상품으로 보냈다. 돌밭에는 독사가 많았는데 이것들을 잡아 모아 진상품을 보내기도 했다. 한번은 한 명이 독사에게 물려 헬기 이송으로 후방 101병원에 다녀오기도 했다. 오가피 뿌리, 멧돼지, 땅벌 집과 꿀 등 산이야말로 진상품 백화점이었다.

　한번은 큰 고목 나무뿌리에 둥지를 튼 땅벌 집을 발견했다. 바로 무전을 때려 여름에 쓰던 에프킬라 모기약 가스통 6개를 가져왔다. 내가 에프킬라 두 통을 양손에 잡고 라이터로 불을 붙여 땅벌 집 입구에 대고 나오는 벌들을 태웠다. 나오는 족족 날개가 불에 타서 입구에 쌓이는데 나오는 벌이 너무 많아 내 종아리 높이만큼 피라미드 모양으로 쌓였다. 가스통 5개를 다 사용할 때야 벌이 더 이상 나오지 않았다. 마지막 가스통이 남을 즈음에는 겁이 나기도 했다. 다들 모여서 반나절 작업 끝에 고목 나무뿌리의 거대한 땅벌 집을 캘 수 있었다. 큰 드럼통을 거의 채울 분량이었다. 상사와 부대 간부들이 모여 칼로 사각형 모양으로 잘 잘라서 식용유통에 여러 개로 나눠 담아 꿀과 함께 진상품을 만들었다. 말뚝 장교와 말뚝 하사관의 진급은 이런 진상품의 종류와 횟수로 결정되는 듯했다.

전방 어느 곳에서 6·25 전쟁 때 만들어진 북한군 탄약 창고가 발견되었다는 연락이 왔다. 이런 일을 처리하는 것은 미친개 상사가 담당이라 우리 부대로 연락이 온 것이었다. 하지만 미친개 상사는 이 일을 부대 최고참 말뚝 중사인 김영삼 중사에게 미루었다. 나더러도 같이 가라고 했다. 다음 날 아침 김 중사와 함께 내 이하 9월 군번 이후의 부대원 6명을 데리고 트럭으로 그 장소에 갔다. 돌들을 쌓아 흙을 덮었고 일부 돌 틈으로 플래시를 켜 보니 탄 박스가 한 트럭 분량은 되었다. 돌 틈에 큰 구렁이가 있어 꼬리 잡고 꺼내려 했지만 몇 명이 잡아당겨도 빠지지 않았다. 김 중사가 대검으로 구렁이 중간을 잘라 버렸다. 곡괭이로 돌을 무너뜨리고 제거 작업을 시작하기 전에 김 중사가 작업 중지하고 기다리라 하더니 나와 같이 주변을 살피자 했다.

1~200m 떨어진 곳에서 높이 5~6m 되는 가파른 언덕 계곡을 발견했다. 부대원들을 시켜 언덕 밑에 넓은 구덩이를 파게 한 후 주변의 나무들을 베어 구덩이에 넣고 불을 피웠다. 직경 5m는 되어 보이는 큰 불이었다. 불이 커지자 부대원들에게 탄약 창고에서 박스들을 하나씩 가져와 우리의 등 뒤에 놓으라 했다. 김 중사와 나는 수직 언덕 끝에서 5~6m 물러나 자리 잡았다. 김 중사가 소주와 과자를 꺼내왔다. 무전기로 "이제부터 제거 작전 들어갑니다. 오버"하자 조금 후에 "제거 작전 승인한다. 오버"하고 무선 연락이 왔다. 김 중사는 나에게 소주를 건네며 "이제부터 파티다."를 외쳤다. 부대원들을 멀리 피신시키고 김 중사가 뒤에 있는 탄 박스를 끌어와 누운 채 발끝으로 밀어 언덕 밑으로 떨어뜨렸다. 시간이 지나자 폭발음이 들렸다. 소총탄은 '따다닥'이고 수류탄이나 박격포탄 등은 '펑, 펑'이다. 소리가 끝났지만 우리는 조금 더 기다렸다. 그리고 다시 탄 박스를 밀어 넣었다. 연기와 불이 치솟았다. 김 중사는 그런 작업 몇 번 후에는 주로 내게 시켰다. 처음에는 재밌지만 나중에는 지루해서 소주 먹는 맛에 밀어 넣었다. 다 터트리고 나니 저녁이 되었다.

5·18 영상이 머리에서 지워지지 않은 채로 10월의 첫눈을 맞았다. 나뭇잎은 매달린 상태로 얼어붙었다. 나는 열심히 성경을 읽었다. 부대에는 교회가 없었다. 나는 교회가 필요했다. 대대장 막사 뒤편에 조그만 창고 모양의 방 두 칸짜리 작은 집 한 방에는 부처님

이 모셔져 있었다. 내 종아리만 한 나무 부처님이 모셔져 있었는데 대대장이 불교 신자라서 모셔 놓았다고 했다. 전에 가 본 적 있는데 석탄 창고 비슷한 크기였다. 블록 벽으로 반을 갈라 한쪽에는 낮은 탁자 위에 나무 불상을 놓고 바닥에는 장판을 깔았다. 절을 하는 방석도 몇 장 있었다.

대대장에게 면담 신청을 했다. 대대장은 보안대장이 달마다 찾아와서 면담하는 내가 자신에게 면담 신청을 하니 과자와 음료 등을 내놓으며 매우 반겼다. "김 일병. 부대 생활에 뭐 어려운 거 있나? 필요한 게 있으면 뭐든지 얘기 해." 나는 부대에 교회가 없고 담홍리 사단에만 있으니 이곳 교회 신자들은 모여서 예배드릴 곳이 없다는 걸 이야기했다. 또한 대대장실 뒤쪽에 불당이 있고 반은 비어 있으니 그곳을 예배 보는 장소로 만들어 달라고 했다. 대대장은 "참 좋은 생각인데 부대에 교회 시설 비용이 나오려나? 군목도 안 올 텐데…." 하며 난처한 기색을 보였다. 나는 신앙의 자유가 있는 나라에서 부처님은 모시고 예수님을 못 모시는 것은 부당하다고 강변하며 장소만 사용하게 해 주시면 기독교 신자들을 모아 교회 비품은 우리 자체적으로 준비하고 일요일마다 내부 시설 공사를 하겠다 했다. 시멘트 열 포와 내무반에 까는 장판만 주면 된다고 했다. 대대장이 승낙했다. 자기가 도울 일 있으면 언제든지 찾아와 말하라 했다.

내무반에 돌아와서 서울 용산 장로교회로 긴 편지를 썼다. 용산 교회에 가 본 적도 없고 규모가 얼마나 되는지는 모르지만 전화번호부에서 찾은 것으로 기억한다. 당시에 용산이 큰 지역이었으므로 막연히 큰 교회일 것이라고 생각했다. 전방 부대에 교회를 만들려고 하니 중고나 못쓰게 된 교회 물품들을 보내주면 고맙겠다는 말을 길게 썼다. 구체적으로 단상, 예수님 십자가, 풍금, 필요한 의자 등 물품 종류도 적어 보냈다. 물론 독실한 하나님의 종이라는 미사여구도 넣었고 하여튼 그럴듯하게 적었다.

효과는 바로 왔다. 답장이 왔다. 진실한 전도에 도움이 되는 하나님의 도구들을 최대한 빨리 준비해서 보내겠다고 했다. 며칠 뒤에는 사단에서 대위 계급을 단 군목이 찾아왔다. 나에게 하나님의 은총이 내릴 거라는 축복 기도를 한 후 오던 길에 지프차가 작은 노루를 치어서 주워 오려고 내렸는데 잡으려는 순간 벌떡 일어나 도망갔다면서 아쉬워했다. 사단장에게도 보고되어 적극 지원하라는 지시를 받았다고도 했다.

일은 일사천리로 진행되었다. 일주 후에는 낡은 풍금 하나와 50여 명이 쓸 수 있는 책상 달린 교회 의자들 그리고 제법 큰 예수 십자가와 단상, 찬송가 책, 성경책들과 찬송가를 틀 수 있는 큰 카세트 등이 가득 쌓인 트럭이 왔다. 시멘트와 모래, 바닥 장판, 벽지 등은 따로 배달되었다. 장작 태우는 난로도 왔다. 교회에 나오겠다는 기독교 병사들을 모았다. 한 달 만에 교회의 모양새를 갖추었다.

12월 첫 주 일요일에 첫 예배를 드릴 준비를 했다. 성탄절에 교회에서 신도들이 모이려면 그 전에 일요 예배를 몇 번 해야겠다고 생각했다. 포대장에게 며칠을 열외 시켜달라고 하고 준비를 했다. 벽에는 성경 구절들 중 마음에 와 닿는 말들을 길게 써서 벽에 붙였다. 장작을 준비하고 풍금 연습도 해야 했다. 어차피 기타는 부대에 있으므로 여차하면 기타로 대신할 생각이었다. 다행히 가스펠송 중에서는 기타로 치면 멋있고 신나는 노래들이 여럿 있었다. 가스펠은 '복음'을 뜻하며 가스펠송은 '복음찬송가' 즉 '전도를 위한 찬송가'를 뜻하는데 흑인 영가와 결합하거나 대중가요와 결합하여 경쾌한 것이 많고 강렬한 느낌의 노래들도 많다.

그런데 난로에 피울 장작이 문제였다. 평일에는 사람들을 동원할 수 없어서 혼자 톱을 들고 산에 나무하러 갔다. 혼자서 온종일 나무를 해도 하루치 정도 밖에 안 되었다. 3일 정도는 나무만 하러 다녔다. 예배 당일에는 나무를 충분히 써서 예배당을 따뜻이 만들어야 할 것이었다. 전방의 날씨는 매우 추워서 불 안 땐 교회는 냉동고였다. 물도 바로 얼어붙었다. 전방에는 눈이 많이 왔다. 12월 7일 첫 예배를 며칠 앞두고 낮에는 나무하러 가고 밤에는 풍금 연습을 했다. 목사가 없었으므로 설교와 찬송가를 직접 해야 했다. 피아노를 배운 적 없으므로 왼손으로는 화음을 잡았고 오른손으로는 악보를 쳤다. 다행히 찬송가는 느리고 단순한 것이 많았다. 그럭저럭 찬송가 몇 개는 칠 수 있었다.

예배일 하루 남기고 산에 나무하러 갔는데 욕심을 부려 좀 먼 능선으로 갔다. 눈이 많이 쌓여 있었다. 능선의 눈은 바람에 쓸려 능선 옆이 거의 평편하게 덮였고 낮의 햇볕에 표면이 굳어져 빤짝거렸다. 능선은 구별할 수 있었지만 옆으로 발을 잘못 디디면 굴러 떨어질 상황이었다. 아니나 다를까 발을 잘 못 디뎌 아래로 굴렀다. 다행히 나무에 걸렸다. 눈 표면이 살얼음처럼 되어 있어서 내가 굴러 떨어진 자리가 뻥하니 뚫려 파란 하늘이 보이고 나뭇가지와 마른 잎이 하늘에 그린 그림인 듯 보였다. 눈물이 났다. 한참을 나무 둥지에 기대 하늘을 보았다. 이왕 눈물 난 거 어머님 생각하며, 헤어진 은연이도 생각하며, 5·18도 생각하며 펑펑 울었다. 한참을 소리 내어 운 후 조용해졌을 때 갑자기 벼락이 머리를 쳤다. 머리에서 천둥이 들리는 듯 멍해졌다.

'아! 나는 아이구나. 갓난아이구나. 지금까지 갓난아이로 살아왔구나. 나는 어른이 아니구나. 지금까지 남들이 나를 이해 못 해 준다고 징징거리고 떼쓰며 살았구나. 내가 지금까지 다른 사람을 이해하지 못했구나. 이게 어른과 어린이의 차이구나. 나는 어린아이였구나.'

데미안의 알에서 깨어, 뚫린 구멍으로 기어 나오니 하늘의 푸르름은 냉기를 머금은 차가운 색이 아니고 햇볕을 담은 따스한 색이었다. 약간은 원망스러웠던 기억 속의 나의 어머님은 하나님과 동등한 거룩하신 분이었다.

예배당에 돌아와 난로에 불을 지피고 장판에 엎드려 길고 긴 기도를 했다. "하나님 미련한 종을 깨우쳐 주시고 은혜를 주시니 감사하고 감사합니다." 긴 시간이 흐르고 비몽사몽이 되었을 때 예수가 앞에 서 있었다. 예수의 신발이 보이고 흰 천으로 감은 발이 보이고 흰 도포가 보였다. 나는 고개를 못 들었다. 예수님은 아무 말도 없이 그렇게 서 계셨다. 벽에 붙은 종이가 한 장 떨어져서 나를 깨웠다. 다시 예배당 바닥이었다. 떨어진 종이에 써진 말(지금은 기억이 안 난다)은 무슨 뜻인지 이해가 안 되었다. 그냥 하나님의 계시라고 생각했다. 내일 예배 잘하라는 격려로도 생각되었다.

첫 예배의 날이 밝았다. 교회에 20여 명이 왔다. 고맙다는 말을 먼저 했다. 간단한 축복 기도를 한 후 읽을 성경 구절을 알려주고 함께 낭독을 했다. 틀린 말을 전하는 자는 연자 맷돌을 목에 달아 바다에 던져진다는 두려움으로 설교는 하지 못했다.(마태복음 18장 6절 : 만일 나를 믿는 이 작은 사람들 가운데 하나라도 죄짓게 하는 사람이 있다면 그가 누구든지 간에 목에 연자 맷돌을 달고 깊은 바다에 던져지는 편이 나을 것이다.)

사실인즉 지금의 교회는 이 말씀을 외면하는 교회 종사자들이 많다. 특히 이 말은 교회에서 주님께 신도들을 인도하는 자들에게 하는 경고로 받아들이지 않는 무도한 자들이 많다. 지금도 나는 종교 지도자에게 매우 중요한 구절이라고 생각한다.

그 당시 나는 다만 성경을 함께 읽고 마음속으로 각자 그 뜻을 이해해 보는 침묵의 시간을 준 후 다시 찬송가를 부르고 또 다른 한 구절을 읽은 후 다시 생각하는 침묵의 시간 그리고 다시 찬송을 반복했다. 그럭저럭 풍금으로 찬송가 반주를 하고 끝날 무렵에는 가스펠송을 기타 반주에 맞추어 신나게 노래했다. 그리고 주기도문을 외우고 예배를 마쳤다. 다행히 성공적인 첫 예배가 되었다. 마지막엔 미리 준비한 빵과 과자, 음료수를 나누며 다음 주에 또 모일 것을 약속했다.

교회의 신도 수는 매주 한두 명씩 늘어나서 어떤 날은 장판 바닥에 앉는 사람들도 생겼다. 그렇게 한두 달 지나자 사단에서 군목이 상병을 단 이○○(이름이 기억 안 난다) 전도사를 우리 부대에 전배시켰다. 이 상병은 본부대대 소속이 되어 교회 예배를 전담했는데 나는 신도로서 풍금이나 기타를 치면 되었다. 어찌 보면 사이좋은 목사와 장로 같은 관계였다. 같이 교회 일을 의논했고 함께 주일을 준비했다. 이 상병은 제대 후에 인천의 어떤 큰 교회 목사가 되어 내가 제대한 후 가끔 만나 포차에서 소주도 여러 번 마셨다.

성경에는 술 이야기가 많이 나오나 주로 '마시지 말라'가 아닌 '취하지 말라'가 많고 이 구절을 우리에게 유리하게 해석해서 취하지만 않을 정도로 마셨다. 하지만 지금까지도 나는 자주 취하고 사람들 앞에서 취해서 실수하는 모습을 보이지 않는 것으로 위안을 삼는다. 어찌 되었든 나는 저 민통선 안 산골짜기 부대에 개척 교회를 만든 경험을 가지게 되었다. 그러나 하나님이 별로 마음에 들어 하지 않을 민망한 기독교인이었다.

아버님은 간첩이 아니다
- 1981년, 전두환 군사독재의 전방 상병 군인

이러구러 혹독한 추위와 전두환이란 악랄한 군인에 의한 혹독한 민주주의의 시련과 함께 겨울이 지나가고 봄이 오고 있었다.

그해 3월에 11대 국회의원 선거가 있었다. 내무반에 막대기로 칸을 만들고 기표소라는 것을 만들었다. 우리 모두가 빠짐없이 투표를 해야 한다고 했다. 행정관 준위가 와서 "제군들은 애국심이 투철하니 모두가 '민주정의당'을 찍을 것을 잘 알고 있으나 혹시 미끄러지거나 실수할 것을 대비하여 내가 미리 찍어서 줄 테니 투표함에 넣기만 해라. 혹시 대원들 중에 다른 당을 찍으려는 사람 있나?" "없습니다." 포대원들의 대답 후 준위는 이미 전두환이 총재인 '민주정의당' 후보의 칸에 볼펜 뚜껑으로 동그란 도장을 찍은 후 부대원들에게 나누어 주었다. 이렇게 하여 더럽게 민주적으로, 더럽게 정의롭게 '민주정의당' 의원이 국회의원 과반수를 훨씬 넘겨 당선되었다.

신기하게 생각되는 것 중 하나는 사람들은 묘하게도 자신의 최대

약점을 최대 장점인 양 떠벌리는 심리이다. 빨갱이였던 박정희는 항상 '반공'을 부르짖으며 '빨갱이 척결'을 내세웠고 군사반란으로 정권을 찬탈하고 무고한 시민들을 학살하여 정권 찬탈을 정당하게 만들려 한 불의의 정권은 항상 '정의'를 부르짖고, 희대의 사기꾼인 이명박은 '정직'이 가훈이며 자신의 신조라 하면서 '국민이 정직해야 한다.'를 훈시했다. 또한 항상 '불법'을 자신의 권리인 양 법을 무시하다 못해 헌법마저도 무시하는 윤석열은 말끝마다 '법대로'를 달고 산다는 이상한 사실이다.

월동 장비들을 치우고 봄맞이 준비를 할 때쯤 나는 내 인생 중 개인적으로 가장 혹독한 사건을 맞았다. 4월 초에 받아든 『전우신문』 (현 『국방일보』)에 아버님의 얼굴이 실린 기사가 나온 거였다. 5·18 광주 학살은 김대중 간첩 사건으로 북한의 무장 집단이 침투해 벌인 국가 전복 세력을 소탕하기 위한 것이라고 포장했던 당시 정부가 그간 암약하던 간첩단이라고 검거한 5명의 핵심 간부에 아버님을 포함시킨 것이었다. 이것은 완전한 거짓이다. 전두환의 졸개들이 광주 학살의 원인을 북한 무장 세력의 광주 침투와 이를 물리치기 위한 진압 작전으로 포장하기 위해 광주 출신들을 임의로 골라 간첩단으로 만들어낸 사건이다.

이 간첩단 사건은 5·18이 일어난 1980년 여름부터 계획된 것이었다. 아버님은 그해 10월경 이미 광주교도소에 구금되어서 모진 고문을 당했지만 나는 전방에서 이를 전혀 모른 채 개척 교회를 만들고 찬송가를 연주하고 있었다. 아~이~고~멘~ 할! 랄~루야~

선량한 국민이 이러한 조작에 의해 간첩으로 몰리는 일은 박정희, 전두환, 노태우, 이명박, 박근혜 등 우리나라의 독재자나 친일 위정자들이 즐겨 사용하는 방법이었다. 국민을 기만하고 위협하는 수단이지만 진정한 민주국가라면 일어날 수 없는 일이다. 최근에도 검사 집단과 국정원 등이 이러한 일들을 꾸민 것이 여러 번 확인된 바 있다.

2009년 10월 광주고법 재심에서 무죄가 확정된 후 울고 계시는 아버님.
함께 고생했던 어머님도 많이 우셨다.

이로 인해 아버님은 8년간 광주교도소에서 감옥살이를 했고 전두환이 대통령이 되고 노태우에게 대통령을 물려준 후 만신창이로 석방되셨다. 노무현 대통령 때 만들어진 '과거사 진상 규명 위원회'에서 재조사하여 2009년 10월 22일 재심에서 무죄가 선고된 것이다. 전두환의 광주 학살 이후 결코 저버릴 수 없는 한과 함께 우리 가족이 덤으로 암흑 속에 처박혔다.

나는 군인이었다. 큰형은 군에서 병장으로 갓 제대했고 작은형은 아직도 군인 장교였으며 작은 매형도 아직 군인이었고 아버님은 6·25 때 부상당한 상이군인이었으며 무공훈장과 대통령 표창과 서신도 받은 국가유공자였다. 지금은 재심에서 무죄를 받은 후 국가유공자 지위가 복원된 후 돌아가셔서 대전 현충원에 어머님과 함께 안장되었다. 이런 우리 집안이 풍비박산 났던 것이다. 광주에 살았었다는 것만으로도 이러할진대 현재 살고 있는 광주 시민들의 삶은 어떠했겠는가? 내가 휴가 나갔을 때 학교에서 보았던 그 잔인한 광주 시민 학살은 조그만 파편으로 우리 가족에게도 튀어와 재기 불능에 가까운 치명상을 입혔다.

나중에 안 일이지만 아버님은 옷이 피범벅이 되도록 맞았고 고춧가루 물고문, 잠 안 재우는 고문, 통닭 매달리기 고문 등을 매일 매일 당하면서도 "난 간첩이 아니다"를 외치며 견디셨다. 어머님까지 소리가 들리는 옆방으로 끌고 와 아버님에게 옷이 벗겨진 채 맞는 소리, 고통에 내는 신음 소리들을 들려주며 일제 강점기 못지 않은 인간성 말살의 고문을 했다. 또한 군에 있는 두 아들을 휴전선 철책 안에서 사살하겠다는 협박에 못 이겨 결국 불러준 대로 쓴 자술서에 서명할 수밖에 없었다 한다. 이런 자술서를 쓴 후 법정에서 피 묻은 팬티를 숨겨서 가지고 가 재판 도중 꺼내서 흔들며 고문에 의해서 쓴 강제 진술이라고 외쳤다. 하지만 재판관은 외면했다. 법정에서 끌려 나와 아버님은 뭇매를 맞은 후 다시 법정에 세워져 장기간의 징역형을 선고 받았다.

이 사실을 알게 된 나에게 군 생활은 아무런 의미도 없었다. 아침이면 충혈된 눈으로 깨어 현실을 마주하면, 내무반의 동료들은 살기에 찬 내 눈을 피해 고개를 돌렸다. 나는 기본적인 군 일정 외에는 모든 것에서 열외 되었다. 이 상황을 알게 된 부대 내에서도 나는 언제나 아침 일과 배분 때 '김동수 상병 열외!'가 선언되었다. 누구도 나에게 시비 걸지 않았다. 나의 살기 찬 눈에 잘못 걸릴까 봐 조심하는 부대원들 덕에 광주에서 끌려온 신병들도 괴롭힘 당하는 일이 없는 씁쓸한 혜택을 누렸다. 나도 아버님께 폐가 될까 봐 조심하며 참고 지냈다. 그 이후로 군 생활은 병장을 달았지만 아무런 일이 없이 지나갔다. 연말에 휴가를 나가서 어머님과 함께 아버님 면회를 갔지만 교도소 직권으로 나는 면회를 거절당했고 결국 제대한 뒤 대학을 마칠 때까지도 면회를 거절당했다. 다른 형제들은 모두 면회가 가능했는데 나만 안 되었다. 그때 나는 데모 많던 시절의 대학생 신분이어서 그랬던 거였다.

전역일을 3개월 정도 남긴 12월, 행정반 상병에게 대학 교련 수업 이수를 이유로 2개월 먼저 전역 신청을 시켰다. 당시에 대학에서는 1학점짜리 교련 시간이 있었다. 학점당 군 기간을 1개월씩 감축해 주는 제도가 있었는데 나는 3학기 내내 낙제생이어서 이 혜택을 못 받는 걸로 알고 있었지만 일단 올려 보기로 했다. 당시는 컴퓨터라는 게 없는 시절이라 조기 제대 품의가 올라오면 학교에 연락해서 알아본다고는 하지만 아마도 게으른 군에서는 조회도 안 해 보고 품의대로 할 터였다. 기대는 안 했는데 2개월 먼저 전역 통지가 왔다. 나중에 알고 보니 같이 낙제한 8명의 과 동기 중에 나만 2개월 먼저 제대한 것이었다. 그 이후로 오랫동안 재입대 당하는 악몽으로 그 2개월의 대가를 치러야 했다.

제대할 때는 사단에 설치된 교육대에서 3일간 반공 교육, 사회 교육을 받은 후 제대할 수 있었다. 그런데 교육 시간에는 전두환이 5·18때 준

국난극복기장 앞면과 뒷면

국난극복기장을 가슴에 달고 있어야 했다. 교육대에서는 이 기장을 받은 사람은 죄를 지어도 한 번은 무조건 없는 것으로 해 준다는 같잖은 교육도 했다. 제대하는 날 정문 위병소를 나서자마자 가슴에 달았던 국난극복기장을 떼어 바로 앞에 10여 미터 넓이의 개천에다가 던져 버렸다. 군인이 아닌 사회인으로서 처음 한 행동이었다.

전두환이 국난을 만들어 수많은 광주 시민들의 목숨을 빼앗고 우리나라 역사를 피로 물들인 후 이를 스스로 자축하고 기념하기 위해 당시의 군인, 공무원, 외국군 등에게 준 79만 9천 693개의 저 구리 도금 철 쪼가리는 내가 1982년 3월, 그 기장에 담긴 수치스러운 의미를 폐기한 뒤로도 36년이 지나서야 2018년 8월 7일 문재인 정부의 국무회의에서 공식적으로 폐기되었다.

제대하여 집에 오니 아버님 뒷바라지와 그간의 고초에도 여전히 예쁘신 어머님과 어딘가 직장에 다닌다는 큰형, 둘이 있었다. 아무

말도 하지 못하고 어머님이 차려주는 밥을 먹었다. 어머님은 내가 낙제하고 군대에 간 줄 모르고 계셨기에 나는 바로 복학한다고 말하니 어머님이 아무 걱정 말고 공부나 열심히 하라며 오히려 나를 다독이셨다. 눈물을 감추고 친구들 만나러 나간다고 하니 돈 만 원을 주셨지만 동기인 종복이가 매달 몇 만 원씩 준 돈과 쓸 일 없어 모아둔 것과 3,000~4,000원의 병장 월급이 모여 돈 십만 원 정도는 가지고 있었으므로 어머님의 돈을 받지 않고 나왔다. 친구들도 대부분 입대한 후 아직 제대하지 못해 그냥 혼자 술 마시고 시간 보내다가 저녁 늦게야 집에 왔다.

별일 없이, 숨죽이며
― 1982년, 대학교 복학생 1학년

학교에 가니 낙제 동기가 다 모였다. 문제가 생겼다. 3학기 연속 낙제하면 제적되므로 입학시험부터 다시 봐야 한다 했다. 모여서 의논한 결과 총장실에 가서 떼를 써 보기로 했다. 마침 안세희 총장은 물리학과 교수였다. 우리도 배운 적이 있어서 얼굴도 알아볼 수 있겠다 싶었다. 총장실에 몰려가서 면담을 요청했다. 총장은 무슨 일인가 싶어 면담에 응했다. 낙제 상황과 군 제대 후 다시 등록하려 하나 등록이 안 된다고 설명하며 등록하게 해 달라고 졸랐지만 안 된다는 단호한 대답과 함께 쫓겨났다.

우리는 총장실 앞에 무릎을 꿇고 기다리기로 했다. 여러 사람들이 우리를 흘낏거리며 총장실에 들어갔다 나왔고 우리는 몇 시간째 그러고 있었다. 다행히 군에서 제대한 지 얼마 안 된 우리라서 몇 시간이 지나도 버틸 수 있었다. 총장이 퇴근한 저녁에 나가서 술 한잔하고 내일 다시 모이기로 했다. 다음 날 아침부터 총장실 앞에서 무릎 꿇었다. 여러 사람이 총장실에 들락거리고 총장이 몇 번 밖에서의 업무로 나갔다 들어간 후 오후 늦게 서야 총장이 총장실에 들어가면서 "너희들 이리 들어와 봐!" 했다. 따라 들어가서 총장 책상 앞에 횡 일렬로 서니 "안 된다면 안 되는 거지. 니들 언제까지 그러고 있을 거야!" 하며 야단을 쳤다. "될 때까지 있겠습니다!" 제법 군대 물든 군인처럼 대답하니 총장이 한숨을 내쉬며 목소리를 낮추어 한 가지 제안을 했다. "그럼 너희들 나랑 약속을 하나 하자. 일단 등록하고 수업을 듣되 학기 성적이 3.5 이하이면 자퇴하는 것으로 한다. 아니면 퇴학시키겠다. 약속할 수 있나?" 우리는 가릴 것도 없이 큰 소리로 '네!'를 외쳤다.

아마도 이 일은 총장님에게도 기억에 남는 일이었나 보다. 훗날 스승의 날에 연대 물리학과에 어떤 뜻 있는 기념식이 열렸다. 이때는 물리학과에 78학번 동기가 교수로 3명이 있었고 나는 물리학과 78학번 회장(영구직?)으로 참석했다. 이미 벤처기업으로 어느 정도 성공했을 때였다. 기념식이 끝난 후 수많은 학번이 있었음에도 78학번이 모여 은퇴한 교수님들을 학교 앞 음식점에 따로 모셨다. 이때 82년 당시의 안세희 총장님도 오셨는데 "교수와 총장 시절에 본인이 가장 잘한 일 중에서 하나를 꼽자면 너희들이 제적당할 위기에 있을 때 내가 구제해 준 것이다. 지금 생각해도 그때 그 결정이 옳았다고 생각한다." 하면서 뿌듯하다 하셨다. 그 일을 상세히 기억하는 것을 보니 아마도 우리를 다시 복학시키는 데 적잖은 어려움이 있었나 보다고 추측했다.

78년에 25만 원 정도이던 등록금이 82년엔 40만 원이 넘었다.

나는 군대 가기 전 다음 학기 등록금을 부자 친구 윤석이가 예치해 놓은 덕에 별 부담은 없었다.

다시 1학년 복학생이 되어 82학번 후배들과 강의를 듣게 되었다. 나중에 몇 명 친해진 아이들은 있지만 대부분의 후배들과는 4학년 끝날 때까지 어울리지 못했다. 대학원생이 된 물리과 78학번 몇 명과 화학과, 수학과 78학번 조교 몇 명을 알아서 그들과는 약간의 소통이 있었다. 시험이 끝나면 그들을 통해 남들보다 우리의 성적을 먼저 알 수 있었다. 4학년인 79학번 중의 일부는 우리를 알아보고 인사하기도 했다.

그렇게 새로운 대학 시절이 시작되었다. 나는 망한 우리 집을 다시 살린다는 사명감을 가지고 학업에 열중했다. 매일 벌어지는 데모에도 참가하지 않았다. 물론 감옥에 계신 아버님에게 피해를 줄 수도 있다는 점도 이유였다. 친구들과 술 마시는 것도 최대한 자제했다.

학기가 시작된 후 어느 날 선인고등학교에서 학생주임인가 되는 선생이 학교에 찾아왔다. 백인엽 이사장이 내가 제대한 소식을 들었고 나를 한번 보고 싶어 한다고 전했다. 선인고에 조만간 인사하러 오라고 전했다. 나는 백인엽 장군을 존경하지도 않으며 내가 그의 양아들이라고 생각해 본 적도 없다고 단호하게 거절했다. 이 말을 전해 들은 이사장은 매우 노했고 그날부로 선인고의 장학금 제도를 없애 버렸다는 말을 동창생들을 통해서 들었다. 나는 백인엽 일가가 박정희와 더불어 일본 군대 출신으로 독립군을 토벌한 친일

세력이며 백인엽은 도의적으로 반인륜적 악인이라고 생각했다.

백인엽과 백선엽 형제에 대해 약간의 설명을 하자면 형 백선엽은 일제 강점기인 1941년에 만주 봉천군관학교를 나와 43년에 간도특설대에서 일본군 중위로 있었으며 박정희는 1939년도에 만주 신경군관학교를 나와 간도특설대에서 근무했다. 간도특설대는 일본인 부대장 휘하의 조선인들로 만들어져 조선 독립군 토벌에 앞장섰던, 일제가 조선인을 시켜서 조선인을 탄압하고 죽이는 이이제이(以夷制夷) 수법으로 설립한 부대였다. 백선엽은 광복 후에 평양의 독립운동가였던 조만식의 비서로 들어가 신분 세탁을 한 후 남한으로 와 국군국방경비대로 들어갔다. 1949년에 박정희가 남로당 총책으로 지목되어 사형 선고를 받자 미군과 줄을 놓아 지난 날 만주간도특설대 부하였던 박정희를 구명했다. 그리고 1950년 6·25가 발발하자 박정희를 다시 국군으로 편입시켰다. 김일성의 지령을 받던 공산당원 박정희가 일 년 만에 다시 국군이 되는 어마어마한 변신은 백선엽의 덕이라 해도 틀린 말이 아닐 것이다. 백선엽은 일본군으로서 독립군 토벌에 앞장섰지만 6·25 전쟁 때의 여러 성과 부분은 따로 평가해 볼 필요도 있다. 하지만 지금까지도 변신에 변신을 더하며 대한민국의 뿌리를 갉아 먹는 친일파로 분류되는 것은 당연하다 하겠다.

백인엽은 백선엽의 동생이다. 백인엽은 일본 육군항공학교를 나와서 일본군 육군항공 소위였다. 해방이 되자 조만식 선생의 경호대장으로 근무하던 중 소련의 군정으로 조만식이 구금되자 형 백선엽과 함께 월남하여 군사영어학교에 들어가 국군 장교가 되었다. 이승만의 경호장교로도 근무했다. 백인엽은 부하들에게 가혹하게 굴었다. 6·25가 끝나기 전까지 부하들과 민간인 즉결 처형을 많이 하여 부하들에게는 공포의 대상이었다. 예를 들어 추운 날씨에 지프 운전병이 시동을 꺼뜨렸다고 직접 그 자리에서 총살했고, 통신병이 본인 차량 진로를 방해했다고 쏴 죽이고, 갑자기 등장한 자신을 보고 당황한 소위가 입에 껌이 있는 상태로 경례했다 하여 쏴 죽이는 식이었다. 심지어 여·순 사건 당시 지휘관이던 백인엽은 총검술은 담력이 중요하다면서 시범 대상으로 민간인을 앞에 세우고 시체를 주민들에게 전시하여 주민 정신 교육에 이용했다는 목격자의 증언도 있었다. 백인엽은 중장 진급 후 1960년에 예편했는데 군단장으로 재직 시 많은 군납 비리를 저질렀다. 자동차 빼돌리기, 휘발유 빼돌리기. 부식비 빼돌리기가 심했다. 이로 인해 그 휘하 장병들이 영양실조에 걸리기도 했다. 당시에 백인엽은 6군단장이었고 박정희는 부군단장이었다. 백인엽은 평소 부하들에게 가혹행위를 일삼았는데 박정희가 이를 문제 삼아 백인엽에게 대들었다가 위기에 처하자 당시 참모총장이던 백선엽이 박정희를 구명하여 다른 곳으로 보냈다. 이때가 1957년이었다. 이후 1961년 박정희가 일으킨 군사쿠데타가 성공하자 박정희가 주도하는 혁명재판에서 백인엽을 구속해 무기징역을 선고했다. 그러나 박정희의 은인인 백선엽의 부탁으로 10개월 만에 풀려났다.

백인엽은 형과 자기 이름을 딴 선인재단을 만들어 인천에 수많은 학교를 만들었다. 이는 나의 고등학교 시절에 나오는 유치원까지 합하면 총 14개의 거대한 사학재단이 되었다. 진흥유치원(백인엽 아들 이름), 효열초등학교(어머니 이름), 선인중, 선인고(형제 이름 합성), 선화여중, 선화여상고(형 이름 선자에 꽃 화), 인화여중, 인화여고(본인 이름에 꽃 화), 운봉공고(백인엽 호), 운산기계공고(백선엽 호), 항도실업고(항구 도시), 인천체육고, 인천전문대, 인천대학교(도시 이름)가 그 재단에 속했다. 선인재단은 비리가 심해서 정권이 바뀔 때마다 백인엽은 구속되는 것이 일상사였다. 이후 1994년에 인천시에 귀속되어 지금의 선인고나 인천대는 명문이 되었다.

이런 백인엽이 내 의사를 묻지도 않고 나를 자신의 양아들로 삼겠다고 선언하고 다시 나를 보자고 했으니 내가 거절하는 것도 당연했다. 만약 그때 다시 백인엽을 찾아가 인사를 했었다면 내 인생이 어떻게 바뀌었을지 모를 일이다. 지금 생각하면 다행한 일이다.

5월 17일에 5·18 항쟁 5주년을 맞아 전국 대학생 4만여 명이 대

대학생들의 5·18 항의 데모

규모 집회를 열었다. 6일 뒤인 5월 23일에는 대학생 70여 명이 미국문화원을 점거하여 5·18에 대한 미국의 묵인 방조에 항의하였다. 이로 인해 대학생들 간에 반미감정이 높아져 더 강력한 민주화 투쟁으로 번졌으며 정부는 강경하게 대처했지만 대학생들의 더 많은 민주화 데모를 불러일으켰다.

한번은 인천 친구에게 연락이 와서 만나는 자리에 갑자기 은연이가 나타났다. 알고 보니 은연이 부탁으로 친구가 기획한 만남이었다. 나와 은연이 둘을 남기고 친구는 빠졌다. 은연이의 눈물과 함께 다시 만나자는 하소연을 들었다. 은연이는 미스 인천에 선발된 후 인천에 있는 정보부에 취직이 되었고 정보부장의 비서로 근무한다고 했다. 아마도 정보부장의 애인 노릇을 하는 것으로 생각되었다. 고등학생 때 만났던 정보부장 첩이 생각났다. 물론 정보부장은 그때와 다른 사람일 거였다. 아니면 아버지를 잡아갔던 그놈일지도 모를 일이었다. 나는 매정하게 은연이의 눈물을 뿌리치고 돌아왔다.

공부를 열심히 하여 4.0 만점에 3.5학점 이상을 받아야 했지만 집의 생계 때문에 아르바이트를 병행했다. 다행히 연대 물리학과는 과외 선생으로의 평판이 높아 여러 곳에서 과외 문의가 들어왔다. 나는 돈을 많이 벌기 위한 작전을 짰다. 당시에는 과외가 금지되어 있었다. 박정희가 1979년 10월 18일 선포한 비상계엄령을 전두환이 1980년 5월 17일에 전국비상계엄령으로 확대했고 1981년 1월 24일에야 해제되어 야간 통행금지가 없어졌다. 하지만 과외 금지에도 불구하고 돈 있고 권력 있는 자들은 자식들에게 과외를 시켰다. 이를 '몰래과외'라고 불렀다. 당연히 과외비가 비쌌다. 당시 일주일에 두 시간씩 두 번 하는 '몰래과외'비가 약 20만 원이었다. 대학 등록금이 40만 원 안팎이었던 것을 감안하면 지금 돈으로 환산해 2~3백만 원 상당이었다. 나는 두 탕을 뛰며 한 달 평균 60에서 80만 원 정도를 벌었다. 많게는 네 학생을 가르쳐 한 달에 백만 원을 벌 때도 있었다. 당시에 쉽게 돈 버는 방법은 이랬다.

1. 고위급 공무원이나 재산가의 자식을 고른다.
2. 학교 성적이 하위급을 고른다.
3. 부모님과 면담할 때 한 달을 후불로 받되 액수는 한 달 후에 정하기로 한다.
4. 가르친 지 한 달 후에 치르는 월말고사에서 성적의 상당한 상승이 없으면 공부 자질이 없는 것으로 판단하고 과외비도 안 받고 포기하겠다고 말한다.
5. 공부 자질이 있다고 판단되면 그 자질 정도에 따라 과외 액수를 정하겠다고 한다.
6. 과목별 최대한 얇은 문제지를 사서 문제지 뒤에 붙은 정답지를 보고 답을 외우게 한 후 답을 가린 후 문제를 풀게 한다. 몇 번 반복한다.

문제지 두 페이지를 두세 번 반복하는 데 한 과목당 10분이 채 안 걸렸다. 당시는 4지선다형 문제였으므로 몇 번 반복하면 멍청이도 100점을 맞기도 했다. 이 작전은 대학 4년 졸업 때까지도 매우 잘 통해서 매달 어머님께 20만 원씩 생활비를 드리고도 졸업 시 아파트 두 채 살 돈을 모았다.

당시의 선생들은 문제를 거의 문제지나 참고서를 보고 많이 베꼈다. 그러므로 몇 종류의 참고서 문제의 답만 알고 있어도 80~90점은 맞을 수 있었다. 과목의 월말 시험 범위는 고작 한 단원 내지 두 단원이었다. 문제지도 두세 장 정도였다. 바보라도 한 시간이면 문제지의 정답을 맞힐 수 있었다. 이렇게 그달에 볼 과목의 문제지 답 외우기가 끝나면 시험 보기 전날 다시 와서 문제지 답을 안 보고 다시 찍게 하여 100점이 나오는지 확인했다. 이렇게 하면 500명 정원에 3~400등 하던 아이가 갑자기 전교 150등 이내로 올라갈 수 있다. 심지어는 전교 50등 안에 드는 놈도 있었다. 물론 머릿속에 든 공부는 전혀 없는 경우가 허다했다.

아무튼 이러고 나서 학생에게 너는 원래 머리 좋은 놈이라고 한껏 부풀리고 부모를 만나 자제가 가능성이 아주 많은 학생이라고 추켜세운다. 특히 엄마 쪽이 잘 통한다. 그러나 지금까지 공부를 너무 안 해서 대학 보내기에는 부족하지만 지금부터 최선을 다하면 간신히 서울에 있는 4년제 대학에는 보낼 수 있을 정도라며 한껏 전문가 행세를 한다. 다른 학생도 여러 명 테스트 중이니 가르칠지 말지 다른 애들 것도 살펴보고 결정하겠다고 하면 부모는 거의 사정조로 '제발, 제발'을 연발하게 된다. 이때 내가 말 안 해도 대부분의 엄마들은 스스로 과외비를 올린다. 다음날 결국 대단한 결심이라도 한 것처럼 연기하며 이 학생을 가르쳐 보겠다고 알려준다. 그러니 지금부터는 월말고사 점수는 신경 쓰지 말라고 안심시켜 준다. 오로지 예비고사와 본고사 위주로 가겠다며 최근에 무슨 연속극 때문에 유행하는 '어머님 전적으로 저를 믿으셔야 합니다.'를 힘주어 말한다. 실제로 그때부터 본격적인 공부가 시작되며 학생이 안 따르면 언제든지 그만두겠다고 부모님과 학생에게 종종 주입시킨다.

지금 생각하면 거의 사기꾼이고 잘못하면 범죄일 수도 있겠는데 자기의 잠재된 능력에 고무된 학생의 노력과 부모님의 열렬한 지원 덕분에 내가 가르친 학생들은 적어도 서울에 있는 괜찮은 4년제에 들어갈 수 있었다. 심지어 한 학생은 연대에 입학하기도 했다. 과는 좀 낮은 과였던 걸로 기억된다. 다음 연도부터는 대학 간 부모의 추천 덕에 학교 첫 강의 시작부터 강의실 앞에는 부티 나게 차려입은 어머님들이 기다리다가 내 손을 양쪽으로 잡아당겼다. 오른 과외비 말고도 어머님들은 종종 10만 원짜리 수표 용돈도 주었고 고급 양복점에 데려가 양복을 맞춰 주기도 했다.

별일 없이 한 학기가 끝나고 받아든 학점은 4점 만점에 가까운 3점대 후반이었다. 아마 3.8이나 3.9 정도로 기억한다. 같은 낙제생 영호는 4.0 만점이었고 나머지들도 전부 3점 후반대였다. 영호는 이후로 4년 동안 Perfect 4.0이었고 이는 연대 역사에서 몇 명 안 되는 기록이다.

총장실로 전부 오라고 연락이 왔다. 총장 앞에 서니 일일이 악수를 한 후 앞의 의자에 다들 앉으라 했다. 그러면서 환하게 웃으며 연신 "녀석들! 녀석들!" 했다. 아마 총장에게도 우리가 실패했을 시

책임져야 할 어떤 부담이 있었을 거라고 어림짐작했다. 다들 열심히 해 주었다며 뿌듯해했다. 이제부터 정식 학생이니 공부 열심히 하라며 장학금도 탈 수 있을 거라 했다. 영호는 당시 학비 외에 생활비까지 나오는 '5·16' 장학금을 받았고(제길! 하필이면 이름이 5·16이라니!) 나도 전액 면제 장학금을 받았다. 간신히 대학에서의 첫 위기를 넘겼다.

그런데 이때 약간의 사고가 있었다. 다들 기분이 들떠 장학금 탄 네 명이 술집에 갔는데 학교 앞 신촌 로터리 쪽의 룸살롱에 갔다. 기분 좋아서 양주와 맥주를 시켜 아가씨들을 한 명씩 끼고 술을 마셨다. 영호가 뭔가 앞의 아가씨한테 무시하는 듯 말을 했다. 발끈한 아가씨가 술잔을 던졌는데 술잔이 영호 뒤쪽 벽에 맞아 깨지면서 눈 위가 찢어졌다. 피가 적잖이 흐르고 아가씨들이 놀라 튀어 나갔다. 두 친구가 영호를 데리고 세브란스로 간 후 나는 사장을 불렀다.

피가 흩뿌려진 모습에 놀란 사장이 튀어 나가고 조금 후 건달들 다섯 명이 들어왔다. 대장인 건달이 맞은편에 앉고 그 옆에 부하 네 명이 앉았다. 대장이 말했다. "학생인가? 여기는 우리가 적당히 처리해 줄 테니까 술값 내지 말고 그냥 가!" 나는 어이가 없어 바로 응수했다. "사장 오랬더니 넌 뭐냐? 술값? 사람이 다쳤으면 책임을 져야지 술값 운운? 개소리 하러 왔냐?" 대장이 살짝 놀라고 옆의 양아치가 조그만 칼을 탁자에 탁 내려놓으며 "형님 제가 처리하겠습니다." 했다. "그 새끼 거 말 조오까치 하네. 그 칼 들고 이쪽으로 건너와라!" 내가 강하게 나가자 대장이 양아치를 제지시키며 "학생 아닌가 보네?" 물었다. "으응. 연대생인데 너희들 정도는 신촌에서 샅샅이 찾아내서 묻어버릴 수 있지. 뭐 스킨스쿠버 애들 몇 명만 데려와도 쓸어버릴 수 있을 것 같은데? 함 해 볼까? 니들 여기 가게들에 붙어서 먹고 사냐? 이제 그만하려고?" 하니 대장이 바로 단도직입으로 나왔다. "얼마 원하는데?" 나는 감이 없어서 대충 크게 불러야겠다고 생각했다. "응. 크게 다쳐서 성형해도 후유증 있을 것 같다. 백 주면 그냥 우리가 알아서 할게. 너도 알아서 하고." 뭔가 협상을 할 것으로 예상했는데 대장이 부하를 시켜 사장을 데려오라 했다. "학생들인데 크게 다쳐서 수술 들어갔다네. 백으로 쇼부(승부의 일본말)봤으니까 바로 준비해 와. 학생은 돈 받아 가서 수술 잘 시켜!" 하며 나가니 부하들도 모두 따라 나갔다. 너무 적게 부른 건가 생각하며 잠시 기다리니 주인이 나갔다가 10분도 안 되어 백만 원 돈뭉치를 건네며 "죄송합니다."라며 사과했다.

세브란스에 가니 영호가 왼쪽 눈썹 위가 찢어져 여섯 바늘 꿰맸다 했다. 멀쩡했다. 내가 술이나 마저 먹고 가자며 앞의 잘 가는 우정집에 갔다. 소주 먹고 이삼만 원 나온 술값에 보태 십만 원을 우정집 아줌마에게 주고 병원비는 연대 학생이라서 얼마 안 나왔다. 나머지는 영호에게 다 주었다.

가을이 되었다. 한번은 공부하다가 도서관 밖 잔디에 앉아 데모 학생과 경찰들이 대치하는 상황을 보고 있는데 학생 한 명이 잠바 입은 복학생인 나를 손가락질하며 "뿌락치다!" 하는 바람에 학생들이 나를 향해 떼로 달려와 어쩔 수 없이 일단 정문 앞 방패 든 경찰 쪽으로 도망갔다. 경찰들이 길을 터주고 다시 막아 주어서 멀리 돌아 운동장 담 넘어 다시 도서관으로 돌아간 적이 있었다. 그 이후로 그 잠바는 입지 않았다. '뿌락치'는 당시 학교 안에 잠입시켜 놓은 사복 경찰을 일컫는 말로 진짜 학생인 척하며 데모 정보를 파악하고 다녔다.

그해 10월 9일 미얀마의 양곤 아웅산 묘역에서 대한민국 대통령에 취임한 전두환과 국가 요직 고위급들에 대한 북한의 테러 사건이 일어났다. 이 사건으로 서석준 부총리와 장관들 및 고위 공직자들 17명이 사망하고 14명이 심한 부상을 당했으며 군 합참의장이던 이기백은 가슴을 꽉 채웠던 휘장 덕에 가까스로 목숨을 건졌다. 전두환이 바로 귀국한 후 전국비상경계태세를 발동했다. 대학의 가을 축제도 모두 취소되었다. 전국에 빨갱이 척결 규탄 대회가 연이어 열리고 북한에 대한 보복을 다짐하는 관제 집회가 연이어 뉴스로 도배되었다. 당시 상황은 당연히 북한의 소행으로 생각되었지만 논리적으로 설명하기 어려운 부분이 몇 군데 있기는 했다. 10시 30분에 시작하는 행사에 전두환은 영빈관에서 10시 23분에 출발했고 10시 26분에 30분 정도 지연 도착한다고 행사장 측에 알렸다. 미리 도착해 있던 부총리를 비롯한 행사 인원들은 예행연습을 시작했다. 이때 공교롭게도 전두환과 비슷한 대머리인 이계철 미얀마 주재 대사가 10시 28분 도착했다. 이를 전두환으로 착각한 범인들이 행사장 폭파 버튼을 눌렀다. 국빈인 대통령만 교통체증으로 30분 이상 지연된다는 것과 하필이면 예행연습을 시작 후 30분경이 되어서 등장한 이계철 대사가 이상했다. 반 대머리에 전두환과 비슷하게 생겼다는 일개 미얀마 대사가 감히 미리 와 있지 않고 수많은 사람을 학살하고 대한민국을 벌벌 떨게 한 전두환과 동시 입장을 생각했다는 것인지 의아하기는 했다. 세 명의 범인 중 한 명은 현장에서 죽었다. 다른 한 명은 사형되었으며 주범이라 알려진 강민철은 미얀마의 감옥에서 죽은 것으로 알려져 있다. 이후 시간이 지나 강민철이 북한 공작원이 아니라 남한의 북파 공작원이었다는 모 기자의 넌픽션도 등장했다. 하지만 강민철 자신이 북한 공작원이라는 자백을 했다 하여 이 일은 북한의 소행으로 흐지부지 마무리되었다.

군대를 제대한 작은형은 당시 집에서 나와 한 방을 쓰고 있었다. 하루는 작은형이 배갈 냄새를 펄펄 흘리며 들어와 울었다. 대기업 입사 시험에 떨어진 것이 그 이유였다. 이미 몇 번째 떨어졌는데 술이 취해서 뭐라 뭐라 중얼거리고 있었다. 중얼거림의 전체 맥락은 '못난 아버지 때문에 취직도 안 된다.'는 감옥에 계신 아버지를 원망하는 말이었다. 나는 너무 화가 치밀어 마구 발로 차버리고픈 충동이 일었지만 방에다 오바이트하며 중얼거리는 모습에 차마 그러지는 못하고 방을 치운 뒤 어머님 방에서 잤다. 큰형은 오리 농장에서 잠자며 일하고 있었고 어머님은 광주에 가셔서 집에 안 계셨다.

이 시기에 작은형은 간단한 일기 한 줄씩을 적는 습관이 있었는데 몰래 훔쳐본 일기 한 줄이 약간 충격이었다. "동수 새끼가 들어올 시간이다. 나의 최대 라이벌이다. 저 새끼 안 보려면 빨리 자야겠다."

작은형이 수학책 등을 펼쳐 놓고 끙끙대며 공부하고 있었다. 곧 있을 대기업의 입사 시험 준비였다. 작은형은 이과대 전자과라서 수학과 사회상식, 그리고 영어가 시험 과목이라고 했다. 작은형에게 내가 대신 시험 봐 준다고 제안했다. 작은형이 대뜸 찬성하여 시험 날 양복을 입고 서울역 앞의 시험 보는 건물로 갔다. 작은형은 밖에서 기다리고 내가 작은형 시험표를 달고 시험을 보았다. 대체로 쉬운 문제들이었다. 입사 서류 시험에 합격했다는 통지를 받은 작은형은 면접에서 떨어졌다.

이리저리 별일 없이 1학년이 지나갔다.

여전히 별일 없이 혹은 조심스러운
- 1983년, 대학교 복학생 2학년

어머님은 1주일에 한 번씩은 광주교도소에 아버님 면회를 가셨다. 가끔은 광주 고모님 댁에서 이삼 일씩 계시면서 면회 가기도 하셨다. 나도 몇 번 따라가 보았지만 번번이 면회가 거절되었다. 다른 형제들은 별일 없이 면회가 이루어졌다 했다.

어머님은 예전만큼은 아니지만 여전히 씩씩하셨고 부지런하셨다. 그러나 면회 이야기는 일절 전하지 않았다. 동네 사람들은 혹시 본인들에게 해가 닥칠까 봐서 우리 집 근처에 잘 안 왔다. 아주 가까운 친척 말고는 대부분 친척들도 우리와 왕래를 끊었다. 아버님이 진짜 간첩이라고 생각하는 사람도 없지는 않았겠지만 그보다는 서슬 퍼런 안기부와 사복 경찰이 무서워서일 것이다. 대학 다니던 아들놈이 어느 날 없어졌다가 안기부에 끌려가 말 못하는 병신이 되어 돌아왔다거나 휴전선 근방에서 월북하다 사살되어서 시신 없이 죽었다는 소식이 떠돌기도 하는 그런 세상이었다.

2학년 개학 전에 큰형이 결혼했다. 큰 매형이 주인인 예식장에서 나보다 한 살 밑인 키 크고 예쁜 형수님과 급하게 날을 잡았지만 예식장의 신랑 부모님 석에는 눈물 훔치는 어머님만 홀로 앉으셨다. 어머님 모습과 아버님께 죄송한 마음이 들어 우울하기도 했다. 경사이지만 경사가 아니었다.

그해 여름에는 작은형이 결혼했다. 이번에도 어머님은 혼자셨다. 어머님의 얼굴에는 웃음기가 별로 없었다. 아버님은 옥중에서 이 소식을 어머님을 통해 들으셨을 것이다. 그 마음이 어땠을까 짐작하기가 쉽지 않았다. 아버님은 강한 성격이시지만 그 억울함을 어떻게 간직하셨을지는 훗날 재심에 의해 무죄가 선고되고 우시는 모습에서 유추할 수 있었다. 나는 평생 아버님이 우는 모습을 그때 처음 보았다. 남에게 우는 모습을 보이지 않는 내가 혼자 있을 때 평평 울듯이 아버님도 그러셨을 것 같다.

나는 아직 공부를 열심히 했다. 가끔 복학생 동기나 대학원생 동기들과 우정집에서 술 먹는 일 말고는 특별한 일은 없었다. 복학생은 요즘과 마찬가지로 대학에서 왕따 비슷했고 같은 복학생인 나와 성만 다르고 이름이 같은 이동수가 있었다. 그는 키 크고 잘생기고 덩치가 있어서 아직도 여자들에게 인기가 많았다. 그도 여자들에게 관심이 많았다. 그놈이 소개해 준 여학생이나 직장 여성들을 가끔 만나서 여관도 갔지만 기본적으로 나는 여자들에게 흥미가 없었다.

대부분 술 생각이 나면 밤에 집으로 돌아오는 길에 포장마차에 들러 간단히 한잔했다. 몰래과외로 주머니에 돈이 많았기에 때로는 맥주, 양주 파는 바에도 혼자 갔다. 하루는 집에 가다가 술집 많은 석바위 정류소에 내려서 카바레 뒷골목의 술집에 갔다. 혼자 술 먹다가 나와서 카바레 뒷문 옆 건물 틈에 담배를 피우는 중 백구두 신은 두목 한 놈과 7~8명 되는 깡패들이 카바레 뒷문으로 사람 하나를 끌고 나오는 것을 보았다. 한 사람을 여럿이서 무자비하게 폭행했는데 맞는 사람과 두목 백구두는 아는 사이인 것 같았다. 맞는 사람이 "형님 저 좀 살려주십시오."하며 백구두의 바짓자락을 잡았는데 그 백구두가 그만 넘어져 버렸다. 백구두는 더 화가 나서 마구 짓밟았다. 그렇게 사람이 거의 실신하다시피 하자 부하들에게 차에 싣고 가서 산에 파묻으라고 지시했다. 그때 큰길 쪽에서 플래시 하나가 비추어졌다.

한 의경이 플래시를 비추며 "무슨 일입니까?" 물었다. 백구두가 "이 새꺄! 상관 말고 꺼져!" 하며 의경의 뺨을 몇 대 후려쳤다. 의경은 큰길로 달려 나갔는데 곧바로 열댓 명의 의경들이 골목길로 달려 들어와 깡패들과 대치했다. "경찰서로 연행하겠습니다."를 외치는 의경들이 폭행당한 동료의 분풀이를 하듯 기세가 대단했다. 의경에 둘러싸인 백구두는 "그래 가자 가."라고 허세 부리며 당당하게 앞서는데 석바위 파출소는 바로 큰길 건너편이었다. 한 의경이 옆의 캄캄한 곳에 앉아 있던 나를 발견했다. 플래시를 비추며 일행이냐고 물었고 아니라 하니 지금 상황을 다 목격했냐고 재차 물었다. 처음부터 봤다고 하니 파출소에 같이 좀 가 달라고 했다.

파출소에 가니 백구두와 파출소장인 듯 보이는 제법 나이 먹은 경찰이 재미있는지 킬킬거리며 담소 중이었다. "형님! 우리 애들끼리 일하다가 좀 다툰 거 가지고 파출소까지 오라니 너무하는 거 아닙니까?" 백구두의 말에 경찰이 맞장구쳤다. "그러게. 요즘 의경들이 배치돼서 뭘 모르고 곧이곧대로 하니 그것도 골치 아파." 맞은 의경이 옆에 서 있다가 "저도 폭행당했습니다. 여기 목격자도 있습니다." 하며 나를 가리켰다. 백구두가 나를 째려봤다. "니가 봤다고? 보길 뭘 봐 임마. 내가 사람이라도 때리든? 헛소리하면 이빨 다 없어져 임마."하며 대놓고 나를 위협했다. 순간 열 받았다. "그래. 다 봤다. 백구두 니가 사람 하나 죽도록 때려 놓고 산에다 파묻으라 했잖아. 맞아서 늘어진 사람 카바레 뒷문으로 끌고 들어갔으니 아직도 거기 있을 걸? 그리고 저 의경 뺨따구 때렸잖아. 왜? 이 깡패새끼야 경찰서 안에서 나도 팰래?" 하니 기가 차는지 헛웃음 치며 다시 경찰에게 "형님, 우리 애들 중에 하나가 사고 쳐서 교육 좀 시킨 겁니다. 의경은 갑자기 플래시를 들이대길래 엉겁결에 살짝 밀쳤습니다. 형님께서 잘 좀 봐주십시오." 하니 나이 먹은 경찰이 의경들을 내보낸 후 오히려 나를 설득하기 시작했다.

깡패 놈들 있는 데서 우리 집 주소를 묻고 신분을 물었다. 대학생이라 말하고 주소는 근처라고만 말했다. 그리고 이놈들 있는 데서 말 못 하니 분리해 달라고 했다. 파출소장의 말투가 공손해졌다. "학생! 이런 일은 흔하고 내가 이놈들 혼쭐 내 줄 테니 그만 돌아가. 수고했어. 쟤들 일은 쟤들끼리 잘 처리할 거야. 그렇지?" 백구두에게 고개 돌리자 백구두가 "염려 마십시오. 흙 묻은 거 잘 털어주고 오까네(돈의 일본말) 좀 주고 다음부터 잘하라고 타이르겠습니다. 의경 일은 의경들 회식할 수 있도록 충분한 오까네로 사과하겠습니다." 했다. 파출소장은 해결이 다 잘되었다며 깡패 놈들과 나를 같이 나가라 했다. 파출소를 나오자 백구두가 충고랍시고 한마디 했다. "학생! 다음부터 이런 일에 끼어들지 마. 창자 빠지면 학교 못 다녀." 깡패 놈들이 여럿이라 어찌하기는 어려웠고 파출소장이 더 나쁜 놈이라는 생각이 들었지만 꾹 참고 집에 왔다.

경찰과 깡패는 공생이지만 경찰이 오히려 기생충에 가까웠다. 의무경찰은 82년 12월 31일에 경찰 보조 업무를 위해 창설되었는데 기초 시험을 봐야 했기에 군에 안 가려는 대학생들이 많이 지원했다. 근무 기간도 군대와 동일하고 근무 시는 경찰 신분이지만 제대할 때는 군 병장 제대가 되었다. 하지만 내가 생각하기에 의경은 전두환이 데모 진압을 주목적으로 설립하지 않았나 싶다. 당시에 입대 인원은 출산율 높았던 58~62년생들의 과다로 남아돌았다. 학생들의 데모 진압에 동원되는 경찰들로 인해 일반 경찰서는 인원 부족 상태였다. 의무경찰제가 생긴 후 데모 진압의 앞줄 대부분은 같은 대학생이건 혹은 대학생을 시기하는 고졸이건 간에 비슷한 또래의 젊은이들이 의경 제복을 입고 학생들과 대치했다. 소수의 경찰들이 그 뒤에서 지시하는 형태로 변했다. 이후 입대 적령기의 남자가 줄어들어 문재인 정부에서 의무경찰제 폐지를 결정했다. 2021년에 마지막 모집을 끝내고 23년 전역자를 끝으로 의무경찰제는 완전 폐지되었다.

큰누나는 부자인 매형이 운영하는 인천에서 제일 큰 예식장과 뷔

페식당을 관리하고 있었다. 큰형과 작은형은 직장에 다니고 있었으며 작은누님은 유치원 교사로 근무했다. 큰누님은 대학생인 막내에게 매달 7만 원씩의 학비와 용돈을 주었다. 당시에 적지 않은 돈이었어도 나는 돈을 많이 벌고 있었으므로 거절하려 했지만 눈치 빠른 어머님의 재빠른 충고로 모른 척하고 받아서 다시 어머님께 드렸다. 그 돈과 내 돈을 합하여 매달 20만 원씩 어머님께 드렸다.

여름방학 때 전에 알고 지내던 인천 출신의 연대 체육과 친구가 여선생들과 대성리로 같이 놀러 가자고 졸라서 1박 2일 놀러 갔다. 당시 서울 소재 대학생들의 가장 많이 가는 MT 장소가 한강 대성리였다. 연대 체육과 학생 3명과 나, 그리고 인천의 모 여고 선생님과 그 친구들 넷이 모여서 기타 치고 모닥불 피우고 펜션의 큰방에 들어와 술 마시며 게임을 하고 있는데 갑자기 식칼을 든 양아치 둘이 들이닥쳤다. 대학생들 노는 거 눈꼴시다고, 시끄럽게 떠들지 말라고 으름장을 놓는다. 세 명의 체육 특기생들은 아무 말도 못하고 나는 '여기서 사고 치면 큰일 난다.'를 되새김질하며 꼼짝 안 했다. 이 일은 한두 달 뒤의 행운으로 연결되었다.

가을이 되어 예비고사를 앞두고 치러지는 체력장 시험 때 고등학교 때 별명이 미친개였던 교사에게서 집으로 전화가 왔다. 고교 시절 똥패 중의 한 명이었던 원배가 전역 후 재수를 하여 체력장을 봐야 하는데 체력장 시험에 안 나왔다는 것이었다. 당시 예비고사는 시험 320점에 체력장 20점을 주어 만점이 340점이었다. 체력장에 불참하면 20점이 통째로 0점 처리된다는 설명이고 원배한테 급하게 연락 좀 해 달라는 이야기였다. 원배는 서울에 살아서 집으로 연락하니 아직 잠자는 중이라 했다. 황당해서 체력장 보는 곳이 집 근처라 얼른 체육복 입고 갔더니 미친개가 너라도 대신 보라고 나에게 원배의 수험표를 줬다. 가슴에 원배 수험표를 달고 아슬아슬하게 첫 종목에 나갔다. 당시에 1,000m 멀리 달리기 3분 30초 만점, 100m 달리기 13초 만점, 턱걸이 20개 만점, 제자리 멀리 뛰기 3m 20cm 만점, 허리 굽히기 30cm 만점, 윗몸 일으키기 30초에 30개 만점, 수류탄 던지기 40m 만점, 10m 왕복달리기 5회 30초 만점, 이렇게 8종목이었던 같은데 위의 수치는 기억에 의한 것이라 정확한지는 모르겠다. 하여튼 대충은 그랬다. 몇 종목을 만점 받은 후 멀리뛰기 차례가 되었는데 점수를 기록하는 책상에 어라? 전에 대성리 MT 같이 갔던 그 여선생이 있었다. 서로를 알아보았고 눈으로만 찡긋 인사했다. 그런데 수험표를 점검하던 남선생이 나를 제지했다. "이거 수험표 사진과 얼굴이 전혀 다른데?" 하며 나를 따라오라고 했다. 그때 그 여선생이 황급히 일어나 오더니 나와 수험표를 번갈아 보는 시늉을 하며 "어머! 선생님 똑같은데 왜 그러세요. 졸업 연도 보니까 군대에서 고생하고 얼굴이 좀 타서 그런가 봐요! 맞아요. 같은 사람이에요." 하며 내 등을 떠밀어 자리로 돌려보냈다. 남선생이 "그런가? 군에 다녀왔어?" 물었다. "예! 얼마 전에 제대했습니다." 하니 "고생했군." 하며 다시 자리로 돌려보냈다. 잠깐 쉬는 시간에 그 여선생에게 고맙다고 이야기하고 대신 나온 이유를 설명했다. 지금 이런 일이 일어난다면 대리 시험으로 뉴스거리가 되었을지도 모를 일이다. 하여튼 만점을 받았다. 원배한테 전화하니 까짓 20점 잡아 주고 대학 가려고 했더니 뭐 하러 대신 봤냐고 너스레를 떨었다. 원배는 이 점수를 합하여 외대 영문과에 합격했다.

당시 1학점짜리 체육 과목에 골프 수업이 생겼다. 듣기만 하면 A학점을 준다는 말에 솔깃하여 2학기에 등록했다. 학교에 골프장이 없었으므로 강의실에서 두어 번 골프 이론을 배우고 홍제동 근처의 골프 연습장에 등록해야 했는데 한 달 교습비가 2만 원 정도였던 것으로 기억한다. 골프 연습장에 가는 날이면 근처 영수 형 집에 들렀다. 영수 형은 지금 매형이 되었는데 아버님이 수학교사였다. 어쩌다 아버님과 친해져서 종종 들렀다. 아버님이 술을 좋아하셔서 갈 때마다 마루 밑 지하 같은 곳에서 담근 술을 가지고 나오셔서 나와 같이 마시곤 했다.

공부하고, 데모 구경하고, '몰래과외'하면서 그럭저럭 시간은 흘러갔다. 다행히 성적은 4.0 만점에 가깝게 나와서 장학금 수령에도 문제는 없었다. 조용한 복학생의 2학년은 지나가고 방학이 되었지만 아버님이 감옥에 계신 터에 어디 놀러 가거나 여행을 가기는 찝찝하여 공부하거나 책들을 읽으며 조용한 방학을 보냈다.

공부를 한 것인지 세월을 죽인 것인지
— 1984년, 대학교 복학생 3학년

작년과 마찬가지로 이번에도 개강하기 전 작은누나가 결혼식을 올렸다. 여자라서 아버지가 신부를 데리고 들어가 신랑 손에 인도해야 하는데 아버님은 안 계시고 어머님이 아버님 세대에서 가장 나이 많으신 사촌 당숙에게 부탁하여 아버님을 대신했다. 1년 안에 세 형제가 결혼을 한 것이다. 아이고, 복도 없는 아버님과 급하기도 한 형제들이었다. 그래도 간첩 집안과 결혼을 허락해 주신 사돈어른들이 고맙기도 했다.(알고 있었는지는 모르겠지만) 나는 누님의 결혼식에도 우울했다. 아버님은 어떤 마음이셨을까?

1학기 때 2학점짜리 교양과목을 신청했는데 중간시험에서 B가 나왔다. 논술형이었고 내 것을 똑같이 베껴 쓴 다른 복학생은 A가 나왔다. 분했다. 당시에 가장 비싼 마라톤 타자기를 사서 연습했다. 1분에 300타 칠 정도의 실력이 되었지만 타자기 소리는 요란했다. '타다닥. 탁탁. 드르륵.' 그 교양과목의 기말시험에 타자기를 들고 가서 앞에 앉았다. 요란한 타자기 소리가 강의실에 울려 퍼지자 교수가 "자네는 다른 사람 방해되는데 연필로 쓰면 안 되겠나?" 묻자 나는 큰소리로 대답했다. "제가 손가락이 좀 병신이라 글씨체가 매우 나쁜데 교수님은 내용에 더해 글씨체까지 점수에 포함하시는 것으로 생각됩니다. 이전 시험에 B가 나왔는데 내용 면에서는 그럴 리가 없다고 생각되어서 글씨체를 바꾸기로 했습니다." 하니 교수가 머쓱해서 타자기 시험을 가만히 두었다. 결국 이 교양과목은 학기 말 총점에서 A가 나왔다.

3학년 2학기가 되었다. 대학원 다니는 작은 매형이 쓰고 있던 석사 논문을 어쩌다가 보게 되었다. 매우 복잡한 토목의 모델링 공식 같았는데 뒤의 미세 항을 생략해도 풀기가 매우 어려웠다. 그래서 대략 큰 항만 계산하니 오차가 커질 수밖에 없는 구조였다. 내가 생각하기에 매트릭스 수학을 응용하면 손쉽게 풀 수 있을 것 같았다. 기존보다 더 작은 미세 항까지 넣어도 답을 낼 수 있을 것 같아 매형한테 말하니 신기해했다. 그래서 논문을 가져와 당시의 포트란 컴퓨터를 돌려서 항을 더 넣어 보았고 원하던 답이 쉽게 나왔다. 매형은 이 내용을 논문에 넣었다. 풀이 과정을 궁금해 하는 국민대 토목 공학과 교수에게 매트릭스 수학을 설명하고 국민대 교수와 바둑도 두면서 친해졌다. 국민대에서 매형의 친구들과도 농구도 하고 술도 마셨다.

학점은 적당히 높게 나왔으나 2학년 때보다는 떨어져서 3.75 정도로 마무리했다. 점점 공부가 힘들어서 꾀가 나고 있었다. 항상 시험 대비를 열심히 했던 영호 옆에 앉아서 커닝을 하기도 했다. 한번은 수학 문제를 다 푼 후 제출하고 나오기 전 한 문제를 맞게 푼 건지 아리송해서 고개 돌려 영호가 푼 것과 비교해 보았다. 대략 비슷했다. 그런데 조교가 내 시험지와 영호 시험지를 확 뺏어갔다. 커닝으로 둘 다 0점 처리하겠다 했다. 같은 이과대인데 얼굴을 모르는 것을 보니 아마 2~3년 후배인 대학원생인 것 같았다. 어차피 답은 다 썼으므로 후배들 있는 데서 체면 구길까 봐 그냥 나온 뒤 나중에 조교실로 찾아갔다. 조교실에는 박사과정이던 여자 수학과 동기가 반가이 맞았다. 같은 이과지만 물리과가 수학과보다 항상 수학을 잘했고 또 수학 강의를 같이 듣는 경우도 많아서 수학과 학생들을 대부분 잘 알고 있었다. 자초지종을 이야기하니 한편에 있던 내 시험지와 영호 시험지를 가져왔다. "커닝하지 않았으니 니가 비교해 보고 제대로 채점하도록 조치 좀 해 주라." 하니 대충 훑어보고 "이거 제대로 채점하도록 할게, 걱정마." 했다. 물론 둘 다 A 나왔다.

  3학년 학교생활도 무난히 지나갔다. 술 먹고 싸우는 일도 없었다. 특별한 일이 일어나지도 않았다. 공부를 한 것인지 세월을 죽인 것인지 아리송한 시간이었다.

여전한 가족의 비극과 나의 대학 졸업
- 1985년, 대학교 복학생 4학년

    4학년이 되자 진로를 결정하고 학과목을 정해야 했다. 4학년 동안에 160학점이면 졸업인데 한 학기 24학점까지 신청할 수 있었다. 영호와 나는 24학점씩 들은 학기가 여러 번이라서 4학년 때는 20학점만 들어도 졸업이 가능했다. 그러나 어차피 가을에나 진로가 결정되었기에 1학기 때는 12학점만 선택하고 준교사 자격증이 주어지는 교사 과목도 신청했다. 그때는 선생이 되어 볼까도 생각했지만 내 인격과 품성이 선생이 되기는 부족하다고 판단되어 후에 선생님은 포기하기로 했다. 영호는 가난했지만 유학 준비에 열심이었다. 나는 유학 생각 없이 그냥 직장에 갈 예정이었다. 영호는 33,000 vocabulary를 열심히 외웠다. 나는 그냥 겉핥기로 22,000 vocabulary를 외웠다. 당시 유학을 준비하는 학생들에게 33,000 vocabulary는 필수였다.

    4학년 1학기 중간쯤에 작은누나에게서 부탁이 왔다. 시어머니 친구 분 아들이 삼수생인데 꼭 대학을 보내야 한다며 과외 해 달라고 했다. 가서 봤는데 누나 하나 있는 외동아들이고 무지하게 뺀질거렸다. 모의고사 성적은 거의 연필 굴려 찍는 수준의 최하위권이었다. 집은 잘살았고 부모님은 두 분 다 은행의 지점장 급이었다.

누님과 누님의 시어머님 부탁이 있었으므로 일단 가르쳐 보기로 했다. 수법은 지금까지와 동일하게 시작했는데 부원이 얘는 남달랐다. 너무 뺀질거리고 나에게 형이라 하면서 농담이나 해대고 아예 공부할 생각을 하지 않았다. 갈 때마다 속이 부글거리며 끓는 것을 참았다. 화를 내 봐도, 설득해 봐도 소용이 없었다. 이 녀석의 누나는 이화여대생인데 누나한테 대하는 것도, 부모님을 대하는 것도 완전 안하무인이었다. 어머님이 부원이에게 쩔쩔매는 것도 신기했다. 그렇다고 특별하게 불량배 노릇도 못 되는 그냥 뺀질거리는 놈팡이였다. 내가 처음 보기에 그렇게 느꼈다는 말이므로 비하하고자 하는 건 아니다. 아마 나름대로 다른 소질이 있었을 것이다.

몇 번의 방문 후에 가르치는 걸 포기하기로 했다. 그만하겠다고 통보하려 마지막 방문을 했을 때 부원이는 또 깐죽거리기 시작했다. 그동안 참았던 화가 치밀고 내가 가르친 학생 중에 첫 포기자라서 화가 머리끝까지 올라왔다. 집에는 아무도 없었다. 나가서 대문을 제대로 잠그고 몽둥이 될 만한 것을 찾아 들었다. 현관문 잠그고, 방문 잠그고 들어와서 그대로 후려 패기 시작했다. 나뒹구는 온몸에 몽둥이 자국이 선명하고 주먹으로 맞은 얼굴이 부어오르고 비명을 지르는 부원이에게 무릎을 꿇고 앉으라 한 후 "너 같은 놈은 이 세상에서 밥 먹고 살 자격 없다. 난 너 같은 놈 가르치기 싫으니까 앞으로 세상 니 맘대로 엿같이 살아라!" 말하고 집을 나와 버렸다.

며칠 뒤 학교로 부원이 어머님이 찾아왔다. 날 보자마자 내 옷소매를 잡고 통곡을 하셨다. "내가 손 한 번 안대고 키운 아들인데 어떻게 그렇게 무자비하게 때릴 수가 있어?" 하도 대성통곡을 해서 학생들에게 창피했다. "어머님 그렇게 억울하시면 경찰에 신고하십시오."하고 뿌리쳐 나오니 따라오며 잠깐 말 좀 하자며 다시 붙잡았다. 지금 부원이가 집에 누워 밥을 안 먹고 있으며 꼭 나를 봐야겠다고 한다면서 신고도 안 하고 아무것도 안 할 테니 부원이 한 번 만나 달라 했다. 어머님과 함께 택시를 타고 부원이 집으로 갔다. 얼굴에 시퍼런 멍이 들고 부어올라 몰골이 말이 아닌 부원이가 나와 어머님이 방에 들어가자 무릎 꿇고 앉았다. "선생님! 저 가르쳐 주십시오. 저 대학 가고 싶습니다." 울면서 연신 고개 숙여 애원하기 시작했다. 나는 "싫다. 다른 선생 구하든지 니 맘대로 해라."하고 나와 버렸다. 안에서는 어머님이 통곡하는 소리가 들렸다.

다음날 어머님이 또 학교에 오셨다. 이번에는 내 손을 붙잡고 간절하게 애원했다. "부원이가 다른 선생님한테는 안 배운다고, 꼭 학생에게만 배우겠다고 하는데 학생이 사람 한 번 살린다고 생각하고 부원이 한 번 봐주게. 공부도 열심히 하겠다고 약속했네. 학생 누나와 내 친구인 누나 시어머니를 봐서라도 한 번만 참고 도와주게." 부원이 어머님이 무릎이라도 꿇을 듯 두 손을 싹싹 빌었다. "생각해보고 내일 찾아뵙고 말씀드리겠습니다."하고 돌려보냈다. 곰곰이 방법을 생각한 후 다음날 집 근처 다방에서 어머님을 만나 "제가 부원이에게 무슨 일을 시키든 간섭하지 마시고 부원이에게도 어떤 말도 하지 않으신다면 한 번 더 시도해 보겠습니다. 다만 언제라도 제가 그만두면 다시는 저를 찾아오지 않을 거라고 약속하십시오." 요즘 유행하는 드라마 『SKY 캐슬』 명대사 "어머님. 전적으로 저를 믿으셔야 합니다."가 40년 전의 내 사기 멘트였다.

며칠 지나 과외 하는 요일이 되어 부원이에게 갔다. 다짜고짜 속옷 몇 개와 츄리닝, 그리고 공부할 책들을 가방에 싸라 했다. 어머님에게는 부원이 데리고 당분간 밖에서 공부시키겠다고 했다. 의아해하는 어머님을 뒤로 하고 부원이를 데리고 남대문 시장에 갔다. 어머님이 돈 필요할지도 모른다며 10만 원을 주셨다. 남대문에서 리어카에 채소를 파시는 작은 숙모님에게 가서 인사드리고 내일부터 숙모님 집에서 보름쯤 신세 좀 질 테니 부엌 위 다락 좀 쓰자 했다. 부원이를 데리고 남대문 시장 리어카에서 파는 곱창볶음에 소주 한잔하고 대우빌딩 뒤 지게꾼과 리어카꾼들이 하루 300원씩 내고 자는 집으로 갔다. 거기는 허름한 집들이 있는 골목이었다. 하루 노동에 지친 지게꾼들이 한 방에 10여 명씩 자는 방들이 많았다. 지게꾼들 일부는 술 냄새를 풍기며, 일부는 땀 냄새를 풍기며 적당한 자리를 골라 잤고 코고는 소리와 잠꼬대 소리로 맨 정신에 자기는 어려운 곳이었다. 나도 전에 한두 번 잔 적이 있는 곳이었다. 내일 점심때 데리러 올 테니 나가지 말고 기다리라고 했다.

다음날 시장에 들러 숙모님에게 열쇠를 받아 부원이를 데리고 숙모님 집으로 갔다. 후암동 골목에 일명 돼지우리 집이라는 곳이었다. 일자로 길게 지어진 건물에 고개 숙이고 들어가는 쪽문이 일정하게 있다. 문을 열면 바로 머리 숙여야 하는 연탄아궁이 부엌이 있다. 문지방 올라서면 방 한 칸에 부엌 위 반 평 남짓한 다락방이 나왔다. 앉으면 간신히 머리가 닿지 않을 정도의 높이다. 화장실은 건물 끝 쪽에 공동화장실을 사용해야 했다.

다락방에 밥상 하나 올려주었다. "이제부터 여기서 공부하는데 내가 올 때까지 공부할 범위를 주고 가겠다. 네가 할 수 있는 데까지 하고 내가 오면 모르는 것을 물어봐라." 숙모님에게는 부원이 밥 좀 주시고 점심밥과 김치 정도만 놔두고 나가시라고 부탁하고 십만 원을 드렸다. 숙모님에게는 고등학생 아들이 하나 있었는데 학교 성적이 매우 좋았다. 삼촌과 숙모, 사촌 동생 광천이가 아침 일찍 나가서 저녁 늦게 들어오므로 집에는 항상 부원이 혼자 있었다. 이 주일쯤 시험해 봤다. 웬일로 매우 열심히 공부했다. 진도도 빨랐다. 특히 수학을 열심히 했다. 항상 까불던 놈이 공부 질문 말고는 말도 없었다.

2주 뒤 부원이를 데리고 부원이 집으로 들어갔다. 이놈이 완전히 달라졌다. 말도 없이 공부만 했다. 특히 수학에 재미가 붙어서 수학 정석1의 진도가 빨랐다. 한 달 뒤에는 수학 정석2를 시작해도 될 정도였다. 하루는 부원이 아버님이 늦게 술 한 잔 걸치고 오셔서 내게 고맙다며 십만 원권 수표를 3장 주셨다. 부원이가 물리학과나 수학과에 가고 싶다고 해서 특히 수학을 많이 시켰다. 부원이는 그해에 수학 우수자로 중앙대 수학과에 합격했다. 부원이 어머님이 양복 맞춰 입으라고 꽤 많은 돈을 주셨다. 부원이는 결혼 후에도, 15

년이 지난 2000년도까지 명절에는 안성의 우리 집에 선물꾸러미를 싸 들고 인사를 왔다.

가을에 입사 철이 다가왔으나 취직에는 별 관심이 없었다. 그러나 일단 학교에서 열리는 취업설명회에 참석하여 당시 대학생들이 가고 싶어 하는 몇 군데에 건성으로 취업 지원서를 제출했다. 나는 졸업 시 평균 학점이 특채 자격에 해당되는 터라 한화, 대한항공, 삼성 세 군데를 냈다. 이 순서가 입사 연봉이 가장 높은 기업이라고 들었다. 세 군데서 모두 합격 통지서가 왔다. 삼성의 면접일이 가장 먼저였다.

서울 시청 앞의 삼성 본사 건물에서 특채 입사자의 면접이 있었다. 6~8명씩 입사면접관이 간단한 질문들을 했다. 이 질문들 중에서 하나 기억나는 것은 "콜라병을 다른 용도로 사용하는 방법"에 대해 아이디어를 이야기해 보라는 것이었다. 대충 말하고 나왔는데 나중에 이차 면접이 있었다. 이병철 회장이 직접 나왔다. 무슨 말을 했는지는 기억나지 않는다. 면접 본 다른 동료들이 면접관들 중에 관상가가 있다고 후에 나에게 말했지만 나는 별다른 관심도 없었다. 삼성에는 같이 낙제하고 같이 복학한 영호와 세운이가 같이 면접 보았다. 한화와 대항항공 면접에는 갈 수가 없었다. 삼성에서 다른 곳의 면접이 있기 전, 용인 에버랜드에 있는 삼성종합연수원에서 한 달 동안의 숙식 교육을 받아야 했기 때문이다.

서울대, 연대, 고대 학생들로만 160명이 특채로 교육을 받았는데 각 팀이 20명씩 8개 팀이었던 것으로 기억된다. 한 방에 네 명씩

방이 배정되었는데 세운이가 나와 같은 방에 배정되었다. 총괄 교육은 미국의 어떤 교육 컨설팅사가 삼성의 도급을 받아 진행했는데 조교라는 사람들이 많이 있었다. 군대 특공 조교 같은 복장과 말투였다. 시작 다음 날 팀별 팀장을 뽑았는데 내가 팀장이 되었다. 과목당 점수 몇 점 이하면 바로 퇴원 조치된다고 조교들이 하도 엄포를 놓아서 그만두고 나가 버릴까도 고민했다. 실제로 그럴 권한도 없어 보이는 조교가 그냥 자기네 말에 잘 따르게 하려고 허세 부리는 것으로 생각했다.

창조성 테스트, 무슨 아이큐 테스트 같은 것, 팀들 간의 승부 게임, 문제 풀이로 야외 고지 점령하기, 체육·영어·수학 시험 등 여러 교육이 있었다. 최종적으로 외국인이 평가하는 것으로 보였다. 매일 새벽 여섯 시 기상에 저녁 6시까지 일과 끝난 후 7시부터 그날 한 것을 시험 보거나 다음날 할 과제 준비를 10시까지 하도록 했다. 다른 인원들 대부분은 열심히 했다. 나는 별로 내키지 않았다. 괜히 삼성 왔다고 후회하기도 했다. 한번은 무슨 아이디어 테스트 평가가 나온 후 외국인이 강당에서 나를 호명했다. 앞에 나와서 내가 어떻게 생각하며 왜 그 방식으로 문제를 해결했는지 설명해 달라는 것이었다. 기발하고도 창의적이라 자기도 놀랐다는 말도 덧붙였다.

대부분의 팀 간 게임은 우리 팀이 거의 석권했다. 단합도 제일 좋았다. 특히 우리 담당 조교가 알게 모르게 우리 팀 편의를 많이 봐주었다. 교육 초기에 조교가 하도 엄포 놓기에 아침 조교 집합에 안 나가고 침대에 누워 있었다. 팀원이 몇 번 부르러 왔지만 나는 자진 퇴원할 거라고 조교에게 그렇게 전하라 했다. 조교가 들어와 퇴원 조치하겠다고 해서 나는 "그렇게 하시라. 더 이상 하기 싫다."고 하니 조교가 사정 모드로 돌변했다. "그러지 마시고 한 번만 참아 주십시오. 저도 앞으로 최대한 융통성 있게 편의를 봐드리겠습니다." 역시 조교는 퇴사시킬 권한이 있는 것이 아니라 팀원 중에 낙오자나 자원 퇴사자를 막는 게 임무였던 거였다. 집합에 나가 조교에게 "죄송합니다. 열심히 하겠습니다."를 전체 집합된 연수자들 앞에서 크게 외쳐 우리 조교의 체면을 한껏 올려준 후 조교는 우리 팀에게 최대한의 편의를 봐주려고 노력했다. 심지어는 밤에 우리 부탁으로 간식을 사다 주기도 했다.

한 달이 지난 후 나는 당시 이병철 회장이 야심차게 시작한 삼성반도체통신에 배치되었다. 박정희가 박근혜에게 만들어 줬던 한국전자통신의 운영이 어려워지자 삼성에게 억지로 떠맡겨 버렸다. 삼성반도체통신은 박근혜의 한국전자통신과 반도체가 합병된 형태였다. 반도체와 통신은 부천에 같이 있었으며 세운이는 통신에, 영호와 나는 반도체에 배치되었다. 부천 공장의 정면에는 '반도체의 산실'이라고 새겨진 큰 암석이 있었다. 반도체는 이제 새롭게 시작되고 있었다. 당시에는 삼성반도체를 '삼성 아오지'라는 별칭으로 불렀다. 아침에 출근하여 자정이 넘어야 퇴근했다. 토요일, 일요일도 당연히 출근했다. 우리는 정규 입사자가 아닌 특채 입사자로 구분되어 정기 입사자보다 공장에 먼저 왔다. 입사 후부터 벤처기업을 이루어 나가는 과정은 이 책의 다음 이야기에 해당하는 2편에서 나올 것이므로 1편에서는 생략한다. 사실, 특채로 들어온 신입사원들은 몇 달 되지 않아 모두 자진 퇴사했다. 나처럼 수억 원씩 하는 고가의 반도체 장비에 흥미가 생긴 몇 명만 남았다.

일주일간의 연수원 교육 후 귀가 때 부원이에게 가니 부원이는 나 없이도 공부를 열심히 하고 있었다. 기특했다. 부원이는 중앙대 수학과에 지원, 합격했다.

86년, 드디어 졸업했다. 회사에는 학교 졸업식을 이유로 월차를 낸 후 졸업식에는 안 가고 친구들과 만나 술 먹고 놀았다. 어머님이 너는 왜 졸업 안 하냐고 물으셨다. 나는 곧 졸업할 거라고 거짓말한 후 대학원 석사 졸업식에 어머님을 모시고 가서 노란 석사 띠가 둘러진 석사 졸업복을 입고 어머님과 사진을 찍었다. 어머님과 누님은 내가 석사 졸업식에서 가짜 졸업복을 입고 사진 찍은 것을 몰랐다.

아버님은 아직도 광주교도소에 계셨다. 나는 한 번도 면회를 성공하지 못했다. 간간이 어머님을 통해 건강하게 계신다는 소식을 들었다. 어머님은 주변인들과 친척들이 만나기를 기피하는 상황에서도 씩씩하셨다. 세상에 대한 불평도 하지 않으셨다. 다만 자식들이 아버님 일로 혹여 불이익을 받지 않을까 걱정하셨고 막내아들이 연세대를 수석 졸업하고 삼성의 연구소에 들어갔다고 동네 아줌마들에게 자랑도 하셨다. 하긴 SKY의 모든 수석 입학과 수석 졸업은 우리 동네 아줌마들의 자식이나 조카들이 다 차지하고 있었다. 대한민국의 아줌마가 다섯 명만 모이면 그중의 네 명은 자식이나 조카가 SKY의 수석 입학과 수석 졸업을 하던 때였다. 대한민국 아줌마들의 말이 사실이라 가정하면 매년 SKY의 수석은 수만 명씩은 배출되었을 것이다. 어머님이 가끔 내 말은 진짜라며 나를 불러 동네 아줌마들에게 소개시키면 말없이 인사하며 어머님의 자랑을 사실처럼 증명해야 했다.

박정희의 군사쿠데타로 시작한 유신독재와 전두환이 일으킨 쿠데타 독재가 내가 태어나고 바로 시작되어 대학을 졸업할 때까지도 끝나지 않은, 그 긴 세월 동안 지속된 독재 시대에서 나는 개인적, 가족적 핑계로 직접적인 독재 타도에 작은 힘을 보태지 못했다. 이렇게 독재 시대 개·돼지들 중 한 명인 나의 대학 생활은 아버님의 비극과 더불어 끝나고, 365일 쉬는 날 없이 밤 12시 넘어서까지 일하는 내 직장생활이 시작된 것이다.

에필로그 : 아직 끝나지 않은 이야기

　개 · 돼지 1편은 여기서 마무리한다. 서두에서도 말했듯 많은 부분을 기억에 의존하고 정확하게 기억나지 않았던 것은 그때의 역사 상황 등을 다시 찾아보며 일부 기억을 다시 정립했다. 그렇다 하여도 정확하지 않은 부분이 있을 수 있다는 우려가 있다. 또한 나와 다른 시각으로 그때의 상황을 이해하는 시각도 있을 것이다. 현대사의 인식에 대해 나와는 다를 수 있다는 것도 인정한다. 나의 세 자녀를 포함하여 혹시 이것을 읽는 분들에게 나의 기억과 인식의 불완전성에 대해 이해해 주기를 부탁한다.
　국민 중 많은 사람들이 알고 있는 당대의 인사들에 대해서는 실명으로 썼다. 그 밖의 인물들은 특별한 경우를 제외하고는 대부분 가명으로 했음을 밝힌다. 그럼에도 유추될 수 있는 이야기 속 인물들이 사실과 많이 다른 부분을 바로잡고자 할 때는 언제든지 부응할 것이다.
　태어나서부터 어른이 되어 사회의 일원이 될 때까지 시련 많은 시대 속에 살았던 개 · 돼지 동료들을 비롯하여 이 난국을 체험하신 많은 어르신, 선배님, 후배님들께 새삼 그 통증을 되새기는 점이 있다면 그것 또한 송구할 따름이다. 부디 후세대의 작은 참고라도 되기를 바라마지 않는다.